러시아는
무엇이 되려 하는가

자유주의의 황혼,
그리고 러시아의 귀환

러시아는
무엇이 되려 하는가

임명묵

"어떤 문제에서 자기편의 입장만을 아는 자는 사실 그 문제에 대해 아는 것이 거의 없다고도 할 수 있다."

_존 스튜어트 밀[1]

"통찰과 쥐어 올린 주먹을 갖고 태어났어
손목에 새겨진 자해의 증인
우리는 1992년에 들어섰지만
여전히 전망 없는 방에 있어
(…)
네 적을 알라
네 적을 알라"

_레이지 어게인스트 더 머신,
〈노우 유어 에너미 Know your Enemy〉

차 례

들어가며: 역사의 종언의 종언 9

1부 러시아 대지의 천년

  1장 야누스의 제국 35
  동쪽으로 38 | 초원의 영향 44 | 서쪽을 바라보다 49 | 두 얼굴의 제국 55 | 소비에트 계몽주의와 동방 61 | 다시 서쪽을 향하여 69

2부 폐허에서 재건으로

  2장 무너지는 붉은 제국 75
  정상화, 그리고 위기의 징후 79 | 고르바초프와 '60년대의 사람들' 86 | 페레스트로이카라는 재난 93 | 민족들의 반란 101 | 네버랜드를 향하여 109

  3장 제국의 고아들 117
  시장이 러시아를 구원하리라 119 | 제국의 폐허 125 | 내일은 오늘과 다르리라 134

  4장 단호한 재건 141
  국가의 재건자 142 | 근외 제국을 둘러싼 갈등 147

  5장 '강한 러시아' 155
  주권 민주주의의 길 156 | 2008년의 불길: 남오세티야 전쟁 161 | '적은 어디에나 있다' 165

3부 세계관 전쟁

6장 종교의 부활 175

호메이니의 편지 177 | 아야톨라와 교황의 귀환 180 | 계몽주의 시대의 황혼 185 | 신의 복수 189 | 성스러운 루시의 재탄생 193

7장 신유라시아주의 203

어떻게 통치를 정당화할 것인가 204 | 알렉산드르 두긴은 누구인가 209 | 동서가 아닌 제3의 길 215 | 만국의 '대륙' 민족이여, 각성하라 221 | 서방의 동방화 229

4부 내일의 세계

8장 푸틴의 세계 235

크렘린에 맞서는 우크라이나 236 | 새로운 실크로드 243 | 또 다른 동맹: 터키 251 | 바르샤바 조약기구의 옛 친구 257 | "서양으로부터 유럽을 구원하라" 263

나가며: 역사의 귀환 273
부록: 종교는 어떻게 부활했나 303

감사의 말 323
주 331
참고문헌 335
찾아보기 339

일러두기

---

1. 외래어 표기는 국립국어원의 표기법을 따르되 일부 예외를 두었다. 예컨대 도시의 중층적 역사를 고려해 '키이우' 대신 '키예프'를 취했고, 또한 관행에 따라 '튀르키예'가 아닌 '터키'라고 썼다.
2. 도서 단행본, 잡지는 《 》로, 논문, 신문 등은 〈 〉로 표기했다.
3. 내용 주는 별 표시한 후 각주로, 출처 주는 숫자 표시한 후 미주로 수록했다.
4. '찾아보기'에 각 인물 이름마다 로마자를 병기해놓았다. 키릴자나 한자 등은 꼭 필요한 경우에만 본문상에 병기해놓았다.

=== 들어가며 ===

역사의 종언의 종언

◆

현대적 사유는 세계에 대한 객관적 인식이 가능하며, 획득된 지식이 완전히 일반화될 수 있다는 약속에 기반한다. 공산주의의 몰락은 이 현대적 사유가 최후의 위기에 도달했다는 신호로 간주될 수 있다.

_바츨라프 하벨[2]

2022년 2월, 러시아의 침공으로 시작된 우크라이나 전쟁은 새로운 시대의 시작을 알렸다. 이 문장에서 특별한 점을 찾기는 어려울 것이다. 전쟁이 시작되면서 국제관계가 급변하고, 우리에게 익숙하던 조건이 점점 사라지고, 낯설고 새로운 무언가, 혹은 먼 과거에 잠들었다 사라진 무언가들이 나타나고 있는 것 같지 않은가?

하지만 분기점으로서의 전쟁이라는 상징성에 치우쳐 단독 사건에만 주목하게 되면 흐름을 놓칠 수가 있다. 사실, 한 시대가 끝났다는 말은 몇 년 전부터도 계속 있어온 이야기였다. 특히 이 경우에는 그전 시대의 시작을 선포한 사람이 매번 소환되어 포화를 맞게 마련이다. 우리 시대에 그 역할을 맡은 사람은 베를린 장벽이 무너지는 것을 보며 '역사가 끝났다'고 선언한 정치학자 프랜

시스 후쿠야마였다. 그는 제국들 간의 혈투, 처절한 이념 전쟁으로 대변되던 20세기의 역사가 이제 소비주의, 중산층 대중 사회, 갈등을 흡수하는 민주 정치의 제도들로 변모될 것이라고 전망했다. 또한 과거와 달리 '역사'를 형성하는 비극 대신에 일상을 정교하게 관리하는 기술 관료적 합리성에 기대어 사람들이 살아가게 될 것이라고도 이야기했다.

그러나 후쿠야마의 장엄한 선언은 오사마 빈 라덴과 알카에다 전사들이 감행한 세계무역센터 테러로 인해 10년 만에 흔들리고 말았다. 그리고 이후 커다란 사건이 일어날 때마다 후쿠야마는 성급하고 오만한 예언자의 대표로서 조롱과 비난의 집중 포화를 맞았다. 2008년 금융위기가 세계를 강타했을 때, 아랍 정권들이 연쇄적으로 전복되고 러시아가 크림을 합병했을 때, 중국이 본격적으로 국제사회에서 발언하기 시작했을 때, 미국과 영국에서 세계화를 거스르는 토착주의자nativist 지도자들이 집권했을 때, 코로나19로 100년 만에 팬데믹이 다시 찾아왔을 때, 어김없이 '역사의 종언은 끝났다'라는 말이 울려퍼졌다. 2022년에 푸틴의 우크라이나 침공은 이런 흐름의 연속선상에 있는 사건이었다. 하지만 그전의 어떤 사건도 우크라이나 전쟁만큼이나 역사의 종언이 '정말로' 끝났음을 이토록 무겁게 암시하지는 못했었다.

물론 지금에 와서야 후쿠야마가 성급했다는 말을 하기는 쉽다. 하지만 1989년의 시점이라면 그는 충분히 할 수 있는 말을 한 것에 가깝다. 당시 베를린 장벽의 붕괴는 단순히 냉전이 끝나고 공산주의가 패배해 유럽이 하나 된 사건으로 환원될 수 없었다. 그것은 좀 더 큰 맥락과 의미가 있었다. 무너진 장벽은 17세기 말에 유라시아의 서쪽 귀퉁이에서 출발한 하나의 세계관, 즉 '자유민주주의'가 수 세기에 걸친 장엄한 투쟁을 통해 최종 승리를 거두었다는 서사의 마침표를 상징했다. 그렇기에 러시아의 우크라이나 침공, 혹은 역사의 종언의 종언이 의미하는 바를 정확히 이해하려면 먼저 자유민주주의의 역사를 잠시 돌아볼 필요가 있다.

자유민주정의 짧은 이야기

자유민주주의의 서사는 유럽 서쪽 끝의 섬나라인 영국에서 최초로 시작되었다. 통치의 원리를 '이성'과 '권리'라는 언어로 규명하기 시작하면서부터다. 본래 왕에 대한 귀족의 권리를 확인하는 문서였던 13세기 대헌장은, 17세기 명예혁명 당시에 귀족과 젠트리라는 근대 사회의 엘리트들의 권리를 규정한 권리장전으로 확장되었다. 대서양을 오가며 빠르게 발달하던 상업 세계는 새로운 엘리트들에게 힘을 부여했고, 신의 뜻이 담긴 옛 책이 아닌 인간의 이성에 따라 사회를 다스릴 수 있다는 새로운 세계관을 탄생시켰다. 그 결과 영국은 국왕, 성직자, 봉건 영주의 자의적 권력 행사를 권리 및 법률로 제약한 거의 최초의 국가가 되었다.

    권리장전은 18세기가 끝날 무렵에 대서양 양편의 연쇄적 혁명으로 더욱 큰 폭으로 확장되었다. 그중 특히 두 가지가 자유민주정의 시대를 본격적으로 열어젖힌 혁명적인 문서로서 기억된다. 하나는 1776년에 대서양 서쪽에 있는 영국의 식민지에서 일어난 반란의 결과로 1787년에 제정된 '미국 헌법'이었다. 다른 하나는 대서양 동쪽에 있는 프랑스에서 왕정이 붕괴되며 등장한 1789년의 '인간과 시민의 권리 선언'이었다. 이 두 문서에서 권리의 보장 대상은 귀족과 젠트리를 넘어 남성 납세자, 나아가 군역에 참여하는 모든 남성들로 확장되었다. 이로써 누가 권리의 대상인지, 그들이 누릴 수 있는 권리는 무엇인지, 권리를 보장해주기 위해 정부는 어떻게 조직되어야 하는지 등을 규정하는 헌법의 서술 패턴이 구체화되었다.

그리하여 19세기가 되었을 때, 특징적인 서구 정치 이념인 자유주의가 대서양 양편인 미국과 프랑스에서 최종적으로 자리 잡았다. 모든 인간은 신이 부여한 권리를 지니며(당시에는 세금을 내는 백인 남성으로 한정되었지만), 개인의 행동은 권리 행사를 서로 방해하지 않는 선에서 법률로 규제된다. 이때 법은 개인의 자유의지를 대리하는 대표자들이 정하고, 그 대표자는 주기적으로 바꿀 수 있다. 개인의 자유의지의 총합을 통해 형성된 법이 정하는 바가 아니고서야, 신이 부여한 이러한 권리를 억압하는 것은 불의不義로 여겨졌다. 이러한 관념들의 집합이 서구식 자유민주주의의 근간이 되었다.

그러나 자유민주정이 처음부터 보편적 타당성을 인정받은 것은 아니었다. 심지어 영국, 프랑스, 미국같이 일찍부터 자유민주정을 채택한 국가들에서도 그 적용 범위를 어디까지 두어야 할지를 둘러싸고 기나긴 논쟁을 벌여야만 했다. 특히 사회란 개인이 아닌 집단과 전통으로 구성되어 있다고 믿었던 이들이 격렬한 거부감을 표했다. 그들은 개별 인간은 절대 전통과 그 가치, 의미 체계 밖에서 생존할 수 없는 존재이며, 그렇기에 전통과 문명의 생존과 번영에 복무해야만 한다고 믿었다. 집단주의자가 보기에는 개인이 전통에서 탈출하면 미아가 되어 오히려 예속 상태에 빠지게 마련이었다. 물고기가 물속에 살아야 하는 것처럼 사람은 전통 속에서 안정을 찾아야 했다. 그것이 오히려 진짜 자유였다.

하지만 자유민주정은 역동적인 힘으로 스스로의 정당성을 입증해나갔다. 먼저 개인의 권리 행사를 방해하는 중간 매개자, 예컨대 종교나 봉건제, 전통을 모조리 형해화했다. 근대 계몽주의의 언어에서 이러한 매개자들은 인간 종의 발전을 가로막는 장애물이었다. 실제로 이 장애물을 치워내니 집단적 차원과 개인적 차원 모두에서 엄청난 능력 신장이 이루어졌다. 그리고 권리를 확장하고 권력을 제약하자, 역설적으로 국가 권력의 폭과 크기가 이전보다 훨씬 더 커졌다. 국가는 공동체 구성원들의 합의하에 권력을 필요한 상황에서 알맞게 행사했고, 사람들은 안심하며 활발한 경제 활동에 나섰다.

자유민주정이 가장 큰 힘을 발휘한 영역은 역시 전쟁이었다. 권리를 확인받은 미국의 자유민들은 아메리카 원주민의 땅을 자유롭게 탈취하여 북아메리카 대륙을 하나의 경제적 단위로 재조직해냈다. 프랑스의 시민들은 그전 부르봉 왕조에서는 결코 동원할 수 없었던 엄청난 숫자의 국민군을 구성하여 일사불란하게 움직였다. 독일의 군사 이론가 클라우제비츠가 말한 것처럼, 전례 없는 힘이 마침내 깨어나고 만 것이다. 훗날 그 힘을 잠재우는 데는 유럽 전체의 힘이 필요하게 된다.

자유민주정이 발산하는 막대한 힘을 목도하자, 다른 공동체들도 이를 신속하게 모방하지 않을 수 없었다. 설사 자유민주정의 언어가 싫다 해도 생존을 위해선 어쩔 수 없었다. 국가에 따라서 여전히 국왕이나 귀족의 특권이 보장되는 곳도 있었지만, 권리의 보장과 권력의 제약은 이제 국제 경쟁에서 살아남기 위한 필수 조건이 되었다. 그래야만 국가 단위에서 효과적으로 자원을 동원하고 조직할 수 있었다. 19세기에는 독일과 일본처럼 황제가 존재하는 국가들에서도 헌법이 확산되었다. 20세기가 되었을 때는 그 어떤 강력한 제국의 황제도 입헌 국민국가를 이길 수 없음이 드러났다. 1905년 아시아의 변방 국가로 여겨지던 일본이 무려 러시아 제국(초강대국 영국과 맞서던)을 무찌른 것이다. 이 사건은 오스만 제국이나 페르시아 제국의 지식인들에게 전제정에 대한 입헌정의 승리로 받아들여졌다. 권리를 통한 권력의 강화, 그리고 예측 가능성의 추구는 그 누구도 거스를 수 없는 대세가 되었다.

첫 번째 도전: 전체주의

20세기가 되자 자유민주정은 거대한 도전을 맞이하게 되었다. 국가 권력이라는 괴물, 리바이어던이 폭주하기 시작한 것이다.

19세기 후반에 전기와 내연기관으로 상징되는 2차 산업혁명이 시작되었다. 그것은 인간 삶을 근본적으로 혁신하게 되는 기술적 도약으로서, 이에 따라 국가 권력이 기하급수적으로 팽창했다. 교통과 통신 네트워크는 국가 단위로 작동하는 거대한 관료제가 인간 일상의 모든 영역까지 포괄할 수 있게 만들어주었다. 아무리 수도와 멀리 떨어져 있는 벽지의 농촌이라도 국가 권력의 시선을 피할 수 없게 되었다. 전 국토가 유기적인 공간으로 재조직되고 경제가 시장의 힘에 노출되면서, 고립되었던 농촌의 일상은 전국적, 세계적 변화에 훨씬 민감하게 반응하게 되었다. 도시에는 그전의 문명에서는 상상할 수 없을 정도의 사람이 몰려와 살기 시작했고, 그들은 국가가 동원할 수 있는 가장 신속한 인적 자원이 되어주었다. 국가 권력은 더 효과적인 권력 행사를 위해 사회기반시설에 투자했다. 교육과 보건은 인적 자원의 수준을 빠른 속도로 끌어올렸고, 그들은 사회기반시설 위에서 전국적인 활동이 가능해진 거대한 기업 집단과 관료 집단에 참여했다.

이런 변화가 어떤 결과를 가져올 것인지를 20세기 여명기의 사람들은 결코 알지 못했다. 1914년에 발발한 제1차 세계대전이 국가 권력의 힘과 파괴력을 극적으로 처절하게 보여주기 전까지는 말이다. 대大전쟁에서 각국은 가용할 수 있는 모든 자원을 동원하여 상대방을 파괴하고자 노력했다. 강철의 폭풍이 유럽 전역을 휘몰아쳤다.

하지만 그것이 끝이 아니었다. 국가 권력의 파괴성은 한 단계 더 진화의 여지를 남겨두고 있었고, 그 진화는 자유민주정을 정확히 겨냥했다. 권력과 권리의 줄다리기는 대전쟁 이후에 새로운 모습으로 계속되었다. 제1차 세계대전 당시 각국은 더 큰 권력의 사용을 위해, 권리도 추가적으로 확대해나갔다. 여성이나 식민지의 비非백인들이 본격적으로 국가 간의 권력 투쟁에서 역할을 맡게 되면서 권리를 부여받게 되었다. 하지만 전쟁이 끝난 후, 놀랍도록 거대한 국가 권력을 목도한 엘리트들은 권리와 권력의 기존 공식이 구식이 아닌지 의심하기 시작했다. 과거에야 권리의 확대가 권력의 크기와 보조를 맞추면서 갔다지만, 과연 기술적 변화에 따른 국가 권력의 압도적 신장에 권리가 비례해야 할 것인가? 오히려 권리는 국가 권력의 적절하고 효과적인 사용을 방해하는 것은 아닐까? 이는 새로운 종류의 국가 간 투쟁인 '총력전'의 장애물이 되지는 않을까?

이런 고민의 과정을 거쳐 새롭게 등장한 방법론이 바로 전체주의였다. 전체주의는 권리보다 권력을 앞세웠으며, 권력의 행사 범위는 전국적으로, 행사 수준은 일상적으로 확대했다.* 전체주의 방법론은 몇몇 국가에서 이전 정권들이 결코 이뤄내지 못했던 인상적인 결과물들을 짧은 기간에 여럿 보여주었다. 급속도로 세력을 확장한 전체주의 세력은 또 다른 대전쟁을 일으키면서 자유민주정에 강력한 도전을 제기했다.

전체주의 체제가 세계대전이라는 형태로 파괴적인 총력전을 실시하자, 자유민주정 국가들은 그에 맞게끔 권력의 사용 양태를 재편하지 않을 수 없었다. 미국이나 영국은 전체주의에 응전하기 위하여 권력을 확대하고, 국토의 인적, 물적 자원을 최대한 동원했다. 전체주의와 마찬가지의 방식으로 대응했던 것이다. 그런 면에서 제2차 세계대전은 자유민주정과 전체주의의 싸움 이전에, 2

---

* 물론 전체주의 정권들은 막상 실제 국가 운영에 있어서는 그렇게까지 '전체주의적'이지 못했다. 다시 말해, 자원 활용의 최대화를 수행하지 못했다. 독일, 일본으로 대표되는 전체주의 국가들은 기존의 헌법(보수주의와 자유주의 사이에서 타협적으로 형성된)을 바꾸지도 않았고, 그저 자신들의 정치 결사와 지도자의 결정을 자의적으로 행사하며 권력의 극대화를 추구했다. 체계화되지 못한 권력은 제도적 혼선과 여러 사회 집단의 반발을 초래해 상당한 역기능으로 이어졌다.

차 산업혁명을 받아들인 총력전 국가끼리의 투쟁이었다.

그러나 실질적인 차원에서는 그렇다 해도, 명목상으로 내걸고 있던 구호의 차이는 여전히 중요했다. 특히 승리자들이 세계를 새롭게 재편하는 방향을 결정하는 데 명분상의 구호가 영향력을 발휘했다. 자유민주정의 총력전 체제는 전시 상황에 대응하기 위한 임시 조치로 간주되었다. 일단 필사의 투쟁을 넘기자, 권리와 권력은 다시 나란히 걷기 시작했다. 국가 권력은 전쟁의 과정에서 일상의 영역으로 깊숙이 침투하게 되었지만, 이제는 동원이 아닌 권리 보장을 위해 더 적극적으로 행사되었다. 만약 독일, 이탈리아, 일본이 이긴 세계였다면, 아마 총력전 체제는 임시 조치가 아니라 전체주의화를 위한 준비 단계로 여겨졌을 것이다. 그리고 권리는 압도적 권력에 밀려 존재감을 상실했을 테고 말이다. 그렇게 자유민주정은 전체주의의 파상 공세로부터 역사의 바퀴를 돌려냈다.

두 번째 도전: 사회주의

전체주의 체제와의 총력전은 엄청난 인도주의적 위기를 발생시켰다. 인도주의적 감수성은 대서양 혁명을 거치며 꾸준히 심화되고 세계적으로 확산되어왔는데, 전쟁의 참극이 이를 한층 더 극적으로 끌어올렸다. 산업적으로 실시된 인종 청소, 전략 폭격, 대기근 등을 목도한 전후 세계의 지식인과 지도자들은 다시는 이런 비극을 반복하지 않기 위해서라도 세계적 차원의 권리와 규칙을 명기하기로 했다. 전쟁을 방지하고 분쟁을 평화적으로 해결하기 위해 국제연합UN이 창설되었고, 전후 세계, 즉 오늘날 세계의 기반이 되는 코드로서 세계인권선언과 국제연합헌장이 채택되었다. 그 모체가 미국과 영국의 정상이 대서양 해상에서 합의한 '대서양 헌장'이었다는 것은 의미심장하다. UN헌장은 대서양 양안에서 수 세기에 걸쳐 꽃피운 계몽주의, 이성의 시대, 권리의 시대가 움직일 수 없는 세계적 합의가 되었음을 상징했다.

그러나 UN헌장은 영국과 미국으로 대표되는 자유민주정 국가들만 작성한 문서가 아니었고, 이는 1945년 이후의 새로운 대립을 예시하고 있었다. 전체주의, 그중에서도 가장 강력한 적이었던 독일 전체주의를 분쇄한 것은 자유민주적 계몽주의가 아니었다. 제2차 세계대전 승리의 주인공은 자유민주주의와는 매우 다른 계몽주의적 언어를 주창하면서, 고도의 집단주의적 통제 사회를 지향했던 사회주의 소련이었다. 19세기 후반에 산업 경제의 팽창과 그에 따른 노동계급의 형성을 목도하면서 일군의 새로운 지식인 집단이 등장했다. 그들은 인본주의, 과학적 합리성, 산업 경제 등 근대성의 이상에 깊이 공감하고 있었다. 하지만 사회주의자들은 현재의 자유민주정은 자본가들의 이익만을 위하는 체제라고 간주했다. 서구 계몽주의의 일반적인 흐름을 계승한 자유주의자와 달리 사회주의자들은 더 평등한 형태의 근대성을 급진적으로 추구하고자 했다. 그들은 계급과 집단 정체성에 근거한 새로운 판본의 계몽주의를 주창했으며, 1917년 러시아혁명을 성공시켜 자신들의 국가를 얻어냈다. 허약해 보였던 신생 소비에트 사회주의 공화국 연방은 이오시프 스탈린의 지도하에 막대한 피를 뿌려가며 근대성을 갖춘 강력한 국가로 변신했다.

파시즘을 무찌른 계몽주의자들은 전간기와 제2차 세계대전을 계몽주의의 끝없는 행진에 잠시 등장한 막간의 도전으로 받아들였다. 계몽주의는 지구적인 믿음이자, 발전하고자 하는 사회의 자명한 운명으로 여겨졌다. 문제는 계몽주의를 대표하는 판본이 하나가 아니었다는 것이다. 하나는 당연하게도 계몽주의의 고향인 대서양에서 출발하여 북아메리카 대륙을 장악한 뒤, 그 공간을 세계 최강의 산업 대국이자 역동적 문화의 산실로 만들어낸 미국의 자유주의적 계몽주의였다. 또 다른 계몽주의는 대서양과는 동떨어진 공간에서 자리를 잡았다. 유라시아 대륙의 국가주의적 전통에서 출발하여, 노동계급의 유토피아를 건설하고자 인민을 동원하며 새로운 방식의 체제를 실험하고 있던 소련의 사회주의적 계몽주의였다. 이러한 구도에서 볼 때 냉전이란, 계몽주의를 누가 더 잘 해석하고 있는지를 두고 벌어진 교리 싸움이었다. 냉전기에 벌어진 미국과 소련의 우주 경쟁은 그 궁극적 형태나 다름없었다. 누가 더 인간 이성을 통해 우주를 잘 이해하고 개척하는 계몽주의의 꿈을 구현할 것인가.

그리고 우주에서도, 지상에서도 승자는 자유주의자들이 되었다. 미국과 프랑스에서 혁명을 통해 자유주의적 계몽주의 정부가 들어섰던 1776년과 1789년에서 꼬박 200년이 지난 1980년대가 바로 승리의 순간이었다. 이 시기에 공산권은 부진한 경제, 신세대의 문화적 반란 등에 골머리를 앓고 있었다. 반면 한국, 대만, 싱가포르, 홍콩, 일본 등 동아시아 사회가 이룬 눈부신 경제성장은 자유주의적 근대화의 비전이 굳건한 진리라는 것을 재확인시켜주었다. 미국의 아시아 이웃이 거둔 성취와 달리 소련의 아시아 이웃은 오히려 근대화에 대한 사회주의자들의 믿음을 사라지게 만들었다. 소련이 투여한 해외 원조가 과연 가치 있는 것인지에 대한 의구심이 확산되었고, 그 의구심이 소련 내부에서까지 퍼지게 된 것이다. 후진적 이슬람 전통에 메여 있는 중앙아시아 공화국들에 러시아가 너무 많은 자원을 쏟는 것이 아닐까? 게다가 미디어를 통해 확인되는 서구와 동구의 격차는 공산주의식 근대화가 이미 실패한 프로젝트라는 믿음을 심어주기에 충분했다. 문화적 자유의 결여, 부족한 기초 생필품, 뒤처진 소비사회 등은 동구 체제의 열등함을 보여주는 증거였다. 그들의 실패는 특히 서구식 근대화의 우수함을 입증해준 동아시아와 대비될 수밖에 없었다. 1980년대의 마지막 해에 베를린 장벽이 무너지면서 누가 계몽주의의 적자인지를 둘러싼 투쟁이 마침내 마무리되었다. 이러한 역사를 충실히 이해하고 있던 후쿠야마는 역사가 끝났다고 선언할 수 있었다.

베를린 장벽의 붕괴는 19세기 전통주의와 20세기 전반 전체주의와의 싸움에서 계몽주의가 거둔 승리를 상징했고, 아울러 자유주의적 계몽주의가 자신들의 사촌이었던 사회주의적 계몽주의를 무너뜨리고 계몽주의의 표준이 되었음을 뜻했다.

그런 맥락에서, '역사의 종언이 끝났다'는 말은 곧 지구적 보편 체제이자 이념으로서 자유민주주의의 패권이 끝났다는 것을 의미하며, 더욱 크게는 계몽주의라는 표준도 도전을 받게 되었음을 뜻한다. 그러니, 푸틴의 전쟁으로 **정말로** 역사의 종언이 끝났다는 말은, 단순히 역사책에서나 보던 사건들이 돌아왔다는 이야기로 국한될 수 없는 것이다. 물론 이것이 자유민주주의가 이제 폐기될 것이라는 의미는 아니다. 다만 자유민주주의는 다시 한번 다른 이념들과의 경쟁, 그리고 투쟁에 나설 수밖에 없게 되었음을 의미한다.

물론 이는 대부분의 사람들이 결코 상상하지 못했던 미래였다. 1989년의 후쿠야마를 쉽사리 조롱하는 모든 사람들은 스스로에게 되물어볼 필요가 있다. 과연 자신은 300년에 걸친 장엄한 서사를 통해 자리 잡은 자유민주주의의 패권이 이렇게 극심한 도전을 받을 것이라고 한 번이라도 진지하게 생각해봤는가.

선각자들

물론 어느 시대에나 그렇듯 선각자들은 있었다. 그들은 그런 질문을 1989년 동유럽 혁명의 환희 속에서도 진지하게 제기했다. 그러면서 1989년 시점에서도 역사는 결코 끝나지 않았을 것이라는 도발적인 목소리를 냈다. 언론인 로버트 카플란이 대표적이다. 그는 1994년에 〈다가오는 아나키〉라는 글을 통해 일찌감치 서방 세계에서 감돌고 있는 탈냉전의 낙관주의라는 것이 사실상 환상이나 다름없다는 것을 지적했다. 그가 보기에 1989년의 유럽에서 주목해야 했던 곳은 무너지는 베를린 장벽이 아니었다. 대신 미래를 보여주는 곳은 차라리 세르비아와 코소보였다. 그곳에선 민족과 종교, 토지를 둘러싼 투쟁이 시작되고 있었다. 카플란은 나아가 소비에트 연방보다 더욱 혼란스러운 형태로 서구 사회에 도전을 가하게 될 것들이 있다고 주장했다. 지구적 환경 위기, 난민의 발생, 세계화된 엘리트 계층과 대중의 분리, 자신의 전통과 영광스러운 역사에 대한 유라시아 옛 제국들의 재평가 등이 그것이었다.

그 2년 전, 후쿠야마의 스승인 정치학자 새뮤얼 헌팅턴이 미국 기업 연구소에서 진행한 강연 하나는 더욱 의미심장했다. 헌팅턴은 다음 해에 강연 내용을 기반으로 논문을 하나 발표한 뒤, 이후 책으로도 출판했다. 발표와 동시에 엄청난 논란을 몰고 온 문제작, 《문명의 충돌》이었다. 이 책은 흔히들 후쿠야마와 함께 1990년대 서구 사회의 '오만함'을 상징하는 저서로 인용되곤 한다. 하지만 저자 헌팅턴의 학술적 배경을 고려하고 《문명의 충돌》을 실제로 읽어보면 이 책이 왜 당혹스러운 책인지를 조금 더 잘 알 수 있다. 헌팅턴은 냉전 시대 '근대화 이론 modernization theory'의 전제 위에서, 개발도상국들이 겪는 정치적 불안정과 빈번하게 나타나는 군사 쿠데타 등을 분석하면서 명망 있는 학자의 자리에 올라섰다. 그는 1991년에 《제3의 물결》이라는 책을 통해서 70년대부터 시작되는 민주화의 세 번째 물결을 분석하기도 했다. 이런 점에서 그의 관심사는 비교정치학의 고전적인 탐구 대상, 즉 국가 구조, 관료제, 정당, 군부, 사회 제세력 간의 세력 역학 등이라고 할 수 있었다. 그러던 그가 갑작스럽게 세계는 종교에 기반한 문명 간의 충돌 국면으로 접어들 것이라고 주장했던 것이다.

헌팅턴은 《문명의 충돌》을 발표할 때부터 이것이 역사의 종언에 대한 답변이라고 밝혔다. 역사의 종언은 어떤 면에서 냉전 시대에 본격화된 근대화 이론의 궁극적인 형태라고 할 수 있었다. '모든 상이한 전통 위에 서 있는 전근대 사회는 전문화, 분업화, 세속화 등의 과정을 거쳐 근대 사회로 진입하게 된다'는 전망을 필연적인 역사 철학의 차원으로 확장시키면 역사의 종언이라는 결론에 이르게 되기 때문이다. 그러나 헌팅턴은 《제3의 물결》에서 서구 자유민주주의의 세계적인 확산을 분석했음에도 불구하고, 그래서 어찌 보면 역사가 종언을 고했다는 선언의 근거를 제시했음에도 불구하고, 앞으로의 세계는 갈등의 새로운 국면을 맞이하게 될 것이라고 경고했다. 그것도 근대화 이론에서는 이제 흘러간 과거의 유물로 간주하는 종교를 통해서 갈등이 분출할 것이라고까지 했다.

물론 카플란이나 헌팅턴의 경고는 당시 동유럽에서 불어오던 '변화의 바람'에 묻힐 수밖에 없었다. 서독의 록밴드 스콜피언스는 모스크바의 고리키 공원을 걸으며 이제 유럽에서 싸움과 압제가 사라지는 '변화의 바람'이 불어오고 있다고 희망찬 미래를 노래했다. 그리고 '변화의 바람'이 상징하는 시대의 분위기는 1990년대, 나아가 9·11테러에도 불구하고 2000년대에도 상당 기간 지속될 터였다. 동유럽뿐 아니라 지구적으로도 변화의 바람은 이미 실현되고 있는 것으로 보였다. 1989년 6월 중국에서는 당이 변화의 바람을 통제할 것이며, 이를 위해 피도 기꺼이 묻힐 것이라는 으스스한 경고의 목소리가 나왔다. 하지만 많은 이들은 개혁개방에 따른 중국의 필연적인 서구화와 민주화를 믿었다. 분열과 전쟁의 땅이었던 유럽을 하나로 묶는 유럽연합 프로젝트의 확장은 미국보다 더 윤리적인 판본의 서구적 근대성으로서 '유로피안 드림'을 이야기하고 있었다. 그리고 2011년에는 변화의 바람이 마지막까지 당도하지 못하리라 여겨진 아랍에서도 자유민주주의의 봄바람이 찾아오고 있는 것 같았다. 이 모든 낙관주의는 모두 역사를 끝낸 1989년의 변화의 바람에서 시작된 것이었다.

하지만 카플란이 경고한 '다가오는 아나키'와 헌팅턴이 전망한 '문명의 충돌'은 물밑에서 계속해서 자신들의 이야기를 쌓고 있었다. 유고슬라비아 내전, 9·11 이전부터 시작된 알카에다의 연쇄 테러, 아프가니스탄에서의 탈레반 집권, 생각보다 훨씬 견고한 것으로 드러난 중국 공산당의 지배 체제, 태국과 베네수엘라의 포퓰리즘, 아랍 봉기 이후에 터져나온 이슬람주의에 대한 열망, 터키에서 유행하기 시작한 신新오스만주의, 인도에 부는 힌두 민족주의 바람, 생태적·사회적 위기로 초래된 아프리카 및 중동 난민의 대량 발생, 서유럽과 동유럽 간의 메울 수 없는 것처럼 보이는 간극. 이 모든 것들은 세계의 나머지 공간에서는 역사가 끝나지 않았음을 보여주고 있었다.

물론 이런 사건들은 처음에는 서구인들에게 머나먼 곳의 이야기로 받아들여졌다. 그 나라들은 아직은 역사를 떨쳐내지 못했지만, 곧 '우리의 도움'으로 역사의 종언에 합류하게 될 것이었다. 하지만 21세기의 '역사'들이 서로 영향을 주고받으면서 연쇄적인 상승효과를 일으키자, 서구 사회는 더는 역사로부터 눈을 돌릴 수가 없게 되었다. 서구에서 역사의 종언을 끝내고 다시 역사를 시작한 사람들은 그동안 엘리트들이 생각지도 못했던, '과거에 묶여 있는' 대중들이었다. 2016년 미국에서 도널드 트럼프가 대통령에 당선되고 영국에서 브렉시트 국민투표가 예상 밖의 결과로 이어지자, 자유주의와 계몽주의의 고향인 대서양에서조차 역사가 다시 시작될 것 같다는 불길한 기운이 감돌았다. 그리고 그 불길한 기운은 2022년 푸틴의 군대가 미사일을 발사하고 돈바스를 향해 진격하면서 확증으로 변했다.

다시 시작된 역사

이 책에서 나는 2022년에 러시아가 우크라이나를 침공함에 따라 역사가 다시 시작된 것이 어떤 의미인지를 논할 것이다. 하지만 전쟁의 이야기는 없다. '역사의 종언의 종언'이라는 관점에서 보았을 때, 전쟁은 단순히 '시작의 끝'을 의미하는 것이다. 러시아-우크라이나 전쟁은 역사를 1989년의 순간에서 끝내고자 노력하는 이들과 그것을 받아들일 수 없는 이들의 싸움이 본격적으로 시작되었음을 알리는 사건이다. 돈바스의 전선에서부터 시베리아의 천연가스 파이프라인을 거쳐 미국의 인터넷 사이트를 망라하는 그 싸움이 앞으로 어떻게 펼쳐질지에 대해서는 나는 할 말이 많지 않다. 나는 대신 그 앞으로의 싸움을 바라볼 때 도움이 될 수도 있는 이야기를 하고자 한다. 1989년에 끝난 것 같았던 역사는 왜 다시 시작된 것일까? 푸틴은 어째서 무모해 보였던 전쟁을 결정한 것일까? 이 책에서 말하고자 하는 것은 이런 질문에 대한 답들이다. 말하자면 '시작의 시작'에 관한 이야기들이다.

헌팅턴은 아프가니스탄의 전사들이 소련을 무찌른 것을 보면서, 앞으로는 냉전의 지정학이 아니라 문명의 충돌이 사태를 이끌어갈 동력이 될 것임을 간파했다. 그는 해체된 소련 내부에 놓

건설이 중단된
드네프르 지하철

인 가장 위험한 지정학적 단층선 가운데 하나로 우크라이나의 드네프르강을 꼽았다. 이 강을 기점으로 갈라지는 정체성의 전쟁이 향후 역사의 열쇠 가운데 하나가 될 것이라고 그는 전망했다. 실제로 드네프르의 단층선은 훗날 푸틴에 의하여 활성화되었다. 2022년 이전부터도 그랬다. 2004년, 2006년, 2014년을 거쳐 단층선에서는 계속해서 파열음이 들려왔다. 푸틴은 역사의 종언이 과도한 낙관주의로 가득한 무리한 선언이었다고 비판하는 것을 넘어서, 그 선언 자체가 도덕적으로 잘못되었다고 분개한 수많은 사람 가운데 한 명이었다. 그는 단층선에 지속적으로 충격을 가했다.

그러나 이 단층선의 최종적인 파열은 정해진 운명이 아니었다. 소련이 해체되었을 때만 해도 러시아에서는 서구화를 향한 강한 열망이 타오르고 있었다. 푸틴 집권 초기에 드네프르의 단층선은 탈脫소비에트 공간에서 흔히 벌어지는 혼란 정도로만 생각되었지, 그것을 1989년 체제에 대한 본질적인 도전으로 인식하는 사람은 거의 없었다. 푸틴조차도 당초에는 자신의 행동이 이런 식의 연쇄 효과를 낳을 것이라고는 결코 알지 못했을 것이다. 미국과 러시아는 우크라이나나 조지아에서의 '사소한' 다툼을 빼면 대체로 잘 지냈고, 안보 문제에 있어서는 대부분 협력했다. 경제적으로 긴밀한 관계를 맺고 있던 서유럽과 러시아는 말할 것도 없었다. 러시아의 에너지와 서유럽의 자본재로 연결된 둘의 관계는 전쟁이 결코 일어날 수 없는 명백한 조건으로서 이해되었다. 그렇다면 평화에 관한 이 모든 낙관적인 전망을 깨버리고, 끝내 '역사의 시작'이 도래한 이유는 무엇일까? 이 책에서 나는 푸틴 집권기에 서방과 푸틴, 그리고 그 사이에 있는 국가들 간에 어떤 일들이 일어났는지를 간략하게 살펴보면서, 전쟁의 원인과 의미를 논해보고자 한다.

적어도 전쟁의 이유를 단순히 '독재자 푸틴의 권력욕'이라고 설명할 수 없음을 밝히고자 하는 것이 이 책의 그다음 목적이다. 물론 푸틴은 분명히 독재자이며, 우크라이나를 공격하여 인도적 위기를 만들어낸 침략자이다. 하지만 모든 독재자가 자신의 권력을 위해 전쟁을 감수하는 것은 아니다. 특히 오늘날의 세계에서라면 더욱 그렇다. '권력욕'은 전쟁의 발발을 촉진한 일부 요인은 될 수 있어도, 결코 결정적인 요인은 될 수 없다. 푸틴이 단순히 자신의 계좌 잔고를 두둑하게 불리고 호화 요트와 지중해의 별장에 만족하는 일반적인 독재자였다면, 그는 오히려 서방과 매우 친밀한 우호관계를 추구하고자 했을 것이다. 실제로 푸틴의 휘하에 있는 권력 엘리트들, 특히 옐친 시기부터 등장한 과두 재벌 올리가르히oligarch는 그런 삶에 매우 만족했다. 푸틴은 자기 친구들의 호화로운 삶에도 명백한 피해를 끼쳐가면서까지 전쟁을 결심했다. 따라서 나는 푸틴의 전쟁이 단순히 그의 권력욕으로 설명될 수 있는 것이 아니고, 심지어 푸틴의 독재마저도 그렇다고 주장하고자 한다. 그의 독재정은 푸틴, 나아가 많은 러시아인이 합의하고 있는 일정한 '세계관'과 불가분의 관계를 맺고 있다. 푸틴 체제는 러시아의 역사 속에서 등장한 체제이며, 지도자와 지지자들 사이에서 일종의 믿음 체계를 형성하고 있다. 그런 이유로 푸틴 체제가 약해지는 것은 단순히 독재자의 권력과 부가 위협받는 것을 넘어서, 그들이 믿고 있는 신념이 위기에 처한다는 것을 뜻한다. 그리고 이런 신념이야말로 파괴적인 전쟁까지 감수하게 만드는, 진정으로 무서운 무기라고 할 수 있다.

소위 '푸티니즘'이라고도 불리는 이러한 신념은 무엇이며 어떻게 형성되었는지를 논하는 것이, 그래서 이 책의 다음 목표가 된다. 물론 푸틴은 사상가가 아니라 정치인이기 때문에, 푸티니즘이라는 명확한 이념은 존재하지 않는다. 소련이 공산주의에 입각해서 통치되었던 것과 달리 오늘의 러시아는 푸티니즘에 의하여 통치되지 않는다. 하지만 푸틴 정권을 정당화하는 정치 이론과 정서, 서사의 집합은 존재한다. 이 서사는 동방과 서방 사이에서 오랜 기간 정체성을 두고 고민한 러시아의 혼란스러운 자아 관념과 깊은 연관을 맺고 있다. 또한 그것은 1917년과 1991년에 겪은 고통스러운 제국 해체의 기억을 반영하고 있으며, 21세기의 첫 20년 동안 세계적으로 일어난 여러 변화들의 영향을 받은 결과물이다. 이러한 서사가 무엇인지, 그리고 자유민주정을 향한 러시아의 바람이 실패로 돌아간 이후에 어떤 과정을 통해서 등장하게 되었는지도 이 책에서 다루려 한다.

끝으로 이 책에서 나는 러시아가 아닌 다른 나라들의 역사를 둘러보며, 푸티니즘의 등장과 역사의 시작이 러시아-우크라이나의 단층선을 넘어선 전 지구적인 일임을 이야기할 것이다. 물론 개전이라는 극단적인 방법을 사용한 나라는 러시아가 유일했다 (앞으로도 유일하기를 바란다). 하지만 러시아의 전환은 유라시아 각지에서 일어나는 여러 전환들, 종교의 부활과 역사의 재시작이라는 주제와 긴밀히 연관을 맺고 있다. 러시아가 아닌 다른 나라들의 사례를 더 보여주고자 하는 이유는, 푸틴의 전쟁이 단지 러시아라는 특수한 나라만의 이야기, 혹은 푸틴이라는 독재자 개인의 이야기가 아니라 훨씬 거대한 공간에서 전개되는 서사의 일부임을 주장하기 위해서다. 그것이 함의하는 바는, 앞으로 우리는 자유민주정이라는 완전한 합의가 자리 잡기 이전의 세계로 돌아가게 될 것이고, 또한 인류 문명의 가장 '진보한' 이념으로 불리곤 했던 계몽주의가 위협을 받는 세계로 돌아가게 된다는 것이다. 설령 푸틴이 전쟁에서 패한다고 해도, 적어도 개인의 삶에서는 꽤 오랜 시간 동안 자유주의와 계몽주의는 그 도전자들과의 투쟁에 나서야만 할 것이라고 나는 전망한다.

서두에서 러시아의 전쟁과는 그다지 상관도 없어 보이는 자유민주정의 역사를 읊으며 책을 시작한 것은 이 때문이다. 우리가 당연하게 생각하는 자유주의는 사실 당연한 것이 아니다. 그것은 오랜 기간 투쟁을 통해서, 또 우연한 호기들을 통해서 경쟁자들을 무찌르고 굳건한 합의로서 자리 잡은 것이었다. 마치 신성불가침의 영역으로 인식되고 있는 현재의 규칙, 인권이나 보통

선거 같은 것이 인간 문명이 도달할 수밖에 없고, 또 도달해야만 하는 필연이 아니었다는 뜻이다. 나는 러시아, 그리고 이 책에서 살펴볼 다른 여러 나라들에서는 자유주의나 계몽주의라는 합의가 이미 상당 부분 뒤집혔다는 것에 주목할 것이고, 그들이 광기에 사로잡혔거나 무지몽매해서 합의를 뒤집은 것이 아님을 얘기할 것이다.

물론 그렇다고 해서, 내가 그들이 옳다고 말하는 것은 당연히 아니다. 그러나 어느 다른 공간에서 자유민주정이나 계몽주의의 합의가 뒤집혔다는 것은, '바로 이곳'에서도 그 합의가 얼마든지 뒤집힐 수 있음을 뜻한다. 따라서 그 합의를 지키고자 하는 이들이라면, 우선 당연한 것을 당연하지 않게 바라볼 수 있어야 하고, 그 합의가 당연해지지 않은 곳의 이야기를 들여다볼 수 있어야 한다. 자유주의와 계몽주의의 도전자들이 어떻게 그 맹점을 파고들고, 어떻게 역사를 재해석하며 새로운 합의를 출현시켰는지를 알면, 우리는 현재의 체제가 지닌 단점을 외부의 시선으로 객관화하고, 약점을 보완하며 옛 합의에 새로운 활력을 부여할 수 있을지도 모른다. 자유주의와 계몽주의는 역사적으로 엄청난 위업을 성취한 하나의 믿음이었다. 그리고 모든 믿음에는 필연적으로 도전자가 존재할 수밖에 없고, 2022년을 기점으로 자유주의는 또다시 새로운 도전의 순간을 마주하지 않을 수 없게 되었다.

이 길에 정답은 없다. 기존의 합의와 도전자의 믿음이 수렴될 수도 있고, 한쪽이 일방적인 승리를 거둘 수도 있으며, 혹은 시대가 달라져서 종래의 대립 구도가 완전히 무의미해질 수도 있다. 자유주의와 그 도전자들(특히 내가 여기서 러시아를 통해 논하고자 하는 신전통주의)의 대립에도 정해진 결말은 아마 없을 것이다. 적어도 지금 결말을 논하는 것이 성급하다는 것은 확실하다. 다만 이런 대립 상황에서 현명하게 대처하는 길은, 도전자들의 믿음을 주의 깊게 살펴보는 동시에 자기 자신을 돌아보는 것이라고 나는 믿는다. 적어도 그것이 자신의 승리가 불변의 운명이라고 낙관에 취해 있는 것보다는 바람직한 자세일 것이다. 이 책이 우리의 시대를 새롭게 바라보는 데 조금이라도 도움이 되기를 바란다.

제1부

러시아 대지大地의 천년

1장

야누스의 제국

◆

우리는 유럽인이다. (…) '대서양에서 우랄산맥까지', 유럽은 르네상스와 계몽주의, 19세기와 20세기의 위대한 철학적, 사회적 가르침이라는 공동 유산으로 통합된 문화-역사적 실체다.
_미하일 고르바초프[3]

당신도 아시아인이고, 나도 아시아인이오.
_이오시프 스탈린, 일소불가침 조약을 체결하며[4]

우리는 인류의 구성 성분으로 보이지 않는 민족들 중 하나다. 그러나 그러한 민족들은 이 세계에 몇 가지 큰 교훈을 주기 위해 존재한다. 우리가 운명적으로 보여주기로 되어 있는 교훈은 분명 헛되지 않을 것이다. 그러나 우리가 인류의 한 부분이 되어 있음을 깨달을 날이 언제인지 아무도 모른다. 우리가 우리의 운명을 실현시키기까지 얼마나 많은 고통을 겪을지 아무도 모른다.
_표트르 차다예프[5]

후쿠야마가 끝났다고 선언한 '역사'는 인간과 사회를 어떻게 규정할지를 둘러싼 투쟁의 이야기를 의미했다. 요컨대 다음과 같은 질문에 대한 여러 답이 역사의 이야기를 구성했다. '나를 어떻게 정의할 것인가?' '이 세계는 어떤 질서에 의하여 규정되어 작동하는가?' '국가와 공동체를 어떻게 운영해야 할 것인가?' 이를테면 중세의 역사를 쓴 힘은 종교였다. 사람들은 고전 시대에 만들어진 위대한 종교적 전통에 따라 스스로를 규정했다. 기독교 세계에서 사람은 절대자인 신과 관계를 맺는 존재였다. 유목 세계에서는 천신 관념, 계절에 따른 이동, 부족의 호혜적 공동체 문화, 정주 세계와의 교역과 약탈이 세계의 질서를 의미했다. 중화 세계에서는 천자의 법과 능력주의적 관료제, 불교 세계에서는 부처가 설파한 도와 윤회가 그러한 질서였다.

문명 간의 싸움은 세계에 대한 서로 다른 관점의 충돌이었다. 문명 안에서의 싸움은 누가 더 문명을 규정하는 질서를 잘 해석하는지를 둘러싼 경쟁이었다. 그리고 수 세기에 걸친 투쟁 끝에, 자유주의는 한때나마 인류의 최종적 이념으로서 선언될 수 있었다. 신 대신 인간이 중심이 되는 사회, 신의 의지가 아닌 과학적 합리성으로 작동하는 세계, 인간끼리의 합의인 법으로 통치되는 국가, 국가 간 규칙으로서의 국제 사회. 이것이 근대 서구가 추구했던 세계관이며 오늘날 세계의 규칙이다.

물론 모든 이들이 이런 규칙에 동의하는 것은 아니다. 특히 자유주의의 규칙에 동의하지 않는 국가들은 이러한 합의를 일부, 혹은 전부 받아들일 생각이 없다고 천명했는데, 역사는 바로 그들에 의하여 다시 시작되었다. 인간 대신 신의 뜻에 따른 통치를 주창하는 이란 이슬람 공화국, 중화 민족의 전통과 마르크스-레닌주의를 조화시키겠다는 중화인민공화국은 자유주의가 만들어낸 '모범 답안'을 원천적으로 부정하는 나라들이다. 그리고 푸틴의 러시아는 이런 비非자유주의 내지 반反자유주의 체제를 채택한 국가들의 중심에 서 있는 국가이며, 특히 우크라이나 침공으로 반자유주의적 도전의 선봉에 서게 되었다.

 푸틴이 '역사의 종언'을 거부하고 무력 침공에 나선 것은 물론 정해져 있던 운명은 아니었다. 이를테면 호시탐탐 서구를 골탕 먹이고 주변국을 짓밟기 원하는 러시아인들의 심성이 마침내 진면목을 드러낸 게 아니라는 뜻이다. 실제 사태가 이렇게 전개되기까지는 우연적 사건의 연속과 러시아-서방 간의 상호작용이 매우 중요한 역할을 했다. 하지만 왜 다른 나라의 다른 지도자가 아니라 하필 블라디미르 푸틴이 역사의 종언에 심대한 타격을 입히는 주역이 된 것일까? 이는 어쨌든 그가 통치하는 러시아라는 국가와 큰 관련이 있음을 부정할 수 없다.

 만일 앞서 말한 대로 세계를 어떻게 해석할지를 둘러싸고 벌어진 투쟁이 역사라고 한다면, 러시아는 자신의 바깥 이웃들과는 물론이고 자신의 안에서도 가장 격렬한 '역사의 투쟁'을 거친 나라였다. 러시아 민족은 어떤 민족이며, 러시아는 어떤 나라가 되어야 하는지는 러시아 국가의 탄생 때부터 러시아인들을 사로잡은 질문이었다. 그들은 그 질문에 답을 내리는 과정에서 제국을 세웠고, 세계에 울림을 준 위대한 철학적 답변을 내놓기도 했으며, 동시에 고통스러운 내전을 겪기도, 또 주변국을 침략하기도 했다. 정체성을 둘러싼 러시아인들의 싸움이 곧 러시아의 역사였고, 그 싸움은 아직도 끝나지 않았다. 그렇다면 우리도 한번 그 질문 속으로 들어가보자. 러시아는 어떤 나라인가?

동쪽으로

모로코 출신의 여행가 이븐 바투타는 1332년 아나톨리아를 떠나 흑해를 건너는 배에 몸을 실었다. 크림반도에서 하선한 이븐 바투타는 이제 대몽골제국의 일부인 킵차크 칸국의 영역에 들어섰다. 키 큰 풀이 바다처럼 펼쳐져 있는 남러시아의 드넓은 초원을 지나 그는 칸이 거주하는 볼가강江의 도시 사라이(페르시아어로 궁전이라는 뜻)에 진입했다. 바투타는 북쪽 세계에서 발견한 이 거대한 교역 중심지를 보고 경탄을 숨기지 않았다. 도시의 시장에서는 중국의 비단, 페르시아의 향신료, 그리고 북쪽 끝의 숲에서 가져온 모피까지 수많은 물산이 거래되고 있었고, 도시에 서 있는 모스크의 첨탑 열세 곳에서는 기도 시간을 알리는 무에진Muezzin(또는 무아딘)의 목소리가 경건하게 울려 퍼졌다. 이븐 바투타의 여행과 볼가강 평야에 건설된 교역 중심지 사라이는 모두 유라시아 전역을 통치하는 대몽골제국의 힘을 상징하고 있었다. 그 수십 년 전만 해도 세계 전역에 파괴의 공포를 드리우던 몽골군은, 일단 제국을 건설하고 난 뒤에는 상업을 장려하고 여행객을 보호해주는 평화의 수호자가 되었다. 팍스 몽골리카 속에서 사라이는 유럽과 이슬람 세계를 이어주는 가교가 되었고, 이븐 바투타는 30년간 수없이 많은 도시를 방랑할 수 있었다.

 이븐 바투타는 사라이의 시장에서 일군의 기독교인들을 만날 수 있었는데, 한쪽은 루미인(그리스인)이었고, 다른 쪽은 루시인Russi이었다. 루시인들은 사라이에서 북쪽 삼림지대로 들어가면 나오는 민족들이었고, 그들 또한 팍스 몽골리카의 교역로에 접속

하고자 기꺼이 사라이로 찾아온 이들이었다. 하지만 사라이에 있는 루시인들이 상인들만 있던 것은 아니었다. 이븐 바투타가 사라이를 방문하기 17년 전인 1315년에는 모스크바의 공후 유리 다닐로비치가 사라이에 머물고 있었다.

당시 유리가 사라이로 온 까닭은 몽골의 힘을 빌려 북동부 루시의 종주권을 상징하는 '블라디미르 대공'의 자리를 얻기 위해서였다. 사라이에 거하는 칸은 자신이 직접 통치하는 영역의 바깥에서는 루시인들의 자치를 존중했는데, 이미 트베리 지역의 군주 미하일 야로슬라비치에게 블라디미르 대공 지위를 허락한 상황이었다. 미하일이 블라디미르 대공으로 임명되기 위해 '진짜 군주'인 칸의 궁정이 있는 곳, 사라이로 와야만 했던 것처럼, 유리가 이 결정을 뒤집기 위해서 와야 할 곳도 당연히 사라이였다.

그리고 2년 간 몽골인의 수도에서 거주한 유리는 큰 성과를 거둘 수 있었다. 우즈벡 칸의 여동생과 혼인할 수 있었던 것이다. 칸의 여동생 콘차카는 이제 정교회로 개종하여 모스크바 공후 유리의 아내 '아가피아'가 되었다. 우즈벡 칸은 처남을 위해 트베리의 미하일이 아니라 모스크바의 유리를 대공으로 앉히기로 결정했다. 칸의 번복에 격분한 미하일은 유리의 군대를 쳐부수고 아가피아도 사로잡았다. 하지만 아가피아가 트베리에서 사망하자, 유리는 칸에게 미하일이 칸의 여동생을 죽였다고 고발했다. 곧 미하일은 사라이로 소환되었다. 몽골의 군세가 워낙 강성하여 감히 그에 대항할 수 없었기에 미하일은 묵묵히 출두할 수밖에 없었다. 결국 칸의 재판으로 미하일은 처형당했다.*

　사라이의 권위를 빌려 쟁패에서 승리한 모스크바는 한동안 더 몽골인들의 영향 아래에서 발전을 도모했다. 모스크바는 칸에게 바칠 공물을 징수할 권한을 받았고, 루시 땅의 농민과 상인들로부터 세금을 거두어 사라이로 실어 보냈다. 칸은 조공 행렬에 만족하며 모스크바의 군주를 자신의 제후로 총애했다. 사라이에 공물이 들어가는 동안 모스크바 공국은 몽골로부터 무형의 유산들을 끊임없이 수입했다. 모스크바는 몽골이 고안한 여러 정치적 혁신이나 통치 방법론을 모방하며 국가 제도를 갖춰나갔다. 몽골의 조세제도, 관료제와 같은 통치술, 개인적 카리스마와 충성관계를 동원해 권력을 조직하는 문화적 습속이 대표적이었다. 그렇게

---

* 나중에 미하일의 아들 드미트리는 사라이에서 유리를 암살하여 아버지의 복수를 했다. 훗날 러시아 정교회는 트베리의 미하일을 '타타르의 멍에'에도 불구하고 당당했던 순교자로서 시성했다.

모스크바는 초원의 통치자들을 모방하여 러시아 여러 공국들의 맹주가 될 수 있었다.

그리고 루시인들이 상국으로 모시던 킵차크 칸국에도 마침내 위기가 찾아왔다. 티무르의 침공과 흑사병 유행이 겹치며 분열을 맞이하게 된 것이다. 이로써 모스크바는 초원 세력의 지배로부터 탈출할 기회를 찾을 수 있었다. 물론 모스크바가 처음부터 강력한 몽골군을 일격에 몰아낼 수 있었던 것은 아니다. 모스크바는 초원에서 발생한 권력의 공백을 이용하는 한편, 분열된 몽골 통치자들 사이에서 기민하게 움직이면서 차츰차츰 우위를 확보해나갔다. 모스크바가 상황을 완전히 뒤집어 옛 지배자들의 땅을 정복하기 위해서는 시간이 조금 더 필요했다.

마침내 때가 무르익었다. 러시아를 통일한 이반 3세의 뒤를 이어서 16세기에 차르로 등극한 이반 4세가 그 주인공이었다. 이반 '뇌제'라고도 불리는 그는 화약무기를 쓰는 스트렐치(사격수)와 초원의 자유인 집단인 코사크를 통해 강력한 이웃들을 정복해나갔다. 모스크바 공국의 진격로는 동서남북을 가리지 않았고, 북쪽의 북극해와 서쪽의 발트해로도 나아갔다. 그래도 커다란 팽창은 주로 동쪽에서 일어났다. 이반 뇌제는 1552년에 카잔을 함락시킨 데 이어 남쪽의 아스트라한도 수중에 넣었다. 주요 교역로인 볼가강과 그곳의 무슬림 인구를 장악한 모스크바는 이를 국가 건설에 재투자하여 다시 서쪽 경쟁자들과의 투쟁에 활용했다.

그러던 1582년, 모스크바의 동방 팽창에 결정적인 사건이 발생한다. 코사크 탐험대가 카잔보다 더 동쪽에 있는 시비르 칸국을 멸망시키면서 거대한 공백지로 향하는 문이 열린 것이다. 시베리아, 그 동쪽의 땅은 여타 칸국과 같은 조직된 정치체가 확립되어 있지 않았다. 이는 모스크바가 낮은 비용으로도 큰 이득을 확보하도록 해주었다. 주로 코사크들로 이루어진 러시아 탐험대는 일확천금을 꿈꾸며 값비싼 교역품인 모피를 얻기 위해 동쪽으로 계속해서 움직였다. 그 과정에서 시베리아 원주민을 마주칠 때면, 그들에게 가혹한 공물과 노역을 부과하고 약탈 행위를 거듭했다. 러시아인들에게서 유래한 전염병과 알코올은 원주민 사회에 특히 심각한 타격을 주었다.

거칠 것 없이 뻗어나가던 러시아의 확장은 이반 뇌제가 죽고 왕위 계승을 둘러싼 다툼으로 15년 정도 주춤했다. 당시 러시아는 '동란의 시대'라 불리게 될 내전과 외침, 대기근의 연속으로 엄청난 타격을 입었다. 하지만 로마노프 가문의 미하일 로마노프가 모스크바의 새로운 군주가 되면서 러시아는 다시 부활했다. 러시아의 시베리아 진출은 경이적인 속도로 재개되었고, 모스크바 공국을 우리에게 익숙한 '러시아'로 만들어냈다. '러시아' 하면 떠오르는 광대한 영토는 반세기에 걸쳐 이루어진 코사크들의 동진의 결과물이었다. 그들은 1649년에 이르러선 무려 오호츠크해까지 도달했고, 만주인, 몽골인과도 긴밀하게 접촉했다. 이 시기 코사크인들이 진출과 교역을 위해 건설한 요새는 오늘날 옴스크, 이르쿠츠크, 치타 등 수많은 시베리아 및 극동 도시들의 모체가 되었다. 게다가 정복 이후 쏟아져 들어온 시베리아의 모피는 '부드러운 금'이라 불리면서* 러시아 국가 건설을 위한 핵심 재원이 되었다. 저비용 고수익을 보장해주는 동방의 땅은 서쪽에서 강대한 적과 싸워야 하는 러시아에게 든든한 뒷배가 되어주었다.

러시아가 아시아를 향해 크게 확장하긴 했어도, 이 시기 러시아의 동쪽 변경은 근대적 제국주의의 공간이라고 하기에는 한참 모자랐다. 동쪽의 경쟁자들과 상대할 때 러시아는 자신의 몽골적 기원을 강조하고, 타타르인 귀족과 상인들을 엘리트 집단에 적극적으로 포섭하면서 경계를 허무는 전략을 취했다. 이는 몽골이 러시아에 남긴 치국술과 유목민 문화에 대한 깊은 이해, 그리고 동쪽 유목민들과 러시아 통치자들이 느끼는 일정 정도의 동질감 덕분에 가능한 것이었다. 한편으로 러시아인들은 계속해서 동쪽으로 이주하고 정착함으로써 이 공간에 러시아적인 특성을 더했다. 비록 러시아가 군사적 정복을 통해 동쪽으로 팽창했다지만, 마냥 중심과 주변의 일방적 관계를 취한 것은 아니었다. 그보다는 오히려 상대적으로 동등한 주체 간의 쌍방향적 교환과 이동이 이루어졌다.

실제 러시아는 차르, 귀족, 농노의 신분적 구분으로 악명이 높았지만, 인종이나 문화 면에서는 서유럽보다 훨씬 더 개방적인 면모를 보여줄 때가 많았다. 타타르 귀족은 러시아 농노가 아니라 러시아 귀족처럼 대우받을 수 있었다. 만약 기독교로 개종하면 아예 러시아 귀족층에 편입될 수도 있었고, 실제 많은 러시아 귀족들은 자신의 '타타르-몽골' 혈통을 자랑스러워했다. 러시아의 동방 정복은 미국의 서부 개척과 비교했을 때 그 특성이 더 명확하게 드러난다. 북아메리카의 개척자들은 서로 간에 출신을 따

---

* 여기에는 기후적 요인도 컸다. 17세기 소빙기는 북반구 전역의 겨울을 혹독하게 만들어 모피 수요를 크게 자극했다.

지지 않고 신분의 차이도 두지 않으면서 자유와 평등의 공화국을 세워나갔다. 하지만 그들은 원주민이나 흑인에 대해선 인종적 차이를 강조하며 배척했다. 러시아에서는 사뭇 다른 풍경이 펼쳐졌다. 그들 사회는 농노제 전통이 끊이지 않았지만, 적어도 17세기까지는 인종의 차이는 크게 중요하지 않았다. 이는 구분선을 긋기 어려운 변경 지대의 모호함과 상호 투과성 덕택이었다.

초원의 영향

러시아 최초의 국가는 보통 키예프 공국으로 알려져 있다. 10세기에 오늘날 우크라이나 땅에 세워진 나라이다. 당시에는 오늘날의 우크라이나인, 벨라루스인 모두를 포괄하여 '루시'라고 불렀다. 루시의 땅은 북쪽의 발트해와 남쪽의 흑해를 잇는 내륙 하천들로 긴밀하게 연결된 땅이었다. 이 하천들은 겨울에는 얼어붙어 육로로 사용할 수 있었고, 여름에는 수운의 통로로 쓸 수가 있었다. 하천을 따라서 삼림 지대의 여러 산물들, 특히 모피나 꿀, 노예 등이 부유한 동지중해 지역으로 이동했다. 특히 비잔티움 제국의 수도인 콘스탄티노플과 압바스 칼리프의 수도인 바그다드에서 수요가 많았다. 자연스럽게 이 지역의 상인과 군사 지도자들은 역으로, 화려한 공예품을 비롯한 문명 세계의 상품들에 접근할 수 있었다.

 번창하는 교역로는 자연스럽게 통제권을 둘러싼 갈등도 촉발시켰다. 수도사 네스토르가 작성한 러시아 최초의 역사서인 《원초 연대기》에 따르면, 루시 국가의 건국도 이 과정에서 이루어졌다. 이 지역 사람들이 풍부한 물산을 두고 계속 분열과 싸움을 거듭하던 끝에, 북쪽의 바이킹(바랴그)에게 자신들의 땅을 통치해달라고 요청하면서 최초의 루시 국가가 생겼다는 것이다. 오늘날 북쪽 노브고르드 인근에서 류리크를 시조로 시작된 루시 국가는 그의 아들 대에 드네프르까지 남하했고, 마침내 '키예프 공국'으로 세상에 알려지게 된다. 키예프 공국은 발트해와 흑해를 잇는 하천 교역망을 장악하고, 이 경로를 통해서 동슬라브인들의 문화 정체성의 중핵을 이루게 될 여러 개념도 수용하게 된다. 그중 '뒤집힌 알파벳'으로 유명한 키릴 문자와 가톨릭과는 구분되는 동방정교회가 가장 대표적이다. 지도자들이 발트해에서 이주해온 바이킹 출신이고, 문화적 정체성이 비잔티움 제국으로부터 정교회를 받아들이면서 형성된 것을 생각해보면, 키예프 공국은 명백히 유럽 기독교 세계에 합류하는 과정을 거치고 있었다(비록 초기에는 동슬라브의 민속 신앙과 기독교 사이에서 정체성의 혼란을 겪기는 했지만).

키예프 공국 입장에서 동쪽 변경은 훨씬 이질적인 세계였고, 더 위협적으로 다가왔다. 이 차이는 지도를 보면 명확하게 드러난다. 폴란드와 발칸반도를 넘어서 동슬라브인이 사는 지역에는 크게 두 종류의 생태 환경이 나타난다. 하나는 우크라이나 남부에서 남러시아를 거쳐 카자흐스탄까지 이어지는 스텝 지역이다. 폰틱-카스피 스텝이라고도 하는 이 지역은 비가 거의 내리지 않아 매우 건조하고, 키 큰 풀이 무성하게 자라 있다. 다른 하나는 그 북쪽에 펼쳐져 있는 삼림지대이다. 이 지역은 춥지만 습윤하기에 나무가 무성하다. 머나먼 고대에는 이 두 지역에 사는 서로 다른 민족 간의 갈등과 교류가 아주 빈번했고, 그 단층선을 따라 역사가 형성되고는 했다.

폰틱-카스피 스텝은 유목 문화라는 것이 세계에서 가장 먼저 출현한 장소였다. 발칸반도에서 전래된 목축 문화와 메소포타미아의 문명 지대에서 들어온 바퀴의 조합은 우크라이나와 남러시아에 걸쳐 살던 사람들에게 막대한 이동성을 안겨주었다. 그들은 스텝을 돌아다니며 거대한 풀의 바다를 식량이나 의복의 원천으로 바꿀 수 있었다. 이 일을 해주는 것은 생물 기계라고 할 수 있는 가축들이었다. 이 생물 기계들은 군사적 우위까지 보장해주었는데, 특히 말은 문명 세계를 수천 년 동안 괴롭힐 전사들의 동반자가 되었다. 최초의 유목민들을 상징하는 '얌나야 문화'는 유목민을 따라서 유라시아 대륙 전역으로 전파되었고, 그들을 우리는 원시 인도유럽인이라고도 부른다.

인도유럽인의 발흥으로 초래된 대대적인 인구 이동은 이 지역의 언어와 문화 지리에 역설적인 변화를 만들어냈다. 우크라이나와 남러시아 초원의 인도유럽인들은 북쪽으로도 팽창하여 러시아의 삼림지대를 점차 장악해 들어갔다. 이 지역은 당초 오늘날 핀란드, 헝가리와 이어지는 우랄어족의 땅이었지만, 어느샌가 슬라브인이 지배적인 민족으로 부상하게 되었다.

초원에서 일어난 인도유럽인의 후예인 슬라브인은 이미 농민이 되어 정착 생활을 이어나간 지 오래였다. 그들은 러시아의 삼림지대에서 도끼로 숲을 베어내며 농지를 만들어나갔다. 그리고 더 먼 동쪽의 초원에서 밀려오는 새로운 유목민들과 투쟁하는 처지에 놓이게 되었다. 인도유럽인이 만든 유목이라는 생활양식은 시베리아와 몽골 초원의 다양한 민족들에게 새로운 혁신으로 받아들여졌고, 그들은 폰틱-카스피 초원보다 더 거대한 몽골 초원 지대에서 대제국 중국과 교류와 투쟁을 이어오며 강력한 유목민으로 발돋움했다. 키예프 공국은 바로 그 새로운 유목민들과 투쟁을 해야 했던 것이다. 키예프 공국의 초기 역사는 페체네그인, 폴로베츠인과 같은 동쪽 스텝의 유목민과의 싸움으로 점철되어 있다. 키예프 공후 이고리가 폴로베츠인을 정벌하러 갔다가 실패한 이야기를 다룬《이고리 원정기》는 그 시대를 상징하는 대표적인 작품이다(위작 논란이 있음에도).

고대의 연대기들은 당연하게도 아시아의 유목민 이웃들을 비난조로 다루었다. 비잔티움 식의 세계 인식을 받아들인 것인데, 이를테면 유목민은 비잔티움에게 곤경을 안겨주는 무슬림 이교도와 비슷한 존재였다. 하지만 그럼에도 동방 유목민들을 향한 수직적 위계의 인식은 나타나지 않았다. 변경 지대는 서로 다른 민족 간의 투쟁을 만들어내는 장소이기도 했지만, 동시에 서로 간의 정체성이 모호해지고 섞이는 공간이기도 했다. 일부 유목민 세력은 키예프 공국의 편에 서기도 했고, 농민과 유목민 사이에 활발한 교역도 있었다.

그러나 변경의 균형은 1240년, 바투가 이끄는 몽골군이 키예프 공국을 순식간에 멸망시키면서 완전히 동쪽으로 이동하게 되었다. 몽골인들은 초원의 다른 유목민들(키예프 공국이 오랫동안 투쟁해온)을 복속시키고, 칼카강 전투에서 루시 공국 연합군을 궤멸시킨 뒤 말머리를 키예프로 돌렸다. 훗날 러시아의 역사가들이 '타타르의 멍에'라고 부르는 킵차크 칸국의 지배가 시작되는 순간이었다. 이제 루시의 모든 공후들은 사라이에 위치한 킵차크 칸국의 궁정으로 공물을 보내야 했고, 정기적으로 사절을 보내거나 직접 방문을 해서 주종관계를 명확히 보여주어야 했다. 이 시기는 이후 러시아의 역사 경로에 엄청난 영향을 끼쳤다. 킵차크 칸국이 초원에 들어오면서 키예프 공국의 영토가 분단되었고, 루시인들은 러시아인, 벨라루스인, 우크라이나인으로 분화해갔다.

부정적이든 긍정적이든, 몽골의 지배가 러시아를 '러시아답게' 만든 것만큼은 분명하다. 강력한 정치권력과 군사력, 초원으로 뻗어나가는 드넓은 대제국. 이러한 러시아의 이미지가 형성되는 데는 이 시기 몽골과의 상호작용이 중요한 역할을 했다. 몽골인들은 조세제도나 관료제와 같은 여러 통치술을 러시아에 전수해주었다. 여러 언어적 흔적 또한 남겼다. 예컨대 러시아어로 돈을 뜻하는 단어 덴기den'gi는 몽골어 텡게tenge에서 왔고, 역참을 뜻하는 몽골어 잠jam은 러시아어 얌yam이 되었다. 이같이 두 세기에 걸친 긴밀한 상호작용의 결과, 러시아 공후들은 점점 초원 세계의 지배자를 모방하고 그들에게서 배운 것을 자신들의 통치에 적극적으로 활용하기 시작했다. 이 과정에서 동슬라브 역사의 중심이 이동하게 되었다. 몽골의 파괴와 직접 지배를 거친 키예프와 그 인근 지역 대신에, 북동부 삼림 지역의 공국들이 역사의 주역으로 떠오른 것이다. 몽골인들의 도시 사라이에서 치열한 경쟁을 벌인 유리와 미하일이 다스리는 도시, 모스크바와 트베리가 바로 그곳에 있었다.

서쪽을 바라보다

1712년, 표트르 대제가 러시아의 수도를 내륙의 모스크바에서 발트해에 면한 상트페테르부르크로 옮기면서 러시아 역사는 완전히 새로운 단계에 접어들게 되었다. 발트해에 면한 늪지대에 완전히 서구식으로 건설한 새 수도는 러시아가 '동양적' 과거를 단절하고 '서쪽을 향한 창문'에서 서구로 향하겠다는 의지의 표현처럼 느껴졌다. 이런 갑작스러운 방향 전환은 표트르 대제의 개인적 의지의 산물이었다. 그는 네덜란드 유학과 스웨덴과의 전쟁 등 다양한 방식으로 서유럽과 상호작용해오며 러시아가 서쪽의 경쟁자들에 맞서 승리하기 위해서는 대대적인 서구화 개혁이 필요하다고 느끼고 있었다. 그는 서구식 문물을 러시아에 도입하고, 그 자신의 제위도 슬라브적인 칭호인 '차르'가 아니라 서구식 칭호인 '임페라토르'로 바꾸었다.

표트르 대제의 이런 개혁 시도는 상당한 성공을 거두었다. 이를 원동력으로 유럽의 강호 스웨덴을 향한 기나긴 대북방 전쟁에서 승리를 거두기도 했다. 이 승리는 유럽에서 러시아의 입지를 크게 높였다. 이로써 후대 황제들도 개혁을 계승하여 지속적으로 서구화 프로그램을 추진하게 되었다. 18세기 후반기를 통치했던 예카테리나 대제는 볼테르를 비롯하여 프랑스의 여러 계몽주의 사상가들과 서신을 교환하면서 러시아 군주가 서구의 지성 세계 속에서 자리를 차지할 수 있음을 보여주기도 했다.

그러나 표트르가 서쪽을 바라보던 시기는, 서쪽이 동쪽을 바라보는 시기에 커다란 전환이 있던 시기이기도 했다. 유럽을 알프스 산맥을 기준으로 남북으로 나누는 전통적인 지리 인식은 18세기가 되었을 때 이미 게르만 세계와 슬라브 세계를 기준으로 유럽을 동서로 나누는 새로운 인식으로 대체되고 있었다. 서유럽인은 동유럽인을 바라보면서 자신들을 계몽된, 문명화된 존재로 상상했다. 그들이 보기에 동유럽인은 서유럽과 아시아(동양)의 중간 형태에 불과했다. 표트르 대제가 서구 지향을 외치던 바로 그 시기에 러시아는 서유럽에서 급속하게 타자화되고 있었다. 이러한 인식 차이는 향후 러시아에 막대한 정체성 혼란을 만들어냈으며, 오늘날까지도 이어지는 서구와 러시아 간의 관계를 형성했다. 러시아를 받아들이고 싶지 않은 서구, 그리고 서구에 포함되고 싶어 하는 러시아. 이 모순이 이후 러시아의 정체성 문제와 관련하여 끊임없이 등장하게 된다.

유럽과 아시아에 모두 걸쳐 있는 러시아의 지리적 위치는 이때부터 본격적인 문제가 되었다. 볼테르는 표트르 대제를 다룬 그의 책에서 이렇게 적었다. "유럽과 아시아의 경계는 여전히 혼란스럽다. 유럽이 어디서 끝나고 아시아가 어디서 시작되는지 이제 더는 알 수 없다."[6] 유럽의 여러 지리학회들은 우랄산맥, 볼가강과 카스피해, 남러시아의 돈강 등을 유럽과 아시아의 경계로 설정하고자 했으나, 그 어느 것도 확실한 답이 될 수는 없었다. 파나마는 남북아메리카를 갈라놓고, 지중해는 유럽과 아프리카를 구분한다. 하지만 가장 동쪽의 기준인 우랄산맥만 보더라도, 산맥은 양편의 자연과 사회를 전혀 갈라놓지 못한다. 실제 이 지역을 철도로 여행해보면, 우랄산맥 동쪽의 옴스크, 중앙의 예카테린부르크, 서쪽의 카잔에서 유의미한 차이를 발견할 수 없음을 금세 깨달을 수 있다.

　러시아인들의 문화와 정체성은 서유럽의 계몽주의자와 러시아인 스스로에게 큰 혼란을 안겨주었다. 외모로 보았을 때는 같은 백인으로서 서로 차이가 없었다. 종교로 봐도 정교회라는 다른 종파를 믿을 뿐, 역시 동일한 삼위일체를 믿는 기독교인이었다. 하지만 러시아인은 광대한 동유럽 평원은 물론 스텝, 시베리아에 걸쳐 살고 있었고, 이에 따라 아시아인과 교류해온 오랜 역사가 있었다. 바로 이 점에서 서유럽인과 러시아인은 명확히 구분되었다.

　러시아인들에게 자신들과 구별하기 모호한 아시아라는 존재는 정체성 혼란을 유발했다. 하지만 역설적으로 아시아는 러시아가 서구화된 국가로서 자신을 증명할 수 있는 길이기도 했다. 16세기 이래로 서유럽 국가들은 바다 건너의 여러 비유럽 사회에 대한 정보를 수집 및 체계화하는 작업을 통해 자신들의 정체성을 새롭게 만들어나가고 있었다. 러시아는 비유럽 사회와 육로로 바로 인접해 있었기에 그러한 자료를 수집하고 탐구하기에는 최적의 위치에 있는 나라였다. 표트르 대제와 그 이후의 황제들은 '동양학' 연구를 수행하는 각종 기관들을 설치하고 학자들의 활동을 후원했다. 이를 통해 러시아는 점차 자신들을 아시아 민족과는 명백히 대별되는, 유럽 세계의 일부라는 자의식을 지속적으로 형성해나갔다.

　서유럽이, 그리고 나아가 러시아가 '동양'을 새롭게 바라보게 된 것은 19세기가 시작될 무렵이었다. 1798년에 나폴레옹의 이집트 원정은 유럽 각국에서 동양에 대한 관심을 촉발시켰다. 아울러 발전된 서양과 낙후된 동양이라는 이분법이 본격적으로 확산되었다(훗날 에드워드 사이드는 이 이분법을 '오리엔탈리즘'이라는 이름으로 비판하게 된다). 나폴레옹 전쟁의 영향을 받은 러시아 또한 유럽의 변화에서 크게 자극받지 않을 수 없었다. 당시 러시아에서는 이미 자신을 '우월한' 서구 문명의 명백한 일원으로 인식하는 경향이 유행했고, 동양 제민족과의 공통 기원이나 유사성보다는 차이점에 주목하는 담론들이 유통되었다.

나폴레옹 전쟁 이후 러시아가 단행한 캅카스 진출은 이미 러시아에 팽배해 있던 이분법을 강화하고 재생산하는 결정적인 계기가 되었다. 러시아는 오스만 제국이나 카자르 제국(오늘날의 이란)의 영향권에 있는 기독교인을 보호한다는 명분으로 여러 차례 전쟁을 벌였다. 그리고 결국 연속적인 승전을 통해 1828년 캅카스에서 제국의 남방 국경을 사실상 획정지을 수 있었다. 이 같은 승리는 러시아가 남쪽의 이웃한 무슬림 제국에 비해 확실히 더 강력하고 우월하다는 증거로 인식되었다. 그런 의미에서 캅카스 진출은 러시아 나름의 '문명화 사명'을 자극하고 강화하는 과정이었다. 러시아군의 로마노소프 대령은 캅카스 정복에 대해 "표트르 대제가 서구로부터 받은 문명의 빛을 캅카스에 전달해주기 위해 창문을 열어주는 것"[7]과 같다고 언급하기도 했다. 그렇게 제국의 확장이 정당화되었다.

캅카스 산악민gortsy과의 조우(혹은 갈등)는 동쪽을 향한 러시아의 상상을 만드는 데 중요한 전기가 되었다. 시베리아 삼림의 민족들이나 초원의 유목민들은 러시아인들이 수 세기 동안 교류해온 익숙한 대상이었다. 하지만 캅카스의 고산지대는 러시아인들에게 무척이나 이질적인 공간으로 여겨졌다. 계곡의 좁은 공간에 거주하는 다양한 소부족들의 정치적 평등주의와 이슬람 수피즘 신앙은, 넓은 평원에서 위계적인 제국을 이룬 러시아의 문화와 전혀 다른 것처럼 보였다. 알렉산드르 푸시킨, 미하일 레르몬토프와 같은 러시아 문학의 초기 거인들은 군인 혹은 여행객으로서 캅카스 지역을 돌아다녔고, 이 지역이 자신들에게 예술적, 문학적 영감을 주었다고 회고했다. 그러는 사이 러시아 제국주의자들은 해상 식민 제국을 확장하고 있는 영국과 프랑스를 의식하며, 캅카스와 중앙아시아를 '러시아의 인도' 혹은 '러시아의 알제리'로 받아들였다. 러시아는 캅카스라는 식민지를 통해 '서구'적 자의식을 그려나갔던 것이다.

하지만 러시아는 곧 큰 정체성 위기를 맞이하게 되었다. 1853년에 일어난 크림전쟁이 그 계기였다. 당시 러시아는 지중해로 진출하고자 오스만 제국을 침략했는데, 이런 러시아에 위협을 느낀 영국과 프랑스가 이를 저지하기 위해 연합했다. 연합군은 러시아 군함이 머물고 있던 크림반도를 에워싸고 러시아와 충돌했다. 러시아는 이 전쟁에서 패배하면서 영국과 프랑스가 자신을 서구 세계의 일원으로 인정해주지 않는다는 점을 뼈저리게 깨달았다. 그리고 무엇보다 산업화에 박차를 가하고 있던 서유럽 제국들과 자신들 사이에 커다란 간극이 놓여 있음을 느끼게 되었다. 황제 알렉산드르 2세는 이 간극을 해소하고 러시아의 위상과 국력을 증진하기 위해 '대개혁Velikiye reformy'을 추진했다. 농노제 폐지로 유명한 이 개혁은 정치, 행정, 사법, 산업, 농업 등에서 전방위적으로 진행된 근대화 개혁이었다.

대개혁 시기 러시아는 크림전쟁으로 상처받은 자존심을 회복하기 위해 영토 팽창과 제국주의에 더 강하게 천착했다. 동등한 '서구 문명'의 구성원임을 인정받기 위해서는 문명화의 사명을 더욱 적극적으로 추진할 필요가 있다는 발상이 확산되었다. 서구 혹은 유럽의 일원이라는 것은 '문명의 빛'을 '후진적인 동양'에 전달해줄 수 있는 능력으로 입증되는 것이었다. 러시아 제국은 대개혁 시기에 신장된 국력과 팽창 의지의 결합으로 아무르강과 태평양 유역을 손에 넣었다. 그리고 영국과의 외교적 갈등을 무릅쓰고 투르키스탄 지역으로 향하게 되었다. 투르키스탄은 러시아 제국의 무슬림 변경 지역 중에서도 가장 적극적으로 '오리엔탈리즘'적인 행정과 정책이 시행되었던 곳이다. 러시아 제국은 훈련된 학자와 전문가들을 투르키스탄으로 파견하여, 현지의 지리, 사회, 문화 등의 다양한 정보를 수집하고 체계화하는 작업을 시작했다. 이는 세계의 지식을 넓히고 '발견'에 기여한다는 문명화 사명의 일부였다.

이처럼 러시아는 표트르 대제 이후로 점차 오리엔탈리즘적인 인식을 내면화하는 과정을 거쳤다. 서유럽으로부터 인정받고자 했던 러시아는 아시아 식민지 확보를 그 수단으로 삼았다. 이는 캅카스와 투르키스탄, 그리고 태평양 방향으로 펼친 신속한 정복전의 동력이 되어주었다. 새로운 변경은 러시아의 정치인, 문학인 등 엘리트들에게 다방면에서 영감의 원천이 되었고, 러시아가 서양에 전혀 밀리지 않는 강대국임을 나타내는 자부심의 상징으로 자리매김했다. 특히 러시아는 투르키스탄을 무대로 하여 서유럽의 식민 통치 정책과 동양학 활동을 모방하기도 했다.

하지만, 러시아는 러시아였다. 영국이나 프랑스와는 결코 공유할 수 없는 러시아만의 특징이 상존했다. 그리하여 러시아는 꽤나 '특수한' 방식으로 자신의 제국적 정체성을 형성할 것이었다.

두 얼굴의 제국

러시아는 '문명화된 서구 국가'로서 인정을 받고자 부단히 노력했다. 자신들도 아시아 식민지를 정복하고, 그들에게 '문명의 빛'을 전달한다고 선전했다. 하지만 러시아 제국의 이런 노력은 실망스러운 결과만을 만들어냈다. 그것은 러시아 문화가 서유럽의 지식인과 엘리트들 사이에서 찬탄을 받는 것과는 전혀 별개의 문제였다. 가장 근원적인 문제는, '과연 러시아가 서구화를 원하는 것인가?'라는 질문에서 출발했다. 표트르 대제는 귀족들에게 수염을 깎게 하고, 그들을 새로 건설된 상트페테르부르크의 서구식 건물에 입주하도록 밀어 넣었다. 그리고 이후 갖은 노력으로 강대국의 반열에 올랐다. 하지만 동시에 많은 러시아인은 여전히 자신들이 무언가 '몸에 안 맞는 옷'을 입고 있다는 불안감을 표출했다. 그들에게 페테르부르크는 자연스러움을 주는 도시가 아니라, 언제라도 무너질 수 있는 불안한 도시이자 아슬아슬한 인공물이었다.

역설적이게도 서구화의 씨앗을 뿌린 차르 전제정이 바로 그 서구화의 불안감을 가장 절실하게 느끼는 당사자였다. 서구화의 영향을 깊게 받은 이들은 아직 러시아가 충분히 서구화되지 않았다고 불평하면서, 차르 전제정이 원했던 것보다 훨씬 더 멀리 나아가고자 했다. 사실 서유럽 지식인들의 문법으로 자리 잡은 계몽주의는 이미 프랑스혁명을 거치며 표트르 대제 시대의 그것보다 훨씬 더 '위험한' 이념으로 모습을 드러내고 있었다. 고삐 풀린 계몽주의의 가차 없는 전진에 감명 받은 일군의 러시아인들은 조급해졌다. 그들은 러시아가 서구에서 전개되는 변화를 훨씬 더 빠르게 쫓아갈 필요가 있다고 보았다. 이들 중 일부는 실패한 혁명을 기획한 데카브리스트*가 되었다. 수많은 사람의 반발을 무릅쓰고 서구화를 추진했던 차르 전제정은 이제 서구화를 통제해야만 한다는 사실을 깨달았다. 서구화의 지속은 차르 통치와 제국의 붕괴를 뜻할지도 몰랐다. 보수적인 러시아의 귀족층과 전제정이 원한 서구화는 결코 혁명적인 것이 아니었다. 단지 그들은 일상에서 프랑스어를 사용하고, 독일계 귀족들과 통혼하고, 런던의 수정궁을 보고 감탄할 수 있다면 족했다. 그들이 원한 것은 강력한 러시아 국가의 물적 토대를 만들어주는 서구화였다. 그러한 논리로 농노제와 전제정이 계속되었다.

    서유럽의 계몽주의자들이 이 같은 모습의 러시아를 '문명화된 유럽'으로 간주할 리 만무했다.** 러시아인들은 아무리 흉내를 내

---

* 1825년 12월에 러시아에서 최초의 근대적 혁명을 꾀했던 자유주의자들. 러시아어로 12월을 가리키는 말, 데카브리에서 유래했다.
** 물론 서구의 러시아 인식도 러시아인들의 자기 인식만큼이나 혼란했던 것은 마찬가지였다. 서구는 러시아를 자신들과는 다른 야만적 공간, 비유럽적 공간으로 인식하기도 했고, 유럽의 가장 고귀한 문화적 중심지로 추켜세우기도 했다. '러시아는 무엇인가'라는 해답 없는 질문은 서유럽과 러시아를 오가면서 계속해서 증폭되었다.

도 끝끝내 인정해주지 않는 서구를 증오하기도 했고, 또 스스로를 자책하기도 했다. 그렇게 러시아인들은 자신들이 아시아를 향해서는 정복자인 반면, 서유럽인들에게는 여전히 야만인으로 비춰진다는 사실을 절감했다. 그들은 두 얼굴을 가진 신, 야누스의 제국을 건설했던 것이다. 러시아는 아시아를 대상화했지만 동시에 유럽에게 대상화되었다. 이러한 인식은 크림전쟁 이후에 러시아가 영국과 수십 년 동안 유라시아 대륙 전체에 걸쳐 지정학적 경쟁(그레이트 게임)을 펼치면서 더욱 심화되었다. 표도르 도스토옙스키가 투르크메니스탄 게옥테페 요새의 함락 소식을 듣고 환희에 차서 남긴 말은 이 시기 많은 러시아인들의 심정을 대변한다. "우리는 유럽에서 불청객이고 노예였다. 그러나 아시아에서는 우리가 주인이다. 유럽에서 우리는 타타르였지만, 아시아에서 우리는 유럽인이다."[8]

이 시기는 러시아 지성사에서 가장 중요한 논쟁 중 하나인 서구주의-슬라브주의 논쟁이 펼쳐진 때이기도 했다. 슬라브주의는 도스토옙스키를 비롯한 보수주의적인 문필가들과 지식인들이 서구주의자들에게 반발하면서 제기한 이념이었다. 그들은 러시아의 낙후성이나 야만성으로 여겨지던 것들을 오히려 영성과 도덕 등의 가치로 재해석했다. 러시아의 뿌리인 슬라브 문화가 서구 계몽주의가 상실한 영적 가치, 공동체의 도덕성을 지키고 있기에, 이 고귀한 문화를 서구의 오염으로부터 보호해야 한다는 주장이었다. 슬라브주의 이념은 보수적이고 전제적인 황제 알렉산드르 3세 시기(재위 1881~1894)에 정부의 지지를 받으며 크게 유행했다.

슬라브주의 열풍은 아시아에 관한 러시아인들의 인식에도 큰 변화를 가져다주었다. 물론 도스토옙스키 같은 이들은 여전히 아시아를 유럽에 맞설 수 있는 새로운 출구이자 러시아 제국주의의 공간으로 상상했다. "뿐만 아니라 아시아에서 아마도 우리의 희망은 유럽에서보다 훨씬 더 클 것이고, 또한 다가오는 우리의 운명에서, 어쩌면, 아시아가 주요한 출구가 될 것이다!"⁹ 하지만 러시아는 서유럽의 해상 제국과는 다른 방식으로 아시아를 인식할 수밖에 없었다. 경험부터가 달랐다. 러시아 입장에서 아시아는 낯선 민족들의 땅이 아니었다. 러시아는 몽골 후계 국가로서 탄생했고, 몽골로부터 유목 세계의 정치적 논리를 습득했다. 또한 러시아인들은 볼가, 크림, 캅카스 등지의 무슬림과 매우 오랫동안 교류해왔으며, 서로 많은 문화를 공유하고 있었다. 러시아가 새로운 정복지로 진출하는 것은 영국이나 프랑스의 경험과는 구분될 수밖에 없었다. 나름대로 캅카스나 투르키스탄의 무슬림들을 '광신자'로 묘사하면서 서구의 문명화 사명을 흉내 냈지만, 사실 정복지 민족들에 대한 오랜 교류의 역사와 높은 이해도 때문에 오리엔탈리즘적 이분법이 삐걱거릴 수밖에 없었다.*

러시아인들은 서유럽을 의식하면서 그들이 생산하는 오리엔탈리즘 문헌을 학습했고, 그를 통해 '동양'에 대한 인식을 형성했다. 하지만 러시아 정복자들이 실제 마주한 동양은, 이미 너무나 잘 알고 있고 너무나 익숙한 크림, 캅카스, 카자흐, 투르키스탄이었다. 이 지역에 파견된 러시아인들은 서유럽의 식민지에 비해서 새로운 정복지들이 그다지 '흥미롭지 않고', 오리엔탈리즘적인 판타지를 실현시키기에는 부족한 공간이라고 불평했다. 그러한 불평에는 여성들이 아름답지 않다거나, 남성들이 유순하지 않고 호전적이라거나 하는 젠더적 인식도 포함되어 있었다. 러시아는 자신의 오리엔탈리즘적 정체성을 확증하기 위해서 제국의 중심부와 식민지의 차이를 훨씬 더 크게 과장하는 인식상의 노력을 기울여야 했다.

한편 러시아는 크림전쟁의 패배를 설욕하기 위해 더욱 정복 사업을 강화했다. 하지만 팽창 과정에서 오히려 다시 한번 좌절을 겪게 되었다. 1878년의 베를린 조약에서 러시아는 오스만 제국을 상대로 압도적인 승리를 거뒀음에도, 유럽 각국의 견제로 인해 외교적인 패배를 겪을 수밖에 없었다. 유럽에 다시금 분개

* 러시아의 식민 정책은 '인접 식민주의contiguous colonialism'였다. 러시아의 인접 식민주의는 실제 정복과 통치를 용이하게 만들어주기도 했다. 러시아는 새로운 정복지를 본토와 격절된 공간이 아니라 본토의 연장선상으로 이해했으며, 러시아인을 계속해서 변경으로 이주시키면서 정복지의 안정적 통치 기반을 확보하고 본토의 인구압을 해소하고자 했다. 하지만 캅카스나 중앙아시아의 '인접 식민지'로서의 성격은 러시아의 통치를 어렵게 만드는 요소이기도 했다. 가장 중요하게도, 이들 민족은 여전히 독립을 유지하고 있는 무슬림 세계의 대제국과도 인접하고 있었다. 캅카스의 무슬림들은 오스만 제국이나 페르시아 제국과 항상 직접적으로 연결되어 있었고, 다소 멀리 떨어져 있는 투르키스탄의 무슬림들도 마찬가지로 초국적인 이슬람 네트워크를 통해서 오스만 제국의 수도인 이스탄불이나 페르시아 제국의 수도인 테헤란, 혹은 영국령 인도의 무슬림 지식인 집단과 계속해서 교류할 수 있었다. 물론 오스만이나 페르시아는 러시아보다 한참 약해진 지 오래였기에, 이 제국들이 군사적 차원에서 지원을 해줄 수 있는 것은 아니었다. 하지만 러시아 제국의 무슬림들은 제국 바깥의 무슬림 지식인 세계와 교류하고 무슬림 제국들에서 추진되고 있는 여러 근대화 사업들을 관찰할 수 있었다. 특히 제국의 튀르크인들은 역시 '인접한' 제국으로서 오스만 제국에 많은 친밀감과 동질감을 느꼈고, 오스만 제국에서 유통되는 정치적 담론을 자신들의 것으로 수용했다. 범이슬람주의, 범튀르크주의로 발전하는 초국적 연대 의식은 러시아 제국 치하의 무슬림들에게 끊임없이 이슬람적이고 제국적인 정치적 상상을 주입했으며, 무슬림들의 정치적 각성은 러시아 제국의 통치를 항구적으로 위협하는 불안 요소로 인식되곤 했다.

한 러시아는 크림전쟁 때와 마찬가지로, 아시아에서 제국을 확장하면서 위신을 회복하고자 노력했다. 전쟁과 정복은 여전히 일반적인 오리엔탈리즘적 틀, 문명화 사명 속에서 진행되었다.

하지만 러시아의 공론장에서 기존과는 다소 다른 종류의 논의도 등장하고 있었다. 서유럽이 러시아를 무시하고 굴욕을 주는 것에 대한 불만으로, 앞으로의 방향성을 동양, 아시아에서 찾아야 한다는 주장이 큰 인기를 끌게 된 것이다. 이는 아시아인들을 대상화하면서도 유럽인들에 의해 대상화되는, '야누스 제국' 러시아의 정체성을 다시 규정하고자 하는 시도였다. 러시아의 정체성에서 아시아적 기원을 강조하는 이들이 다시금 늘어났다. 이는 유럽 문화와 역사의 '시원'으로서 '동양'을 강조하기 시작한 독일의 사조에서 큰 영향을 받은 것이었다. 인도유럽어에 대한 연구가 궤도에 오르면서, 인도를 비롯한 아시아와 동방은 유럽의 원초적 뿌리를 간직한 공간으로 인식되곤 했다. 프레데릭 슐레겔을 비롯한 독일의 낭만주의자들은 계몽주의에 대해 비판적 시각을 견지하며(러시아의 슬라브주의와 유사하게) 이를 이끌었다.

독일의 시도는 러시아에서 더 구체적이고 직접적인 형태로 발전할 수 있었다. 단절된 기원을 고대 인도에서 찾기에는 독일과 인도의 시공간적인 거리가 너무나도 컸다. 하지만 러시아에서 동양은 바로 옆에 있는 익숙한 대상이었다. 러시아의 신진 사상가들은 러시아인은 타타르인, 몽골인과 같은 종류의 민족이며, 그렇기에 열등하지 않고 오히려 더 위대하다고 생각했다. 콘스탄틴 레온티예프는 동양이 영성과 신비주의를 보전하고 있기 때문에 서양의 이성과 합리, 자유주의보다 훨씬 더 우월한 문명이라고 주장했다. 차르 니콜라이 2세의 황태자 시절, 그와 함께 극동 순행을 동행한 작가 에스페르 우흐톰스키는 러시아가 역사적으로 서양보다는 동양과 더 많은 부분을 공유하고 있다면서, 더 '아시아'적인 정치 체제와 문화를 택해야 한다고 주장했다.

물론 이러한 지적 조류는 러시아의 공론장에서 완전한 주류를 차지할 수는 없었다. 러시아는 아시아 민족들과 구분되는 서구의 일원이라는 인식은 러시아 제국이 멸망한 뒤에도, 민족 평등을 주장한 소비에트 시대에도 계속될 것이었다. 그리고 이런 '아시아 애호' 유행은 사실 학술 탐구보다는 정치 선전에 가까운 경우가 훨씬 더 많았다. 19세기 말과 20세기 초에서 러시아 정체성의 아시아적 기원을 강조한 이들을 진지한 동양학자라고 보기는 어려웠다. 하지만 그들은 러시아의 고유성을 주장하기 위해서라면 얼마든지 그들이 상상한 아시아를 동원할 수 있다는 것을 보여주었다. 그들에 따르면 아시아가 바로 러시아 전제정의 문명적 원천이었다. 이런 주장을 제기하는 지식인들이 상당수 출현했다는 것은 의미심장했다. 서유럽 정체성과 그 핵심을 이루는 계몽주의에 대한 반발이 심화되었을 때, 러시아인들이 향후 얼마든지 '아시아'라는 깃발을 내걸 수 있음을 예시했기 때문이다. 그리고 실제로 이러한 사상들은 20세기와 21세기에도 살아남았다.

소비에트 계몽주의와 동방

서구주의자와 슬라브주의 간의 대립은 새로운 국면에 진입하게 되었다. 그 대립의 조건을 제공해주었던 전제정이 예상치 못하게 무너졌기 때문이다. 계몽주의의 확산을 어떻게든 통제하려 했던 러시아 제국은 제국주의 경쟁에서는 그럭저럭 성과를 낼 수 있었다. 하지만 이미 근대화를 꾸준히 성취하고 있던 열강 간의 총력전을 버텨내지는 못했다.

1917년 2월, 혁명으로 전제정이 무너지자 러시아에서는 새로운 체제를 어떻게 건설해야 할지를 둘러싸고 논쟁이 활발하게 전개되었다. 당시 임시정부는 산업 발전 과정에서 성장한 부르주아들과 온건 성향의 좌파들이 주축이 되어 이끌고 있었다. 그들은 독일과의 전쟁을 버텨낸 뒤 영국과 프랑스와 같은 자유주의적 계몽주의를 수용하겠다는 청사진을 그리고 있었다. 하지만 러시아 인민의 불만은 이미 폭발 일보 직전이었다. 전제정을 감내해오던 인민의 인내심은 전쟁이 나라를 파탄내자 바닥이 나버렸다. 급진화된 대중은 대대적인 토지 개혁과 제1차 세계대전의 즉각적인 종결을 요구하고 나섰다. 하지만 서유럽식 자유주의로는 이런 요구를 만족시킬 수 없었다. 농민의 토지 분배 요구를 들어준다면 재산권에 심각한 침해를 가져올 테고, 러시아가 대전쟁에서 이탈해버린다면 러시아에 막대한 산업 자본을 투자해준 프랑스가 가만히 있을 리 없었기 때문이다. 임시정부는 진퇴양난에 빠졌다. 그 사이, 급진적인 대중의 요구 사항을 충실히 따라가는 일군의 정치 활동가들이 갑작스럽게 부상했다. 바로 블라디미르 레닌이 이끄는 볼셰비키였다.

볼셰비키는 10월 페트로그라드에서 사회주의 대혁명(혹은 쿠데타)을 성공시켰다. 그리고 반대자들을 무참히 진압하면서 소비에트 권력을 공고히 했다. 당초 전제정은 자유주의적 계몽주의를 어떻게든 거부하려고 했지만 무너져버렸고, 역설적이게도 그보다 훨씬 더 혁명적인 형태의 계몽주의를 내건 사회주의 정부가 러시아에 들어서게 되었다. 그러나 분명히 인지해야 하는 점은, 볼셰비키가 사회주의자인 동시에 러시아인이라는 것이다. 향후 볼셰비키의 사회주의 정책들은 그간의 러시아 역사를 형성한 배경 위에서 형성되고 수행될 터였다.

사실 볼셰비키를 비롯한 소련의 신생 엘리트들은 러시아의 오랜 문제의식을 그대로 계승하고 있었다. 표트르 대제 이래로 러시아의 지도자와 지식인들을 사로잡아온 바로 그 생각이었다: 러시아는 후진적인 동방이며, 그렇기에 '앞서 있는' 서구를 추격해야 하고, 그 실현은 강력한 국가의 힘을 통해 이루어져야 한다. 이는 러시아 엘리트들이 형성해온 전통적인 관념의 명백한 연장이었다. 다만 20세기 소련의 엘리트들은 '발전된 서구'를 19세기 러시아인들과는 매우 다른 방식으로 해석했다. 예전 엘리트들이 실현하려고 했던 문명은 유럽의 근대 국가와 산업 자본주의 문명이었다. 하지만 20세기 엘리트들은 2차 산업혁명과 제1차 세계대전이라는 총력전을 겪은 사람들이었다. 볼셰비키는 유럽 근대성(이후에는 그 확장판이자 더 진보한 판본인 '미국 근대성')을 모방하되 종국적으로는 그것을 초월하고자 했다. 규모의 거대함과 미시적인 정밀함의 차원, 모두에서 말이다. 공산주의는 계급 평등의 유토피아를 실현시킬 이념인 동시에, 추격과 초월을 위한 가장 '과학'적인 방법론으로 여겨졌다. 자원을 신속히 동원하고 합리적으로 배치하는 소련의 '계획경제'는 그동안 불가능했던 추격을 실현해줄 수단으로 인식되었다. 볼셰비키는 또한 실업이 사라진 세상, 과학적으로 관리되는 도시의 이상적 생활 공간, 모든 인민이 접근할 수 있는 교육과 의료 등 복지국가의 환상향을 그렸다. 이 모든 것은 자본주의의 초월을 위한 꿈이었다.

물론 이런 시도는 20세기, 특히 제1차 세계대전을 겪은 세계 어디에서나 벌어졌다. 그러나 볼셰비키를 정말 특별하게 만든 것은 이 원대한 목표들을 말도 안 되게 짧은 시간 만에 달성하려 했다는 것(급진성)과 이를 위해 폭력을 아무렇지도 않게 사용했다는 것(무자비함)이었다. 볼셰비키 엘리트들은 제1차 세계대전과 혁명, 그리고 잔인한 러시아 내전을 두루 거친 사람들이었다. 그들은 신세계를 건설하는 과정에서 피를 어느 정도(사실 상당히 많이) 흘리는 것은 충분히 감수할 수 있는 일이라고 생각했다. 그리고 각종 '비상조치'들을 정상적인 관례처럼 얼마든지 사용할 수 있다고 보았다. 이 모든 경향은 1930년대에 '스탈린주의'라는 이름으로 실제로 구현되었다. 지구 육지의 6분의 1을 차지하는 국가 전체가 피와 땀과 눈물로 얼룩진 하나의 거대한 건설판으로 변모했다. 볼셰비키는 19세기 서구주의자들의 가장 급진적인 변형태였고, 진정한 계몽주의를 추구했다는 점에서 서구를 초월한 이들이었다.

물론 서구는 볼셰비즘을 그런 식으로 해석하지 않았다. 그들이 보기에 볼셰비키의 압제는 러시아인들 내면의 본성인 '동양적 전제주의'가 현대적으로 발현된 것이었다. 정치 지도자의 강력한 카리스마, 인적 관계망을 통한 지배, 영토 전역에서 자원을 동원해 재분배하는 특유의 경제 시스템, 군사적 정복과 팽창을 추구하는 습성, 언론, 출판, 결사, 신앙의 자유를 인정하지 않으려는 폐쇄적 태도…. 서구가 보기에, 소련과 볼셰비키는 근대의 물질적 도구를 손에 쥔 타타르 전사들이나 다름없었다. 이런 시각은 미국과 소련이 나치 독일을 공동으로 분쇄하는 과정에서 오히려 더욱 심화되었다. 동맹의 우정이 경쟁자 간의 의심으로 변하는 것은 순식간이었다.

이오시프 스탈린은 그런 서구의 시각에 크게 연연하지 않았다. 사실 스탈린은 소련의 안정적인 통치를 위해서 1920년대 혁명기의 급진적 계몽주의를 상당 부분 누그러뜨리기도 했다. 그는 러시아 정교회와 이슬람교를 비롯한 각종 종교를 부흥시켰고, 보수적 가족 제도 및 전통과 맞닿은 여러 문화 요소를 추켜세웠다. 어떤 의미에서 스탈린은 드넓은 대륙에 걸쳐 다양한 민족을 다스려야 했던 전통적인 유라시아 지도자의 면모가 강했다. 이런 리더십 스타일은 표트르와 유사했지만, 스탈린은 그가 지나치게 서구를 추종했다는 이유로 좋아하지 않았다. 대신 늘 좋아하고 참고한 지도자는 러시아를 강력한 제국으로 만들고 아시아와 유럽 양방향에 걸쳐 팽창시킨 16세기 지도자 이반 뇌제였다. 스탈린은 '붉은 러시아'의 차르임과 동시에 '붉은 몽골 제국'의 칸이었다.

볼셰비키의 동방 인식 자체도 서구주의자들과는 큰 차이를 보였다. 물론 그들은 서구가 문명화된 곳이며 동양이 개화되지 못한 곳이라는 인식을 뼛속까지 내면화하고 있었다. 그러나 동시에 볼셰비키는 레닌의 글과 러시아의 경험으로 인하여 제국주의에 관한 강한 문제의식도 갖고 있었다. 요컨대 동양 민족들은 개화되지 못했다는 점에서도 문제였지만, 제국주의 국가들에 의해 계속 착취당한다는 점에서 이중으로 문제였다. 해법으로 처음 제시된 것은 소련이 세계 모든 피억압 인민의 지도 국가로서 반제국주의 투쟁을 이끄는 것이었다. 특히 볼셰비키가 기대했던 '세계 혁명'이 좌절되자(바르샤바에서 붉은 군대가 패배하고 독일 사회주의 봉기가 처참히 진압되었다), 그들은 눈을 서쪽에서 동쪽으로 돌리기 시작했다. 1920년에 아제르바이잔 바쿠에서 볼셰비키는 동방인민대회를 개최하여 소련이 반제국주의 투쟁에 선봉에 나설 것을 선언했다. 이후 모스크바에 본부를 둔 공산주의 인터내셔널(코민테른)은 비서구 세계 각지에 공산당 세포를 건설하고 요원들을 파견했다. 동방은 이후에도 소련이 계속해서 사명감을 가지는 공간이 되었다.

스탈린이 보다 현실적인 방향, 즉 먼저 소련의 국경 안에서 사회주의 건설을 완수하자는 '일국사회주의'로 노선을 수정하면서 동방 문제는 조금 다른 함의를 띠게 되었다. 세계 혁명이 당장에는 불가능한 것으로 드러났으니, 우선 소련은 러시아 본연의 낙후성을 개선해야 했다. 볼셰비키가 볼 때 '소련 안의 동양'은 낙후한 러시아보다도 더 낙후한 지역이었다. 볼셰비키는 티무르의 후예를 제철소 용광로에서 일하게 만드는 것을 목표로 삼았다. 소련이 대기근을 감수하면서까지 공격적으로 근대화 프로젝트를 추진한 결과, 중앙아시아 사막과 캅카스 산맥에 철도가 부설되고 학교도 지어졌다. 무슬림 민족의 여성 해방이 근대화의 지표라고 여기며 여성의 베일(히잡)을 벗기는 대대적인 캠페인을 시행하기도 했다.

하지만 이것은 단순한 러시아화, 혹은 서구적 근대화 정책과는 결이 조금 달랐다. 사실 제국 말기부터 이미 동양학자 로젠 남작을 주축으로 만들어진 '신동양학파'는 러시아화 없이 제국의 여러 민족들을 발전시킬 필요성을 논하고 있었다. 근대적인 교육과 기술을 개별 민족들의 민족성이 보존되는 가운데 전파할 수 있다고 생각했던 것이다. 그들은 이런 러시아의 특수한 제국주의가 서유럽의 다른 제국주의보다 도덕적으로 정당화하기에 더 용이하다고 주장했다. 종국적으로는 이를 통해 소수민족들이 제국 체제에 대해 품는 불만을 완화하고 지지를 이끌어낼 수 있을 것으로 보았다. 이들의 주장은 소련의 민족 정책에 큰 영향을 미치게 되었고, 그 결과 토착화korenizatsiya 정책이 탄생하게 되었다. 이에 따라 근대적 교육을 받은 민족 엘리트가 육성되는 한편, 민족 언어와 민족 문화에 대한 국가적인 지원이 이루어졌다.

스탈린 시기에 이루어진 민족 정책과 근대화 프로젝트는 이후 제2차 세계대전과 냉전을 거치면서 본격적인 결실을 맺기 시작했다. 독일에 맞서 소련 전체의 인적 자원을 총동원했던 대조국전쟁은 러시아인과 캅카스인, 중앙아시아인, 극동아시아인을 총력전의 가마솥에 넣는 효과를 가져왔다. 그들은 동원 체제 속에서 '호모 소비에티쿠스'로 조형되었으며, 공통의 역사와 기억, 문화를 공유하는 형제라는 인식이 형성되었다. 한편 이후에 펼쳐진 냉전은 세계 혁명에 대한 혁명기 볼셰비키 선배들의 감각을 소련의 새로운 지도자들에게 다시 불어넣었다. 소련은 당시 본격적으로 불기 시작한 탈식민화의 바람을 지원하면서, 제3세계 국가들을 사회주의의 미래로 인도하고자 막대한 노력을 기울였다.

이는 중앙아시아 내부에도 많은 영향을 미쳤다. 중앙아시아의

대조국전쟁의 스탈린그라드 전투 승리를 기념해 1967년 볼고그라드 인근에 세워진 어머니 조국상. 87미터의 크기로 관람객들을 압도한다.

당 간부들은 소련이 제3세계 해방과 개발을 선전하고자 한다면, 먼저 중앙아시아를 러시아(소련의 유럽 지역에 해당하는)와 동등한 수준으로 끌어올려야 한다고 주장했다. 중앙아시아를 '개발의 전시장'으로서 제3세계에 보여주는 실용적인 목적을 넘어서, 소련 체제에 여전히 내재해 있는 식민주의적 모순을 극복하는 도의적인 차원에서도 제기된 주장이었다. 당시 중앙아시아에서는 영국·프랑스와 아시아·아프리카 식민지의 관계를 소련 내부의 러시아와 중앙아시아의 관계로 치환해 모스크바를 비판하는 이야기까지 있었다. 냉전기의 소련은 엄청난 경제적 비효율성을 무릅쓰고 대대적인 아시아 개발 프로젝트를 재개했다. 당시 러시아인들은 더 발전한 '형'으로, 그리고 동방 민족들은 형을 따라가는 '동생'으로 흔히 비유되곤 했다.

다시 서쪽을 향하여

동방 문제는 소련에게 몹시 중요한 문제였고, 러시아인들은 개발, 전쟁, 냉전을 거치며 자국 안팎의 아시아 민족들에 더 친숙한 인식을 갖게 되었다. 하지만 점점 시간이 흐를수록 각종 정치적, 사회적 합의가 연쇄적으로 흔들리기 시작했다. 중앙아시아 개발 사업들의 저조한 성과 또한 마찬가지 맥락에서 재검토되었다. 중앙아시아 사회와 문화에 관한 연구들은 과거에는 그곳에 맞는 특수한 개발 사업이 필요하다는 주장을 뒷받침해주는 논거로 쓰이곤 했다. 하지만 이제는 해당 사회는 어떠한 노력을 해도 성공적으로 근대화에 다다를 수 없다는 본질주의적인 회의론의 논거가 되고 있었다. 다른 한편, 언론을 통해 중앙아시아에 만연한 부패의 실상이나 아동 노동과 같은 '후진적 행태'가 고발되기 시작하면서 회의감이 빠르게 확산되었다. 낙후된 동양에 신경 쓰느라 러시아가 짐을 짊어지고 있다는 불만이 높아져갔다.

물론 불만을 품은 이들은 러시아인만이 아니었다. 지역 차원에서도 소련의 개발 사업에 대한 공공연한 불만이 제기되었다. 주로 소련식 개발이 지역 환경을 전혀 고려하지 않고 강압적으로 진행된다는 비판이었다. 그리고 러시아인의 우월한 지위가 갈수록 강화되고 소수민족 문화의 입지는 줄어들고 있다는 비판도 주된 내용이었다. 피해의식은 민족 정체성을 따라 단층선을 만들어 냈고, 각 민족과 공화국들은 모두가 연방 체제 속에서 손해만 보고 있다는 서사를 빠르게 내면화했다.

이런 붕괴의 조짐 가운데, 러시아인 다수의 인식은 여전히 표트르 시대의 연장선상에 머물러 있었다. 러시아는 유럽의 일원이 아니었지만 동시에 유럽의 일원이었다. 러시아의 지식인들은 유럽 철학에 정통했고, 러시아의 예술가들은 유럽에서 높은 평가를 받았다. 소련 엘리트들은 런던이나 파리와 같은 서유럽 지역에서 근무하는 것을 가장 선호했다. 하지만 그들은 소련이 유럽 공동체에서 두려움과 불쾌함을 자아내는 외부자라는 것 또한 누구보다 잘 알고 있었다. 때로는 유럽 바깥에서 소련이 얻은 새로운 권위와 환호성에 어깨를 으쓱하기도 했지만, 그것으로는 충분하지 않았다. 냉전기 소련의 젊은 세대는 자신들의 군대가 프라하의 봄을 힘으로 진압한 것에 대해 줄곧 부끄러워했다. 자신들은 처음에는 해방군이었으나 이제는 바투가 이끄는 몽골 원정군의 재림이나 다름없었다.

소련의 마지막 세대는 '무언가 흥미진진한 일'이 잔뜩 벌어지고 있는 서쪽으로 눈을 돌리기 시작했다. 동방은 더는 영감을 줄 수도 없고, 자원 낭비와 실패의 이야기만 가득했다. 소련 체제는 매너리즘에 빠진 탓에, 언제나 모든 것이 영원하며 반복되는 지루함을 느끼게 했다. 청년층은 막연하게 다가오는 '저 너머'의 세상으로서 서구를 상상했다. 소련 정부는 국제 감각을 함양하라고 권장하는 한편 전자공학에도 투자를 했는데, 그 결과 역설적으로 정부가 원치 않은 서구화주의자들이 대량으로 양산되었다. 많은 사람들이 단파 라디오를 통해서 미국과 영국의 방송을 청취했고, 탈린과 레닌그라드와 같은 발트해의 항구 도시들에서는 서독 디스코나 미국 헤비메탈 음반이 들어오고 있었다. 그들은 서구의 대중음악을 미래적인 문화로 여기며 열광했다. 그 음악들은 소련에서는 결코 느낄 수 없는 모험의 감각을 선사했다. 물론 그들이 당장 소련 체제에 회의를 품은 것도 아니고, 당시로서는 소련 체제가 끝날 것이라고 생각하지도 못했다. 그러나 1985년, 크렘린에 새로 등장한 지도자가 통치를 시작하면서 모든 것이 바뀌었다. 그는 러시아가 야누스의 가면을 벗고 하나의 얼굴을 해야 한다고 생각했다. 러시아는 천년에 걸친 동서 사이의 방황을 끝내고 온전히 서쪽으로 합류할 수 있으리라.

그리고 그 꿈은 제국을 무너뜨렸다.

제2부

폐허에서 재건으로

2장

무너지는 붉은 제국

◆

당 고위층을 비롯하여 모든 소련 사람들에게 서방은 언제나 동경의 대상이었다. 서방으로의 여행은 가장 중요한 지위의 상징이었다. 이것에 대해 당신이 할 수 있는 것은 아무것도 없다. 그것은 '피 속에', 문화 속에 있다.

_드미트리 푸르만[10]

아메리카! 아메리카!
_1980년 폴란드 그단스크, 레닌조선소 파업 노동자들[11]

1982년 11월 10일, 서기장 레오니드 브레즈네프가 죽었다. 그가 소련을 통치한 지 18년 되던 해였고, 소비에트 사회주의 공화국 연방의 건국 60주년을 한 달여 정도 앞두고 있던 시점이었다. 1906년에 태어나서 열한 살에 러시아혁명을, 열여섯 살에 소련의 건국을 지켜본 브레즈네프의 삶은 소련 체제 그 자체를 상징했다. 우크라이나 드네프르 유역의 카멘스코예라는 도시에서 금속 노동자의 아들로 태어난 그는 소련 건국 이듬해인 1923년에 콤소몰에 가입하고 공산주의자로서 활동을 시작했다.

신생 사회주의 체제는 무학이자 노동자의 아들이었던 브레즈네프와 같은 이들을 우대했다. 스탈린은 혁명 이전에 부르주아적 교육을 받은 기존의 엘리트 집단 대신에, 혁명과 내전의 소용돌이 속에서 성장한 노동계급의 아들과 딸을 체제의 중추로 삼고자 했다. 구세계를 일소하고 신세계를 건설한다는 믿음으로 충만한 젊은 공산주의자들은 당에 의하여 이전에는 꿈도 못 꾸던 전문적인 기술 교육에 접근할 수 있게 되었다. 공산주의에 대한 신념은 근대적 기술 교육과 완벽히 동의어였고, 그들은 1930년대 농업 집단화와 산업 개발의 현장에 투입되어 사회주의 건설을 지휘했다. 붉은 전문가 그룹을 형성한 발탁자(비드비젠치vydvizhentsy)들을 보며 트로츠키와 같은 이들은 평등한 사회를 만들고자 했던 소련의 이상이 스탈린에 의하여 관료가 지배하는 국가자본주의로 타락했다고 비난했다. 하지만 브레즈네프와 같은 배경을 공유하는 사람들은, 일자무식인 농민과 노동자의 자녀들이었던 자신들이 당과 체제 덕분에 광범위한 사회적 상향 이동의 혜택을 누렸다는 데서 사회주의의 실현을 보았다.

  하지만 곧이어 다시 험난한 세월이 찾아왔다. 1937년에 이루어진 스탈린의 대숙청은 소련 최고의 엘리트부터 일반 시민까지 60만 명에 달하는 사람을 처형했고, 그 몇 배의 사람을 북극과 시베리아, 중앙아시아의 오지에 위치한 수용소 군도로 몰아넣었다. 그러나 브레즈네프와 같이 구체제의 '악덕'과 별 연관이 없던 사람들은 오히려 선배 세대가 빠르게 퇴장한 덕택에 순식간에 체제의 중추에 접근할 수 있었다. 독일의 파괴적인 침공에 맞서 소련 전체가 처절한 항전에 나섰을 때, 최일선에서 활약한 이들도 브레즈네프의 세대였다. 30대 후반인 브레즈네프는 정치위원으로서 전선에 나갔고, 전쟁의 참혹함을 피부로 느꼈다. 그러나 참혹한 전쟁은 동시에 영광의 기억이기도 했다. 스탈린은 초기의 실책을 바로잡고 인민을 지휘하며 절멸 전쟁을 승리로 이끌었다. 승리의 결과로 혁명 직후 생존을 위협받던 소련은 30년 만에 거대한 제국이 되었다. 유럽의 절반이 이제 붉은 군대의 통제를 받았다. 1949년에 스탈린이 70세 생일을 축하하는 행사를 열었을 때, 전체 소련의 인민은 물론이고 전세계의 공산당 지도자들이 스탈린의 위대한 업적을 칭송하기 위해 모스크바로 찾아왔다. 그 중에는 세계에서 가장 인구가 많은 드넓은 국가에서 공산 혁명을 성공시킨 중국의 마오쩌둥도 있었다.

스탈린이 사망하고, 그와 가까이서 함께 했던 부하들 사이에서 누가 소련과 공산주의를 영도할 것인지를 둘러싼 권력 투쟁이 발생했다. 승리자는 우크라이나의 농민 출신이었던 니키타 흐루쇼프였다. 1894년생으로 브레즈네프보다 열두 살이 많았는데, 둘은 사실상 같은 세대에 속했다. 흐루쇼프는 내전에서 활약하며 공산당의 주목을 받았고, 그 역시 교육을 통해 사회적 신분 상승의 사다리에 올라탔으며, 숙청과 전쟁을 통해 단련되었다. 그러나 크렘린의 내부자로 들어서면서 스탈린을 가까이서 지켜보게 된 흐루쇼프는 그 잔인한 통치가 언젠가는 끝나야 한다고 생각했다. 1956년 20차 공산당 대회에서 흐루쇼프는 "개인숭배와 그 결과들에 대하여"라는 연설을 했다. 이는 신성불가침의 존재였던 스탈린의 과오를 공개적으로 논하고, 그에게 희생당한 사람들을 복권시키자고 촉구한 충격적인 연설이었다. 연설은 소련인들뿐 아니라 전세계를 놀라게 만들었다. 이상주의자였던 흐루쇼프는 사회를 더 자유화하고 계획경제의 결정권을 지방으로 더 이관하면 정

흐루쇼프,
1960년
UN총회.

의로운 공산주의를 실현할 수 있다고 믿었다. 그는 제3세계의 민족 해방 혁명을 지원하면서, 사회주의를 통한 세계의 발전, 그리고 제국주의 세력의 운명적 패퇴를 낙관했다.

그러나 흐루쇼프의 이상주의는 대체로 재난으로 끝났다. 성급한 경제 개혁은 당 조직에 혼란만을 가져왔다. 소련의 영원한 약점이었던 농업을 개선하고자 추구했던 카자흐스탄의 처녀지 개발 계획은 표토층의 대대적 유실과 함께 비극이 되었다. 흐루쇼프는 국내 정책의 실패를 대외 정책의 성과로 극복하려 눈을 돌렸다. 하지만 그는 자신의 스탈린 비판 연설이 만들어낸 공산권의 충격을 감당할 수 없었다. 흐루쇼프의 연설은 헝가리에서 반소련 봉기를 이끌었다. 부다페스트 봉기를 철권으로 진압한 흐루쇼프는 '스탈린의 압제를 끝낼' 유화적 지도자라는 이미지를 회복할 수 없었다. '중국의 스탈린'으로서 군림하고 있던 마오쩌둥은 흐루쇼프의 연설이 소련 바깥의 공산 진영에서 지도자들의 권위를 흔들어놓을 것이라고 격렬한 비난을 가했다. 마오쩌둥은 흐루쇼프의 소련은 세계적 계급투쟁에서 일탈한 수정주의라고 공개적으로 비판했다. 흐루쇼프는 부분적으로 마오쩌둥의 비판을 떨쳐내고자 쿠바에서 일어난 혁명에 열광하며 미국을 위협할 미사일을 배치하고자 했다. 이것이 성공한다면 마오쩌둥의 비판은 아무것도 아니게 될 터였다. 그러나 그 시도는 전세계를 핵재난의 벼랑 끝으로 몰고 가면서 대대적인 실패로 끝났다. 흐루쇼프 휘하의 후배들, 특히 브레즈네프와 그의 동료들은 흐루쇼프의 모험주의가 위험하다고 생각했고, 결국 당 내에서 반란을 일으켜 그를 축출했다.

정상화, 그리고 위기의 징후

브레즈네프는 흐루쇼프의 '해빙'을 수습하고 국가를 다시 '정상화'시켰다. 경제에 대한 중앙의 통제가 회복되었고, 사상의 자유에 대한 제약도 다시 강화되었다. 외교는 서방과의 화해를 추구하며 제3세계의 혁명을 돕는 조심스러운 노선으로 조정되었다. 20세기가 시작된 이래로 러시아 역사에서 가장 평온한 시기가 도래했다. 전쟁, 혁명, 급진적 근대화, 숙청, 다시 전쟁, 시끄러운 개혁과 핵전쟁의 공포를 거쳐서 이제는 사람들이 퇴근을 하면 TV를 보고, 친구들과 술을 마시며 담소를 나누는 평화의 시대가 자리 잡았다. 소련은 그럴 자격이 있는 나라인 것처럼 보였다. 소련은 서쪽의 칼리닌그라드부터 동쪽의 사할린까지 엄청나게 거대

브레즈네프,
1972년 촬영.

한 영토를 하나의 유기적인 공간으로 조직했다. 스탈린이 피를 묻히며 건설한 중공업 기반은 엄청난 수의 트랙터를 만들어낼 수 있었다. 소비에트 계몽주의에 따라 상당한 자율성과 특권을 누렸던 연구자들은 우주의 비밀을 밝히고자 기초과학 연구에 매진했고, 인간을 최초로 우주에 보내는 데도 성공했다.

브레즈네프와 그의 동료들은 소련이 누리고 있는 평화와 안정이 거대한 군대를 통해서 유지될 수 있는 것이라 믿었다. 500만의 상비군이 지구 육지의 6분의 1을 지키고 있었다. 1970년대에 급격히 팽창한 원양함대는 러시아를 역사상 최초로 의미 있는 해상 강국으로 만들어주었다. 음속을 넘나드는 전투기들은 소련 영공을 항시 순찰하며 조국의 하늘을 수호했다. 물론 소련 국방의 가장 위대한 상징은 침략자를 몇 번이라도 파괴할 수 있는 분량의 핵미사일들이었다. 브레즈네프와 그의 군 동료들은 군사력이 그 정도는 막강해야 자신들을 호시탐탐 노리는 서방 제국주의자들로부터 보호받을 수 있을 것이라고 믿었다. 그들은 과거 나치 독일과의 전쟁을 겪으면서 서쪽의 침략자들이 얼마나 무시무시한 존재들인지를 체감한 바 있었다.

소련의 안보는 소련 국경에서 끝나지 않았다는 점에서 더 대단했다. 실제로 브레즈네프가 죽은 1982년에 소련은 미국과 어깨를 나란히 하는 지구적 세력, 초강대국이었다. 소련은 국경 너머 동유럽 전체를 통제하고 있었고, 카리브해의 쿠바와 아프리카의 여러 공산 국가들을 지원하고 있었으며, 미국을 무찌른 동남아시아의 베트남을 동맹으로 삼고 있었다. 브레즈네프가 18년 동안 자신의 제국을 다스리다 눈을 감았을 때, 소련 안에서도 밖에서도 이 붉은 제국이 무너질 것이라고 믿는 사람은 아무도 없었다. 1968년 체코슬로바키아의 프라하에서 제국 이탈의 '시도'가 있었으나 신속하게 소련군에 의해 진압되었다. 이는 그 누구도 소비에트 제국에서 벗어나려 하면 안 된다는 선언과 같았다.

하지만 바로 그 1982년에 붉은 제국은 내부에서 심각한 중병을 앓고 있는 중이었다. 현재 상태의 영원한 유지를 원했던 브레즈네프와 그의 동료들의 노력이 병을 악화시킨 원인이었다. 이미 1970년대에 사실상 계획경제가 이전 같은 성과를 내는 것은 불가능해진 상황이었다. 농촌에서 끌어와 투입할 수 있는 값싼 노동력은 충분한 도시화로 인해 고갈되었고, 도시의 신세대들은 부모와 달리 자녀를 많이 낳지 않았다. 당 관료들이 통제하는 경직된 경제 기구는 사람들이 필요로 하는 물건을 신축적으로 공급할 수 있는 능력이 결여되어 있었다. 소련의 군산복합체는 최첨단 군수

품을 생산할 수는 있었지만, 눈이 높아진 도시민들이 원하는 생필품은 원활히 만들어내지 못했다. 언제나 위기 상태였던 소련 농업은 사람들이 더 많은 식품과 육류를 원하게 되자 더욱 큰 부담을 안게 되었다. 점차 고스플란(Gosplan, 국가경제계획위원회)이 제시하는 계획 할당량을 맞추기 어려워지자, 지역당에서는 장부를 조작해 허위 보고로 사태를 무마하는 '창의적 해결책들'이 번성했다. 우즈베키스탄에서는 모스크바의 친구들과 말을 맞추어 공화국의 목화 생산량을 허위 보고하고 중앙의 배당금을 그대로 받아 챙기기도 했다. 이는 소련에서 가장 유명한 부패 스캔들이었지만, 그보다 작은 규모의 부패와 '관행'은 이미 일상이 되고 있었다. 위기에 처한 경제 상황을 개선하고자 하는 여러 시도가 있었지만, 현 상태를 궁극적으로 바꿀 수 있는 진지한 개혁은 당 기구 내부의 반대에 가로막혀 계속 거부되었다. 그런 상황에서 군비는 끝도 없이 팽창하기만 했다. 군비를 감축하자는 어떠한 제안도 제국주의 세력을 이롭게 하자는 것이냐고 비판받을 위험이 늘 있었다.

 제국을 유지하는 비용도 막대한 부담이 되었다. 미국의 우방국들은 역동적인 경제를 운영했고, 무역을 통해 미국 경제에 기여했다(물론 서유럽, 일본, 한국의 신생 기업들이 미국 제조업을 위협하기도 했지만). 하지만 소련의 우방국들은 경제에 있어서도 마찬가지로 저조한 성적만을 기록했다. '사회주의 무역'을 통해 소련은 우방국들에게서 여러 상품을 사오긴 했지만, '국제주의적 연대'라는 이름으로 소련이 지불하는 막대한 액수에 비하면 소련이 얻는 이익은 거의 미미했다. 한편 소련은 군사 고문단과 기술 고문단의 형태로 엄청난 수의 주재원들을 해외 각지에 파견했고 이들의 체재비도 상당했다. 1979년에 브레즈네프의 정치국이 결정한 아프가니스탄 군사 개입은 대재난이었다. 의미 없는 전쟁은 소련 시민들에게 체제에 대한 염증을 느끼게 했고, 들어가는 돈도 막대했다. 무엇보다 아프가니스탄 침공은 평화의 수호자이자 민족 해방의 선도자라는 소련의 이미지에 완전히 먹칠을 하는 행동이었다. 브레즈네프가 심혈을 기울였던 데탕트(긴장 완화 기류)가 깨지고 미국이 호기롭게 '2차 냉전'으로 대응하면서 핵전쟁의 긴장감이 다시 감돌았고, 이에 따라 군비도 늘어만 갔다.*

제국의 내부에서도 문제는 쌓여만 가고 있었다. '영원한 현재'는 사람들에게 만족감을 주었지만 동시에 끝없는 권태를 주기도 했다. 브레즈네프 시기 알코올 소비량이 네 배로 치솟았다. 사람들은 당이 싫어했던 종교에 기대면서 삶의 의미를 다시 찾고자 했다(앞으로 보겠지만 이런 흐름은 러시아 밖에서도 또 다른 함의를 지니고 있는 것이기도 했다). 1960년대부터 당이 지역 사회의 현실에 다소 느슨한 타협적 태도를 취해주자, 소련을 이루는 각 민족 공화국에서는 민족의 역사와 문화를 재발굴하는 새로운 조류가 활성화되기 시작했다. 사실 제국의 주인이었던 러시아인들도 예외는 아니었다. 소련이 허락하는 공식 담론을 넘어서는, 러시아의 전통과 역사 이야기가 공공연히 논해지기 시작했다. 호모 소비에티쿠스

---

* 하지만 블라디슬라프 주보크는 최근의 저서에서 소련의 군비 부담에 관한 서구의 추정은 과장되었다고 주장하기도 했다. Zubok, Vladislav, *Collapse: The Fall of the Soviet Union*, Yale University Press, 2021.

를 향한 제민족의 일치단결은 여전히 공식 구호로 유지되고 있었고 수많은 사람이 그 이상을 믿었지만, 그와 동시에 사람들은 서서히 그 내부의 차이를 더 많이 인식하기 시작했다. 물론 이들 중에서 소련 체제에 진지한 의문을 품은 이들은 많지 않았다. 하지만 종교와 민족 정체성을 점차 자각하는 과정은, 체제의 전제들이 의문시되었을 때 분리주의가 폭발하도록 하는 준비 작업이기도 했다.

위기의 징후는 1970년대에 공산당이 선택한 효과적인 해결책으로 잠시 가려질 수 있었다. 1973년에 아랍의 석유 수출국들이 가격을 통제하기 시작하면서 유가가 폭등했다. 석유파동은 서방 경제에 엄청난 위기를 초래했고, 전세계적으로 경제적 혼란이 잇따랐다. 소련은 이런 국면에서 오히려 환한 미소를 지을 수 있었다. 바쿠에서 시작된 러시아의 석유 산업은 시베리아로 확장된 상태였고, 드넓은 동토의 대지는 검은 황금을 콸콸 쏟아냈다. 소련은 자국은 물론 우방국들에게 에너지를 거의 헐값으로 공급하며 서방이 겪는 에너지 위기를 조롱했다. 세계 시장에 석유를 수출해 얻은 경화*는 소련 경제의 취약점을 가려주는 좋은 방책이 되어주었다. 소련은 석유 판매 대금으로 부족한 식량을 샀고, 서유럽 국가들이 제조하는 고급 자본재를 구매했으며, 점차 늘어가는 복지비 지출을 처리했다.

하지만 석유 의존 정책은 계획경제의 파행이라는 근본적 문

---

* 硬貨, hard currency. 국제 금융상 환관리를 받지 않고 금 또는 각국의 통화와 언제든지 바꿀 수 있는 화폐를 말한다. 예컨대 미국 달러.

제를 해결하기는커녕 소련 경제의 잠재적 위기 요소를 더욱 악화시키는 아편성 진통제였다. 산업 관료들은 생산성에 문제가 생기면 에너지를 더 투입하는 것으로 문제를 해결했다. 서방에서 무턱대고 사온 비싼 장비들은 관리 부실로 방치되기 일쑤였다. 그러는 사이에 서방은 혹독한 구조조정을 거친 뒤 전자 산업을 발전시키며 새로운 기술 혁명을 준비하고 있었다. 1973년부터 1982년까지 10년 동안 소련이 석유에 취해 있는 사이에, 서방에서는 훗날 '탈산업주의' '포스트 포디즘' '정보 경제' 혹은 '신자유주의'라고도 불릴 새로운 경제 질서와 사회 계약이 실험되고 있었다.

브레즈네프의 동료이자 후임이 된 유리 안드로포프는 체제가 병들어 있다는 사실을 직시한 인물 중 하나였다. 무시무시한 KGB 국장으로서 그는 브레즈네프 시기에 당에 반기를 든 반체제분자를 정신병동에 잡아넣었고, 미국 CIA와 전세계에 걸친 첩보 작전을 지휘하는 냉혹한 인물이었다. 하지만 역설적으로 소련은 물론이고 전세계의 정보를 취합하는 KGB 국장이라는 직위가 그에게 브레즈네프에게는 없었던 현실 감각을 불어넣었다. 안드로포프는 소련 체제가 과거의 활력을 상실하고 당 관료들이 나태와 부패에 찌들어 있음을 개탄했다. 새롭게 집권한 그는 당의 정치적 통제력을 확고히 하는 가운데 소련 체제에 새롭게 규율을 부여하고 개혁을 추진하고자 마음먹었다.

그러나 이미 신장병으로 쇠약해져 있던 안드로포프는 1년 반이 채 안 되는 시기만 소련을 통치할 수 있었다. 그의 후임은 브레즈네프의 동료로서 지향점도 브레즈네프와 크게 다를 바 없었던 시베리아 출신의 콘스탄틴 체르넨코였다. 그러나 역시 취임 당시부터 건강 문제가 심각했던 체르넨코도 최고 지도자가 된 지 1년도 안 되어 사망했다. 1980년부터 1985년까지 소련은 사실상 최고 지도자라고 할 만한 존재가 없는 상태나 다름없었다. 소련 체제의 앞날을 둘러싼 불확실성이 어느 때보다 커지고 있었다.

안드로포프는 병든 제국을 치유하기 위해서는 노인들이 아니라 젊은 피가 필요하다고 확신했다. 그는 1980년에 갓 50세가 된 북캅카스 스타브로폴의 당 지도자를 소련 공산당 정치국원으로 천거했다. 그는 특히 침체된 농업 문제를 개혁하고자 노력하고 있었다. 안드로포프가 보기에는, 그런 인물이 바로 소련의 미래를 맡길 수 있는 젊은 지도자감이었다. 그의 이름은 미하일 고르바초프였다. 안드로포프는 죽기 전에 고르바초프가 자신의 후임자가 되었으면 좋겠다는 의사를 표했다. 변화를 싫어하는 크렘린의 노인들은 고르바초프가 아니라 앞서 언급한 체르넨코를 선택했지만, 체르넨코가 1년 만에 죽게 되면서 그들도 변화를 거부할 수 없음을 실감했다. 인류사에서 손꼽힐 정도로 기이했던 지도자인 미하일 고르바초프는 그렇게 제국의 최정상에 올랐다.

고르바초프와 '60년대의 사람들'

고르바초프는 그의 전임자들과 확실히 구분되는 삶을 살았다. 나라 전체를 뒤엎는 스탈린 혁명이 개시되고 있던 1931년에 태어난 고르바초프의 삶은 늘 소련 체제와 함께였다. 하지만 러시아혁명

고르바초프,
1985년 제네바 회담.

전에, 그러니까 러시아 제국에서 태어난 그의 모든 선배들과 달리 고르바초프는 러시아혁명 이후에 태어난 최초의 지도자였다. 1894년생 흐루쇼프, 1906년생 브레즈네프, 1914년생 안드로포프, 이들은 모두 러시아 내전의 소용돌이를 지켜봤고, 1930년대의 스탈린 혁명에 참여했으며, 대조국전쟁의 일선에 나갔던 사람들이었다. 폭풍의 시대는 그들이 자신의 재능대로 평온한 교육을 받을 수 있게끔 허락하지 않았다. 대신 그들은 사회주의 건설의 현장에서 경험을 쌓았고, 손에 직접 피를 묻히면서 세상을 배웠다. 스탈린의 빗자루에 쓸려나가지 않기 위해서 더 중요했던 자질은 대학 졸업장보다도 끈기, 성실함, 과감함, 현명한 처세술이었다. 이들은 소련 체제가 언제나 외부로부터 위협을 받고 있으며, 체제를 지키기 위해서는 강한 힘이 필요하다는 확고한 신념을 자신의 삶을 통해 형성했다. 흐루쇼프는 조금 예외적이었지만, 특히 브레즈네프와 그의 동료들은 모두 스탈린 시대에 참여했던 경험이 삶에 깊게 각인된 사람들이었다.

고르바초프 역시 스탈린 시대를 경험했지만, 나이 때문에라도 그의 경험은 앞의 지도자들과 다를 수밖에 없었다. 그가 태어났을 때 혁명과 내전은 이미 끝나 있었고, 그가 참여하여 건설할 수 있는 체제는 없었다. 대신 그가 태어나서 목도한 최초의 사건은 볼세비키가 주도한 대대적인 농업 집단화의 물결이었다. 북캅카스의 가난한 농촌 마을에도 몰아친 농업 집단화는 어린 고르바초프의 가족에게 고난으로 다가왔다. 여섯 살 때는 대숙청의 과정에서 외할아버지가 체포되는 것을 지켜봤다. 독일이 소련을 침공해왔을 때는 열 살에 불과했다. 고르바초프보다 앞선 세대는 전선에서 죽음을 무릅쓰고 독일군과 처절한 전투를 벌이며 승리의 영광을 거머쥐었다. 하지만 소년 고르바초프에게 전쟁이란 승리를 위해 모든 것을 총동원해야 했던 스탈린 체제의 가혹함으로 이해되었다. 전쟁이 끝나고도 소련 인민은 결코 쉴 수가 없었다. 전쟁의 피해를 복구하고, 언제 다시 시작될지 모를 제국주의자들의 침략으로부터 소련을 보호해야 했기 때문이다. 소련 인민은 숨을 쉬기 어려운 요새화된 국가에서 중노동을 해야만 했다.

북캅카스 시골 소년 고르바초프가 수도 모스크바에 상경한 때는 이미 붉은 제국이 세계의 절반을 지배하게 된 시점이었다. 1950년 모스크바대학교 법학부에 입학한 고르바초프는 아직 대학에 다니던 1953년에 스탈린의 죽음을 맞게 되었다. 그의 앞선 세대는 청년기에 내전, 집단화, 건설, 숙청, 전쟁을 뚫고 나아가면서 인격을 형성했다. 하지만 그런 역사의 소용돌이는 이미 과거가 되고 있었다. 모두 고르바초프가 태어나기 전, 혹은 소년기에 일어난 과거의 사건들이었다. 대신 고르바초프의 청년기를 형성한 것은 스탈린의 죽음으로 불기 시작한 변화의 바람, 해빙의 바람이었다. 1956년부터 1964년까지 이어진 흐루쇼프의 해빙기에 고르바초프와 훗날 그의 동료가 될 사람들은 이상주의적인 시대의 공기를 흠뻑 마실 수 있었다. 고르바초프는 1955년에 대학을 졸업하고 고향에서 가까운 스타브로폴로 파견되었지만, 모스크바대학에서 형성한 네트워크를 통해 그 공기를 함께 느낄 수 있었다. 그는 아내 라이사 고르바체바도 모스크바에서 만났다. 부부는 둘 다 체제 속에서 번민하는 러시아 인텔리겐치아의 정체성을 지닌 채, 각종 철학 토론에 정열적으로 참여했다.

레닌과 스탈린이 만들어놓은 체제의 동원 국가적인 골간은 여전히 잘 작동하고 있었지만, 고르바초프와 같은 청년층은 점차 체제의 수사修辭를 순순히 따르기를 거부하기 시작했다. 삶이 그렇게 변화하고 있었다. 1957년에 세계 청년들을 모스크바로 초청하여 개최한 제6회 세계청년학생축전은 모스크바가 현대적 청년문화를 자랑하는 세련된 도시임을 의도치 않게 선언하는 행사가 되었다. 전세계 각지에서 온 젊은 학생들이 서정적이고 아름다운 노래인 〈모스크바 근교의 저녁〉을 부르는 순간이 있기도 했다. 맵시 있게 옷을 빼입은 세계 각지의 학생들은 러시아의 청년들에게 신선한 자극을 주었으며, 실제로 훗날 많은 이들이 축전의 경험을 문화적 탈脫스탈린화의 주요한 계기로 꼽곤 했다.

이후에는 아예 서방의 대중문화, 소설, 영화, 음악 등이 탈린이나 레닌그라드 같은 항구 도시를 중심으로 중앙아시아와 시베리아 오지까지 순식간에 퍼지며 소련 청년들의 상상력을 자극했다. 당에서 두각을 나타내는 이들에게는 해외여행의 기회가 주어지기도 했다. 이동의 자유가 극히 제약되었던 소련에서, 그들이 늘 선망하는 발전된 서방 국가들을 즐기고 올 수 있다는 것은 대단한 혜택이었다. 여행은 출세주의자들에게는 단순한 여가였지만, 비판적 의식을 키운 일부에게는 더욱 직접적으로 소련 체제를 상대화해 인식하는 계기가 되었다. 그들은 사회주의 이상향인 소련보다 부르주아들이 노동자를 착취한다는 서방 국가들이 훨씬 더 윤택하게 사는 것을 보고 충격을 받은 뒤, 소련의 문제가 무엇인지를 고민했다.

물론 그렇다고 청년들이 공산주의에 대한 믿음을 전부 버린 것은 아니었다. 흐루쇼프 시기를 특징지은 탈식민화와, 그로 인해 다시 부활한 세계 혁명의 비전, 그리고 우주 과학에서 소련이 보여준 비상한 성취는 '역사가 여전히 공산주의의 편에 있다'는 신념을 정당화해주었다. 다만 스탈린 시기의 '잘못된 공산주의'가 아니라 레닌의 '이상적 공산주의'가 실현되어야 마땅하다는 비판 의식이 비집고 올라왔다. 체제 파괴의 이상주의가 아니라, 체제를 개혁하여 진정한 소련을 건설하자는 이상주의가 그들이 지닌 믿음이었다. 이들은 스스로를 흐루쇼프의 비판 연설이 있던 "제20차 공산당 대회의 자식들", 혹은 해빙기를 상징하는 "60년대의 사람들shest'desyatniki"이라고 불렀다.

흐루쇼프 시기에 대거 승진한 이 60년대 이상주의자들의 꿈은 물론 당장 실현되진 않았다. 브레즈네프가 집권하면서 소련 체제의 정통파들이 다시 소련을 '정상화'시킨 까닭이다. 1968년 체코슬로바키아에서 알렉산데르 둡체크의 슬로건인 "인간의 얼굴을 한 사회주의"를 바르샤바 조약군이 짓밟은 행위는 소련 안

밖에 엄청난 충격을 주었다. 하지만 브레즈네프와 안드로포프를 중심으로 한 보수 지도자들은 무력을 주저 없이 사용하는 충격요법이 때론 필요하다고 믿었다(비록 내키지는 않더라도). 보수주의의 부활에 직면해 '60년대의 사람들' 중 일부는 반체제 인사로 활동하기 시작했다. 물론 더 대표적인 반체제 인사들은 그보다는 더 앞선 세대의 사람들이었다. 이를테면 소련 수소폭탄의 아버지이자 '사회주의 노력 영웅'인 핵물리학자 안드레이 사하로프 박사, 노벨문학상을 수상한 대문호 알렉산드르 솔제니친 등이다. 이들은 체제를 거침없이 비판했다. 사하로프 박사는 핵무기 반대 운동과 인권 운동에 매진하며 소련의 아프가니스탄 침공에 공개적으로 반대했고, 솔제니친은 스탈린 시기의 억압을 고발하며 소련 체제 전체에 의문을 품게 하는 글들을 여럿 발표했다. 그나마 이들은 국내외적으로 명망이 있었기에 국내 연금이나 해외 추방 등 '온건한' 방식으로 다루어진 편이었지만, 훨씬 많은 수의 반체제 인사들은 안드로포프가 지휘하는 KGB에 의해 정신병원으로 보내졌다.

훗날 고르바초프와 함께하게 될 '60년대의 사람들'은 그 정도로 강단 있는 사람들은 아니었다. 대신 그들은 브레즈네프의 정치국에서 요구하는 의례들을 충실히 수행하면서 가면을 썼고, 맡은 일을 열심히 하면서 승진의 기회를 꾸준히 노렸다. 그들이 간간이 비추는 체제에 대한 비판적 시선은, 비슷한 문제의식을 느끼던 안드로포프에 의해 높은 평가를 받기도 했다. 고르바초프가 안드로포프에 의하여 후임자로 발탁된 것도 마찬가지 이유에서였다. 고르바초프는 농업 지역인 스타브로폴주의 당서기로 재직하면서 소련의 만성적이고 고질적인 농업 문제를 해결하기 위해 고민했다.

고르바초프의 다른 동료들도 비슷한 삶을 살았다. 조지아 공산당 제1서기였던 에두아르드 셰바르드나제는 1928년생이었고, 역시 제20차 공산당 대회를 통해서 체제에 대한 비판적 의식을 키웠다. 그는 1972년부터 조지아 SSR*을 통치하며 농민들에게 인센티브를 주는 여러 개혁 조치를 도입해 농업 문제를 해결하고자 노력했다. 마침 고르바초프의 근무지인 스타브로폴과도 가까웠기에 둘은 일찍부터 교류할 수 있었다. 셰바르드나제는 훗날 고르바초프가 그의 아내에게 했다고 하는, 소련 체제의 종막을 시작하게 될 유명한 말을 가장 먼저 꺼낸 사람이기도 했다. "이런 식으로 계속 살 수는 없어." 그리고 소련의 지도자가 된 고르바초프는 머나먼 스탈린 시대부터 활약했던 고참 외교관인 안드레이 그로미코를 대신하여, 외교 경력이 아예 없었던 셰바르드나제를 외무장관에 임명했다.

페레스트로이카의 사상적 원천을 제공한 사람 중 하나인 알렉산드르 야코블레프의 삶도 유사했다. 1923년에 태어난 그는 10대의 나이로 대조국전쟁에 참전했고, 레닌그라드 전선에서 중상을 입었다가 간신히 살아났다. 하지만 스탈린에 충성하고 공산주의의 열렬한 숭배자였던 야코블레프는 독일에 수용되었던 소련 포로들이 다시 소련의 수용소로 '재배치'되는 것을 보며 엄청난 충격에 빠졌다. 체제에 대한 회의감은 흐루쇼프의 스탈린 격

---

* Soviet Socialist Republic. 개별 공화국을 지칭할 때 '국명 + SSR' 식으로 썼다.

하 연설과 1968년 소련군의 체코슬로바키아 진공을 보면서 확신으로 바뀌었다. 1958년 컬럼비아대학교에서 1년을 보낼 때만 해도 그는 미국에 대한 반감을 여전히 숨기지 않았던 공산주의자였다. 하지만 1972년에 캐나다 대사직에 임명되며 사실상의 망명을 떠나야 했을 때, 그는 페레스트로이카로 이어질 생각을 발전시키게 되었다. 고르바초프가 아직 서기장이 되기 전인 1983년에 농업 문제에서 배울 점을 얻고자 캐나다를 방문했었는데, 이때 야코블레프를 만나 대화하며 서로가 체제에 대해 같은 불만을 품고 있다는 사실을 확인했다.

그밖에 제3세계 정책을 담당하던 공산당 중앙위원회 국제부의 아나톨리 체르냐예프, 게오르기 샤흐나자로프 같은 이들도 '고르바초프 사단'에 합류하게 되었다. 역시 '60년대의 사람들'이던 이들은 스탈린 시대에 몹시 비판적이었고, 처음에는 60년대의 정신에 따라서 제3세계를 사회주의적 미래로 인도하고자 했다. 하지만 외부 세계의 정보에 노출되고, 소련의 제3세계 활동의 성과가 매우 모호하게 남으면서 이상은 점점 의심으로 바뀌었다.

페레스트로이카라는 재난

1985년 고르바초프의 서기장 취임과 동시에 시작된, 너무나도 갑작스러워 보인 개혁 조치, '페레스트로이카'는 이런 배경 속에서 시작되었다. 페레스트로이카는 실제로 갑작스러웠다. 그 정책이 시작되기 직전만 하더라도 평범한 소련인들 중에 누구도 '영원한 현재'가 바뀔 것이라고 예상하지 못했다. 하지만 고르바초프와 그의 측근들인 '60년대의 사람들'은 전혀 다른 생각을 적어도 20년째 키워오고 있었다.

브레즈네프와 그의 동료들로부터 30년의 시간을 건너뛰며 이루어진 세대교체의 주역은 신레닌주의자들이었다. 그들은 '스탈린의 과오'를 바로잡고 '레닌주의의 이상'을 되찾고자 했다. 고르바초프 역시 항상 레닌 전집을 탐독하는 열렬한 추종자로서, 자신이 레닌과 비슷한 위치에서 역사의 중대한 선택을 하고 있다고 믿었다. 하지만 고르바초프가 해석한 레닌은 실제 역사의 레닌과는 전혀 달랐다. 그는 레닌을 소련의 공식 담론에서 선전하는 것처럼, 이상적 비전에 따라 주저 없이 급진적인 해결책을 택하는 인물이자 도덕적으로 완벽한 우상으로 생각했다. 고르바초프는 자유롭고 도덕적인 소련, 서방 국가들과 나란히 서서 세계의 대세에 합류할 수 있는 소련을 건설하기 위해 그 자신이 '레닌주의적'으로 행동해야만 한다고 믿었다. 그러나 레닌을 실제로 가까이서 지켜본 사람들, 특히 레닌의 제일가는 제자를 자처한 스탈린은 레닌을 전혀 다르게 이해하고 있었다. 레닌은 자신의 완고한 이상을 이루기 위해서라면 피의 바다로 목욕을 하는 것도 전혀 꺼리지 않던 인물이었다. 그의 목표는 인민이 서방 록밴드의 음악을 언제든지 들을 수 있도록 자유로운 사회를 건설하는 것 따위가 아니라, 모든 착취 계급을 제거하고 소련을 노리는 서구 제국주의 국가들을 파멸시키는 것이었다. 당연하게도 그 모습이야말로 실제 레닌의 모습이었다. 훗날 고르바초프의 신레닌주의는 역설적으로 레닌주의 국가를 완벽하게 파괴하게 된다.

한편 고르바초프와 그의 동료들을 이해할 때 결코 간과해서는 안 되는 것이 있다. 바로 그들이 최소한 19세기 차다예프로 거슬러갈 수 있는 열정적인 서구주의자들이었다는 사실이다. 처칠이 발트해의 슈체친부터 아드리아해의 트리에스테까지 '철의 장막'이 쳐졌다는 유명한 연설을 했을 때, 스탈린은 세계가 제국주의 진영과 민주주의 진영이라는 '두 진영'으로 나뉘게 되었다고 선언했다. 두 진영론은 세계를 '제국주의 국가'와 피착취 계급·민족들의 '해방적 국가'로 구분해서 보던 마르크스-레닌주의 세계관의 냉전적 변형이었다. 소련이 겪어야 했던 수많은 전쟁과 미국의 군사 기지에 쌓여 있는 핵무기, 폭격기, 잠수함은 스탈린의 후계자들에게 두 진영론의 타당함을 입증해주는 증거였다. 그러나 고르바초프는 두 진영으로 갈라진 세계에서 소련 측의 세계가 상대적으로 고립되고 낙후되어 있다고 인식했고, 이를 타개하기 위해서는 진영을 가르는 철의 장막을 먼저 허물어야 한다고 믿었다. 1985년 제네바에서 미국의 레이건과 처음 정상회담을 가

고르바초프(우)와
레이건(좌),
1985년 제네바 회담

지면서 고르바초프는 자신의 믿음에 더욱 큰 확신을 가지게 되었다. 서구 지도자들은 제국주의자이기는커녕 소련의 답답한 늙은 이들과는 대비되는 생동감 있는 사람들로 다가왔다. 그는 레이건은 물론 헬무트 콜이나 마거릿 대처, 프랑수아 미테랑 같은 서유럽 지도자들과의 교류를 즐기면서, 소련이 마침내 편집증적인 고립을 깨고 오랜 염원인 유럽 합류를 실현할 수 있을 것이라 기대했다. 서구 지식계의 동향을 항상 관찰해오던, 그리고 여행을 통해 서구의 풍요로움을 늘 느껴오던 고르바초프와 그의 측근들에게는 철의 장막을 아예 열어버리는 것이 소련을 구하는 길로 여겨졌다.

하지만 오산이었다. 고르바초프의 신레닌주의와 서구주의가 결합하여 만들어진 페레스트로이카는 소련을 구하기는커녕 제국의 파멸을 불러왔다. 1985년 시점에서 소련이 당면한 가장 큰 문제는 자국의 경제적 활력이 꺼져가고 있다는 데 있었다. 재난은 미국이 사우디아라비아와 합의를 통해 대대적인 석유 증산을 이끌어낸 뒤 유가가 떨어지면서부터 시작되었다. 당시 소련은 서구의 고가 장비들과 만성적으로 부족했던 식량을 수입하기 위해서 석유 수출을 통해 얻은 경화에 의존하고 있었다. 국제 무역에 참여하는 것은 이미 소련 경제 체제를 운영하는 데에 없어서는 안 되는 요소였다. 그런 상황에서 유가 하락은 소련 경제에 직접적인 타격을 입혔다. 또한 미국이 서독과 일본을 압박하여 달러 가치를 절하시킨 플라자 합의 역시 의도치 않게 소련을 괴롭혔다. 안 그래도 손에 들어온 석유 수출 대금이 줄어들었는데, 그 돈의 가치마저 낮아져 살 수 있는 물건이 더욱 줄어들었던 것이다. 설상가상으로 1960년대 이후 소련의 석유 생산을 책임져주던 서부 시베리아 유전의 생산량까지 감소하기 시작했다. 추가적인 유전을 개발해 생산량을 늘리기 위해서는 보다 발전된 기술이 필요했지만, 당시의 소련은 그런 기술에 접근할 수 없었다. 미국은 서유럽과 일본이 소련에 투자하고 기술 협력을 하는 것에 계속해서 신경질적으로 반응하고 있었다. 개혁을 시작하기 전부터 재정이 위기를 향해 달려가고 있었다.

이런 상황에서 신레닌주의라는 이상에 근거한 고르바초프의 개혁 프로그램은 최악의 결과를 낳았다. 1985년과 1986년 동안 고르바초프는 '가속화'라는 정책을 도입했는데, 소련의 자랑인 과학 기술과 중공업에 막대한 자원을 투입하여 생산량을 증대하는 계획이었다. 그러나 소련에 당장 필요했던 것은 추가적인 자원 투입이 아니라 자원을 효율적으로 사용할지를 배우는 일과 경제 주체들이 시장 원리에 따라 행동할 수 있도록 제도적 설계를 마련하는 일이었다. 이미 브레즈네프 시기에 공식 계획을 받쳐주기 위해 실제 경제가 암시장과 지역 당 관료들 간의 막후 조정으로 상징되는 '제2의 경제'를 통해 작동하고 있던 상황에서, 추가적인 자원 투입은 가속화가 아니라 낭비라는 결과만을 가져왔다. 차라리 스탈린 시대에 경제를 전면적으로 전환하고자 했을 때 유용하게 사용한 방법론인 외국 기업과의 전면적인 합작이 훨씬 더 슬기로운 정책이었을 것이다. 그러나 고르바초프는 인민의 도덕성을 고무하고 소련이 레닌의 정신을 회복하면 살아날 수 있을 것이라는 대책 없는 생각으로 성급한 정책을 밀어붙였다.

인민의 도덕성을 고무하고자 했던 시도는 더욱이나 부적절한 것으로 금세 판명 났다. 고르바초프를 비롯한 소련의 새로운 지도부는 타성에 젖은 브레즈네프 시기의 상징으로 네 배가 늘어난 알코올 소비량을 꼽았다. 확실히 알코올 문제는 러시아 남성들의 기대수명을 계속해서 깎고 있었고, 작업장의 생산 규율을 마비시키는 등 점차 심각한 문제로 부상하고 있었다. 그의 전임자 안드로포프 또한 만연한 알코올 중독이 국가 규율을 해치고 있다고 신속히 해결할 필요가 있다고 생각했다. 그러나 안드로포프가 알코올 중독자에 대한 강한 처벌이라는 접근을 계획했던 반면에, 고르바초프는 알코올을 매대에서 치우는 강력한 금주법을 시행했다. 주조장이 폐쇄되었고, 소련의 명품 와인에 포도를 공급하는 포도원도 다른 작물을 기르라는 명령을 받았다. 이 정책은 이미 세입의 상당 부분을 주류세에 의존하고 있던 소련 재정에 치명적 타격을 입혔다. 게다가 인민들이 억지로라도 술을 마시지 않게 되면서 그들은 보드카에 쓸 돈으로 다른 물건을 사고자 상점으로 향했는데, 이는 안 그래도 심각하던 소련의 물자난을 더욱 악화시켰다. 물론 술을 안 마신 것도 아니었다. 소련 각지에서 밀주 제조가 성행했고, 공업용 메탄올로 술을 담가 먹다가 사람들이 집단으로 실명하거나 죽기까지 했다는 흉흉한 소식이 각지에서 속출했다. 옵셰니예(모임)에서 삼삼오오 마주 앉아 보드카를 마시며 저 유명한 공산주의 유머를 나누는 것을 낙으로 삼던 소련 사람들의 일상을 생각해보면, 고르바초프에 대한 그들의 기대가 빠르게 실망으로 바뀌는 것은 당연한 일이었다.

    아프가니스탄도 고르바초프의 발목을 계속 붙잡았다. 이미 아프가니스탄이 소련에 사회 불만과 재정 위기를 가져오는 수렁인 것을 모르는 사람은 없었다. 하지만 아프가니스탄 철군은 바르샤바 조약기구는 물론이고 세계 전역에 걸쳐 있는 소련의 사회주의 우방국들에 미칠 파장을 고려했을 때 함부로 결정할 수 있는 사안이 아니었다. 제3세계를 사회주의적 발전으로 인도하기 위해 소련이 무엇이든 해줄 수 있다는 보장이 깨진다면, 소련의 위신은 물론이고 신뢰도 땅바닥에 떨어질 것이 분명했다. 하지만 아프가니스탄 문제는 1985년부터 미국이 아프가니스탄에 대한 개입 수준을 한 단계 올리면서 훨씬 심각해졌다. 미국은 이제 휴대용 대공 미사일인 스팅어 미사일까지 무자헤딘*에게 제공해주면서 소련군의 소모와 출혈을 더욱 극심한 수준으로 강요하기 시작했다. 무자헤딘들에게 공포의 대상이었던 소련군 헬리콥터가 심심찮게 격추되었고, 소련은 끝나지 않는 전쟁에 군대를 증파해야만 했다. 소련이 패배를 인정하고 철군을 완료하기까지는 4년의 시간이 더 필요했다.

'가속화'의 실패, 유가 하락으로 인한 재정 손실, 금주법의 충격, 아프간이라는 수렁은 그래도 '예측 가능한 범주'라고 이해해줄 수는 있었다. 소련의 더 큰 불운은 하필 이런 결정적인 시점에 예측 불가능한 초대형 사고까지 겹쳤다는 데 있었다. 1986년 우크라이나의 체르노빌 원자력 발전소에서 엄청난 폭발음이 울려 퍼졌다. 인류 최악의 핵사고 중 하나로 기록될 체르노빌 원전 사고였다. 관료주의의 관성에 따라서 은폐로 일관하려던 소련 정부는 내부에서 터져 나오는 불만은 물론, 소련 바깥에서 빗발치는

---

* mujahidin. 아프가니스탄 반군 조직. '성전(지하드)에서 싸우는 전사'를 의미한다.

진상 규명 요구에 응하지 않을 수 없었다. 대대적인 피난민 소개 疏開가 이루어졌고, 수많은 사람의 영웅적인 희생을 바탕으로 오염 제거 및 사고 수습 작전이 전개되었다. 체르노빌은 악화되는 소련 재정에 다시 한번 치명타를 입힌 사건이 되었다.

경제의 오작동이 너무나 명백해진 상황에서, 고르바초프는 당시 가장 필요한 개혁인 가격 개혁에 나서지 않았다. 국가 보조금으로 지탱되는 낮은 소비자가격을 올리지 않고서는 재정을 구할 수도 없었고, 경제 주체들이 효율화에 전념하도록 등을 떠밀 수도 없었다. 하지만 고르바초프는 인민들이 페레스트로이카로 삶이 나아졌다는 어떠한 체감도 못 하는 상황에서 가격을 인상했다가는 개혁의 정치적 기반이 무너질 수도 있다며 가격 개혁을 끝까지 꺼렸다. 대신에 그가 다시 추진한 것은 신레닌주의적 도덕성 고취 운동이었다. 1986년 5월에 고르바초프는 국영 기업 전역에 국가 감사를 진행했다. 수많은 국영 기업 제품들이 납품 기준 미달로 감사에 통과하지 못했다. 고르바초프는 정직한 노동 기풍을 통해서 사회주의적 생산이 부활할 것을 기대했다. 하지만 실제 맞닥뜨리게 된 것은 공급 사슬의 작동 전체를 뒤흔든 결과 찾아온 공급 충격이었다. 고르바초프와 그의 동료들은 거시 경제에 대한 기초적인 관념조차 없는 것처럼 행동했다.

1988년에 섣불리 개별 사업체에 자율성을 부여한 개혁 조치 역시 문제였다. 그것은 적절한 제도적 장치와 준비 없이 시행된 탓에 경제적 재난을 훨씬 크게 키우기만 했다. 경제 주체들은 옛 시스템에서 추구하던 전체 경제와의 조화를 유지하는 임무를 내팽개치고 이윤 극대화에 몰두했다. 하지만 그들은 생산성 혁신과 경영 효율화라는 새로운 시장경제의 규칙은 익히려고 들지 않았다. 아무리 오작동하는 시스템이었어도, 어쨌든 시스템은 시스템이었다. 시스템의 역학을 이해하지 못하고 도입한 개혁은 무질서만을 낳았다. 이렇게 길 잃은 개혁이 반복되었던 까닭은 고르바초프가 여전히 공산주의에 대한 강한 신념을 갖고 있었을 뿐만 아니라, 자신의 개혁이 민주적이고 이상적인 레닌의 공산주의를 실현하는 길이라고 믿었기 때문이었다.

민족들의 반란

고르바초프는 경제 문제를 해결하지 못하는 상황에서 페레스트로이카가 완수되지 못할 것이라는 불안에 시달렸다. 현상 유지를 원하는 공산당의 늙은 보수파들이 다시 개혁을 뒤집고 소련을 브레즈네프의 회색 시대로 되돌릴지도 몰랐다. 예전에 흐루쇼프도 지역당에 자율성을 주는 인민경제회의 개혁을 추진했다가 보수파 쿠데타로 실각하지 않았던가. 고르바초프는 그 역사적 사실을 잊지 않았다. 그러나 그는 페레스트로이카를 유지하기 위해 경제 문제를 해결하기보다는 다른 방면에서의 성과로 경제 실책을 극복하길 원했다. 고르바초프는 탈중앙화와 민주화를 이야기하는 알렉산드르 야코블레프의 조언에 강한 영향을 받았다. 노멘클라투라*의 지배에 짓눌려 무기력해진 소련 인민의 창조력을 소생시

---

* nomenklatura, 간부직 리스트, 또는 특권을 가진 간부들을 가리키는 말.

키기 위해서는 특단의 조치가 필요했다. 고르바초프는 인민의 자율적 의지가 충분히 발휘되면 소련 체제를 개혁할 수 있는 지혜가 다시 모일 것으로 기대했다. 그렇게 1987년부터 '개혁(페레스트로이카)'과 동시에 정보 공개의 물결인 '개방(글라스노스치)'이 본격적으로 시작되었다.

처음에는 늙어가는 소련 체제를 소생시키는 데 고르바초프의 특단의 조치가 필요할 것이라 동의했던 정치국 동료들도 이제는 동요하기 시작했다. 보수파의 대표 예고르 리가초프는 1988년 3월에 레닌그라드의 화학교사 니나 안드레예바가 소련 체제의 수호에 나서자고 다짐한 글을 회람시키며 페레스트로이카에 제동을 걸고자 했다. 하지만 고르바초프는 리가초프와 보수파의 도전을 제압하는 데 성공했다. 이제 그는 더욱 급진적인 정치 실험을 통해서 보수파가 페레스트로이카에 반기를 들 가능성 자체를 뿌리 뽑아야겠다고 다짐했다.

그러나 고르바초프의 글라스노스치는 오히려 그가 흠모해 마지않았던 레닌주의 자체를 뿌리 뽑는 결과를 낳고 말았다. 이념과 역사에 대한 통제는 소련 공산당이 지배력을 유지할 수 있게 해준 핵심적인 힘이었다. 그간 통제가 강력했던 만큼 통제가 느슨해졌을 때의 반동도 크게 나타났다. 진실을 알고 싶고 마음껏 말하고 싶다는 열망이 홍수처럼 쏟아졌다. '나쁜 스탈린'에게 공산당의 모든 억압과 범죄의 책임을 덮어씌우고 '착한 레닌'으로 상징되는 소련 체제의 도덕성을 회복하자고 했던 고르바초프의 꿈도 산산조각날 수밖에 없었다. 애초에 레닌부터가 주저 없이 폭력을 사용해 정권을 획득하고 공고히 한 인물이었으며, 스탈린은 그 충실한 학생이었다. 지난날 소련 체제가 거둔 모든 성취는 레닌과 스탈린, 그리고 그들의 부하들이 손에 피를 묻힌 역사와 분리될 수 없었다. 이 민감한 문제를 성급하게 건드려버리자 역사는 체제를 파괴할 폭탄이 되고 말았다. 그동안 지하 출판물로만 유통되었던 금서들이 불티나게 팔렸고, 반체제 지식인들이 공개 석상에서 체제의 부도덕성을 질타했다. 페레스트로이카로 완전한 기능 부전에 들어간 경제를 비롯해, 소련의 개발 정책에 따라 발생한 무수한 환경 재난, 그리고 노멘클라투라의 비리 등에 대한 대중적 비판도 터져나왔다. 사회주의 유토피아를 향한 인류의 전진을 이끈다는 볼셰비즘의 이상은 글라스노스치의 결과 무수히 많은 사람들에게 숙청, 탄압, 재난으로 인식되기 시작했다.

그렇다고 해도 평범한 다수의 사람들이 소련 자체를 부정한 것은 아니었다. 체제에 대한 전면적인 비판은 모스크바를 중심으로 형성된 반체제적, 자유주의적 지식인들의 몫이었고, 러시아의 드넓은 지방에서는 수도 지식인들에 대한 뿌리 깊은 불신이 있었다. 많은 사람들은 억압적인 공산당의 역사가 드러났음에도 초강대국 소련에 자부심을 느꼈으며, 과거 체제가 정상적으로 작동했을 때의 기억에 많은 향수를 느꼈다. 하지만 급진적 반체제 지식인과 주저하는 대중의 분리는 상당히 러시아적인 현상이었다. 소련을 구성하는 비러시아 공화국에서는 상황이 전혀 달랐고, 여기서는 반러시아 민족주의 정서의 힘으로 대중이 반체제 지식인과 매우 적극적으로 결합했다.

모든 연방 구성 공화국 중에서 지리상 가장 서구에 가까운 발트 3국(에스토니아, 라트비아, 리투아니아)에서 가장 먼저 분리주의가

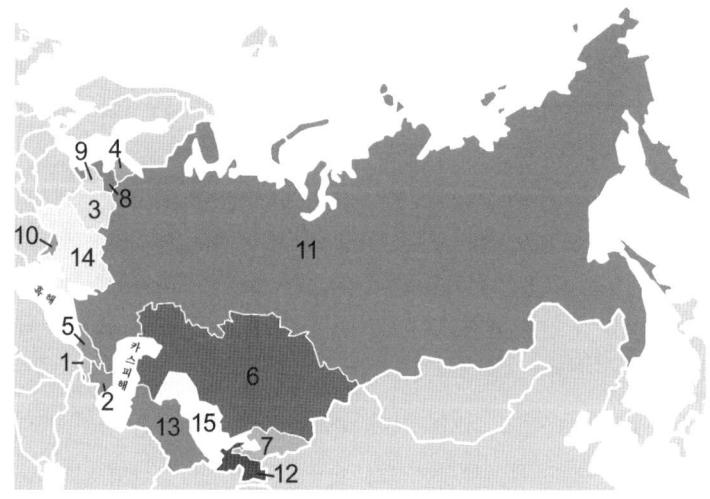

소련의 해체(숫자는 영어 알파벳 순) 1. 아르메니아; 2. 아제르바이잔; 3. 벨라루스; 4. 에스토니아; 5. 조지아; 6. 카자흐스탄; 7. 키르기스스탄; 8. 라트비아; 9. 리투아니아; 10. 몰도바; 11. 러시아; 12. 타지키스탄; 13. 투르크메니스탄; 14. 우크라이나; 15. 우즈베키스탄

폭발했다. 글라스노스치로 인해 역사에 대한 공산당의 독점이 풀리면서, 발트 3국은 스탈린과 히틀러의 동유럽 분할 협약이었던 몰로토프-리벤트로프 조약의 진실을 드러내라고 요구하기 시작했다. 스탈린 점령 이후에 벌어진 대대적인 숙청 작업과 발트 출신 반체제 인사들의 투옥에 관해서도 이야기가 계속 쏟아졌다. 리투아니아에서 시작된 분리주의는 인접한 라트비아와 에스토니아로도 옮겨붙었고, 1989년 6월에는 저 유명한 발트의 인간 사슬이 만들어지기도 했다.*

소련, 나아가 러시아로부터 이탈하고 싶다는 분리주의보다도 처리하기 어려운 문제는 다시 부활한 민족들 간의 옛 원한관계였다. 이 문제에서 가장 골치 아픈 화약고는 러시아 남쪽의 캅카스였다. 아르메니아와 아제르바이잔은 20세기 초에 오스만 제국과 러시아 제국의 충돌을 겪으면서 잔인한 민족 갈등을 겪은 역사가 있었다. 볼셰비키가 들어오면서 두 민족의 갈등은 일단 봉합되었으나 긴장이 완전히 사라진 것은 아니었다. 아제르바이잔인들은 자기들 지역에서 아르메니아인들이 차지하는 상대적으로 우월한 지위에 줄곧 불만을 품고 있었다. 반대로 아르메니아인들은 소련과 터키가 맺은 카르스 조약의 결과로 자신들이 다수 거주하는 나고르노-카라바흐(아르차흐) 지역이 아제르바이잔에 귀속된 것을 용납할 수 없었다. 고르바초프의 개방 정책으로 이런 민감한 문제를 공론에 부치는 게 가능해지자 수십 년 동안 공존해왔던 민족들 간에 증오의 불길이 일기 시작했다. 1988년 2월, 나고르노-카라바흐 자치주 공산당이 아르메니아 SSR로 귀속하기로 결의하고 예레반(아르메니아의 수도이자 가장 큰 도시)이 이를 수락하면서, 아제르바이잔에서 반아르메니아 집회가 열렸다. 집회는 이내 폭동으로 변했다. 아제르바이잔에서는 아르메니아인이 피살당했고 아르메니아에서는 아제르바이잔인이 피살당했다. 대혼란이었다. 소련군이 진입하여 사태를 간신히 진정시킬 수 있었지만 두 민족은 사실상의 전쟁 상태에 돌입했다. 두 민족은 서로 모스크바 중앙 정부가 상대 민족의 편을 들어준다며 비난을 해댔다. 사

---

* 200만 명 넘는 사람들이 저항의 의지로 거리에서 손에 손을 잡아 띠를 이루어 3국의 수도를 690킬로미터에 걸쳐 이었다.

실상의 전쟁을 진짜 전쟁으로 만들기 위해서는 독립이 필요했다.

아르메니아와 아제르바이잔 정도는 아니었지만 인접한 다른 캅카스 국가인 조지아도 민족 분규를 비껴갈 수는 없었다. 공론장이 열린 결과로 조지아에서도 민족주의가 거세지고 있었다. 이런 흐름은 조지아 내부의 자치주로 명맥을 이어가고 있던 다른 소수민족들에게 위협감을 심어줬다. 특히 흑해에 면한 압하지야에서는 조지아 민족주의를 받아들이느니 러시아에 귀속되고 싶다는 여론이 표출되었는데, 이는 조지아 민족주의자들의 분노를 샀다. 급기야 조지아의 수도 트빌리시에서 대규모 집회가 개최되었다. 시위자들은 러시아가 조지아를 억압하고 있으며, 압하지야나 남오세티야를 빌미로 조지아의 단일성을 침해하고 있다고 목소리를 높였다. 질서를 찾기 위해 개시된 진압 작전에서 희생자가 발생하자 조지아에서도 분리주의가 주류가 되지 않을 수 없었다. 이에 반발하여 압하지야의 수후미에서는 폭동이 발생했다. 조지아의 소수민족 문제는 소련이 해체된 뒤에도 계속해서 불안정을 부추기게 된다.

한 곳에서의 분리주의는 다른 곳에서도 분리주의를 촉진했다. 분리주의가 가장 격렬했던 발트에서는 자신들이 독립만 할 수 있다면 연방 구조 전체를 깰 수도 있다고 주장했다. 무력 사용을 극단적으로 꺼렸던 고르바초프는 공화국에 자치권을 부여하고 모스크바의 결정 권한을 상당 부분 이양하겠다며 분리주의를 무마하려 했다. 하지만 이는 사태를 훨씬 더 나쁜 방향으로 악화시킬 따름이었다. 분리주의가 그리 심하지 않은 다른 공화국들, 특히 중앙아시아에서도 자치권의 확대는 독립을 그럴싸한 선택지로 고려하게끔 만들었다. 러시아인들의 은근한 무시를 받으며 모스크바에 충성했던 공화국 공산당의 '지역' 지도자들은 독립이 성공했을 때 '주권 국가'의 대통령, 나아가 민족의 지도자로 변신할 수 있었다.

주변에서 일어난 파도는 중심을 집어삼켰다. 공화국 민족주의는 소련에서 가장 모호한 위치를 점하고 있었던 민족, 즉 러시아인들의 민족주의를 일깨웠다. 이미 브레즈네프 시기 수면 밑에서는 러시아 민족주의 그룹이 형성되어 세력을 형성하고 있던 상황이기도 했다. 이 세력은 공화국들의 분리주의에 자극받아, 소련의 연방 체제가 연방의 핵심 구성원인 러시아인을 억압하고 있다고 주장하기 시작했다. 소련의 연방 체제에서 다른 공화국들은 SSR(소비에트 사회주의 공화국)을 이루고 있었고, 러시아는 RSFSR(러시아 소비에트 연방 사회주의 공화국)로 다르게 분류되었다. 하지만 소련이 곧 러시아라는 사실을 누구도 의심하지 않았기 때문에, 소련에서 '러시아'라는 단위는 실질적으로 존재하지 않는 것이나 마찬가지였다. SSR에 형식상으로나마 부여되는 권한이 RSFSR에는 거의 존재하지 않았다. 소련의 자랑인 국영 기업들 또한 RSFSR 소속이 아니라 중앙 부처 소속이었다. 이러한 통치 구조는 러시아야말로 거대한 소비에트 제국의 진정한 주인이라는 의미로 비칠 때는 전혀 문제가 되지 않았다. 그러나 러시아인들이 연방 구조에서 왜 다른 공화국들이 갖는 권한이 자신들에게는 없느냐며 의문을 제기할 때는 심각한 문제가 될 수 있었다. 많은 러시아인들이 광대한 러시아에서 나오는 에너지 자원과 제조업 생산품이 다른 공화국들로 부조리하게 흘러 들어가고 있다고 불만을 표했다. 특히 가난하고 후진적인 중앙아시아 공화국들을 러시아가 '먹여살리느라' 러시아인들이 생활고에 시달린다는 불만이 두드러졌다. 러시아 민족주의가 소비에트 제국의 주인이라는 정체성을 부정하고 '러시아만을 위한 러시아'를 외친다면 제국은 순식간에 쪼개질 수 있었다. 만약 러시아인도 제국을 원하지 않고 소수민족들도 제국을 원하지 않는다면 제국이 유지될 이유가 없었다.

소련의 내부 제국이 무너지고 있는데 외부 제국이라고 해서 무너지지 않을 도리가 없었다. 고르바초프가 1956년의 흐루쇼프나 1968년의 브레즈네프처럼 행동하지 않을 것이 분명해지자 바르샤바 조약기구의 시민들이 일어나기 시작했다. 이 국가들은 1980년대 이래로 소련의 막대한 에너지 지원과 서유럽 국가들의 차관이 아니면 경제를 운영하는 것이 불가능해진 상태에 있었다. 하지만 서유럽 국가들은 이제 빚을 상환하라고 요구하고 있었다. 재앙적인 재정난을 맞이한 소련이 그 빚을 대신 갚아줄 수 있는 능력은 없었고, 오히려 소련 입장에서는 동유럽 위성국으로 향하는 각종 지원부터 줄여야만 했다. 동유럽 국가들의 심화된 경제난과 제국 본토인 소련에서 벌어지는 각종 혼란은 동유럽 공산당의 통제력을 심각하게 약화시켰다.

그런데 고르바초프는 여기서 한 발자국 더 나아갔다. 그는 동유럽 위성국들의 정치적 불안정에 아예 개입하지 않았다. 폴란드, 체코슬로바키아, 헝가리에서 러시아 지배의 역사가 다시 소환되었다. 폴란드에서는 스탈린이 폴란드 장교들을 대거 처형한 카틴 숲 학살의 진실을 요구하는 목소리가 빗발쳤다. 체코슬로바키아와 헝가리에서는 1968년과 1956년의 기억이 다시 소생했다. 그러던 중에 1989년 3월, 헝가리가 오스트리아와의 국경에 놓여 있는 철조망을 제거하는 결정을 내렸다. 고르바초프는 이 결정에 개입하지 않았다. 이는 40년 동안 유럽을 가로질렀던 철의 장막에 거대한 구멍이 뚫린다는 신호였다. 소련에서 그랬듯, 동유럽 혁명은 거대한 연쇄 작용을 불러일으켰다. 헝가리가 뚫리자 동독이 폭발했다. 동독인들은 헝가리를 거쳐 오스트리아로, 나아가 서독으로 가는 물결을 형성했다. 고르바초프는 동독을 구하려는 어떠한 시도도 하지 않았다. 결국 1989년 11월 9일, 동독에서 몰려간 시민들에 의하여 베를린 장벽이 무너졌다. 자유주의와 공산주의 간의 인류 역사를 둘러싼 투쟁이 끝나는 순간이었다.

네버랜드를 향하여

고르바초프의 기이한 점은 동유럽에서 소련이 모든 영향권을 상실하는 데 순순히 동의해줬다는 데 있다. 동유럽 위성국은 어쨌든 소련이 2,700만 명의 목숨을 잃어가면서 나치 독일을 분쇄한 것에 따라온 '전리품'이었다. 소련 내부의 보수파들은 고르바초프가 소련인들의 피로 얻은 제국을 지키기 위해 싸우지도 않고, 또 서방으로부터 아무 대가도 받지 않고 그대로 뱉어낸다는 것을 믿을 수가 없었다. 사실 서방에서도 고르바초프라는 존재를 믿을 수가 없었다. 그들은 러시아 지도자가 순전한 이상주의에 입각해서 제국의 영토에서 철수한다는 것이 말도 안 된다고 생각하며 소련의 숨겨진 의도를 항상 의심했다. 하지만 고르바초프는 진심이었다.

그는 국내에서 인기를 잃을수록 서구 지도자들과 만나서 우호적인 이야기를 나누는 것에 집착했다. 그리고 국제무대에서의 성공을 통해 국내의 곤란함을 극복할 수 있다고 생각했다. 무엇보다 고르바초프는 자신이 역사를 만드는 인물이라는 자의식에 극도로 몰입해 있었다. 그가 혐오해 마지않는 1968년 체코슬로바키아 침공 같은 일을 할 수는 없었다. 오히려 유럽의 나머지 반쪽(소련)을 대서양 문명에 다시 복귀시켜서 '유럽 공동의 집'을 만드는 것이 낫지 않겠는가. 그는 자신이 이 역사적 과제에 결정적인 공헌을 하고 있다고 믿었다.

독일 통일 문제를 처리할 때 고르바초프의 대책 없는 이상주의가 극명하게 드러났다. 독일의 분단에서 시작된 냉전은 독일이 통일되면서 끝나고 있었다. 따라서 통일 문제를 처리하는 것은 냉전 이후의 시대를 설계할 가장 중요한 밑그림이 될 터였다. 동독에 주둔한 소련군을 어떻게 할 것인지, 바르샤바 조약기구가 무너지는 상황에서 그 상대편인 나토의 거취는 어떻게 될 것인지를 둘러싸고 복잡한 협상과 외교 게임이 있어야 했다. 과거 스탈린은 자신의 패와 상대의 패를 계산하고 이로부터 최대의 이익을 얻어내는 데 천재적인 재능을 보여주었다. 이는 제2차 세계대전을 마무리할 때 처칠을 비롯한 상대편 협상가들의 경탄을 자아내기까지 했다. 하지만 고르바초프는 미국의 부시와 만났을 때 독일 문제는 "독일인들의 자유의사에 맡겨야 한다"[12]라고 말했다. 부시와 미국 대표단은 귀를 의심할 정도로 의아해했고, 이를 지켜본 소련 측 대표단은 경악했다. 고르바초프는 동유럽 문제에서 자신의 선의를 적극적으로 보여주면 미국과 서유럽 국가들이 화답할 것이라고 생각했다. 그렇게 서방으로부터 긴급 경제 지원을 받으면 소련 경제에 붙은 급한 불을 끌 수 있을 거라 기대했다. 하지만 외교 게임은 그렇게 진행되지 않았고, 그럴 수도 없었다. 부시는 자국 의회에서 소련 원조안이 통과되지 않는다면서 노력해보겠다는 말만 할 뿐이었다.

철의 장막의 붕괴는 소련인들에게 남아 있던 사회주의에 대한 마지막 신념까지 고갈시켰다. 서구 여행이 전면적으로 허용되자, 수많은 사람들이 노멘클라투라의 특권이었던 서구 관광에 나설 수 있었다. 최악의 상황을 겪고 있던 소련 경제의 늪에서 벗어나서, 마트에 물건이 가득 차 있고 점원들이 환하게 미소 짓고 있는 서유럽과 미국의 상점을 보는 것은 그들에게 엄청난 충격을 가져다주었다. 자유시장 자본주의와 공산주의는 결코 라이벌이 아니었다. 공산주의는 정치적 억압, 무엇보다 끔찍한 물자 부족에 시달리는 열등한 체제일 뿐이라는 인식이 확산되었다. 대대적인 서구 여행은 공산주의와 공산당이라는 글자 자체를 사람들의 마음에서 뜯어버렸다. 실패한 실험에서 선회하여 서구라는 '정상적인 세계'에 합류하자는 목소리가 대중적인 차원에서 확산되었다. 그 목소리를 받아 안은 사람 중에는 그 자신 역시 미국을 방문했을 때 슈퍼마켓에서 엄청난 충격을 받은 보리스 옐친도 있었다.

보리스 옐친은 우랄의 스베르들롭스크(현 예카테린부르크)에서 정치적 기반을 다진 인물이었다. 그는 건축 기사 출신으로, 모스크바 지식인 사회의 문법에 익숙한 고르바초프와는 전혀 다른 종

옐친, 1989년
모스크바 선거 공약 토론회.

류의 사람이었다. 고르바초프는 당초 옐친을 정치국 내부에서 페레스트로이카를 더 강력히 지지할 우군으로서 후원했고, 그런 차원에서 그에게 모스크바의 당을 맡겼다. 하지만 고르바초프의 우유부단한 태도에 질려버린 옐친이 1987년에 정치국에서 고르바초프를 맹비난하다가 쫓겨나게 된다.

권력에서 밀려난 옐친은 글라스노스치와 뒤이은 소비에트 선거에서 다시 기회를 잡았다. 당시 고르바초프는 다소 형식적인 기관이었던 소비에트를 실질적인 입법부로 바꾸고, 다당제와 자유선거를 허용하는 전면적인 정치 개혁을 실시했다(자신의 직위는 서기장 대신 소련 대통령으로 전환했다). 그런데 이렇게 개혁된 선거에서는 기존 노멘클라투라 정치의 기술, 그러니까 기나긴 공산당 연설문을 읽고 엘리트 간의 막후 협상을 잘 조정하는 등의 기술이 그리 중요하지 않았다. 그보다는 대중을 사로잡을 수 있는 짧고 강력한 메시지를 내고, 대중과 함께 호흡하여 그들을 동원하는 능력이 훨씬 더 중요했다. 옐친은 바로 그런 기술에 능했다. 그는 예전에 모스크바에 있을 때부터 대중교통을 타고, 일반 시민의 이야기를 듣고, 러시아 대중이 좋아하는 '화끈한' 퍼포먼스를 펼치는 데 주저함이 없었다. 그의 미국행은 공산당이나 공산주의에 집착하는 것은 이제 의미가 없다는 믿음을 심어주는 계기였다. 게다가 그는 대중 사이에 광범위하게 확산된 러시아 민족주의의 기류를 감지했다. 소련으로부터 러시아를 구하는 일에 착수한 그는 1990년 선거를 통해 RSFSR, 곧 러시아의 지도자로 정계에 화려하게 복귀했다.

이제 옐친에게 필요한 것은 소련에서 러시아를 '독립'시키는 것이었다. 이는 고르바초프는 물론이고 소련 공산당 전체의 종말을 뜻했다. 소련 공산당에서 공화국 지도자들이 자치권을 얻는 것은 제국의 변경을 잃는 일이었다. 하지만 소련 그 자체라고도 할 수 있는 러시아가 떨어져나가는 것은 소련 자체의 종말을 뜻했다. RSFSR의 관료 조직들을 통제할 수 없다면 소련 공산당이 통제할 수 있는 것은 아무것도 없었다. 소련 대통령이라는 거창한 직함만으로는 이제 제국을 움직일 수 없었다. 어떻게든 소련을 구하고자 했던 고르바초프는 1991년 7월 말에 러시아의 옐친과 카자흐스탄의 누르술탄 나자르바예프를 만나 '신연방 조약'을 체결하자고 논의했다. 러시아를 포함한 모든 '주권' 공화국에는 광범위한 자치권이 부여될 것이고 공산당의 권력 독점은 무너질 것이었다. 이 과정에 반대하는 보수파들은 대거 교체될 것이 분명했다. 물론 사태가 이 정도로 진전된 상황에서 신연방 조약이라는 방안이 성공적으로 실현될 수 있을지는 몹시 의문인 상황이었다.

신연방 조약은 그동안 고르바초프를 보며 불만을 키우고 있던 보수파 지도자들의 마지막 인내심마저 앗아갔다. 운명의 8월 18일, 부통령 겐나디 야나예프, 군의 드미트리 야조프와 세르게이 아흐로메예프, KGB의 블라디미르 크류치코프는 크림반도로 휴가를 떠난 고르바초프를 연금한 뒤 국가비상사태를 선언했다. 그러나 1991년 8월 쿠데타는 볼셰비키의 권력을 확고히 한 1917년 10월 쿠데타가 아닌, 군이 섣불리 움직였다가 정부의 권위를 완전히 실추시킨 1917년 8월의 코르닐로프 쿠데타의 데자뷔였다. 페레스트로이카는 끔찍한 경제난과 민족 분규를 만들어냈지만 어쨌든 수많은 소련 시민에게 과거보다 나아질 변화의 희망, 그리고 자유롭게 여행하고 말하고 쓸 수 있는 분위기를 느끼게 해주었다. 완전한 독립과 전면적 자치에서 저울질하던 공화국들의 여론은 완전한 독립 쪽으로 확고히 굳어졌다. 모스크바에서는 보수파의 쿠데타에 반대하는 시민들이 몰려나와 엄청난 인파를 형성했다. 전차 위에 올라 열정적으로 연설하는 보리스 옐친은 지긋지긋한 공산당 노멘클라투라가 아니라 새로운 러시아를 대표하고 있었다. 쿠데타는 삼일천하로 끝났고, 고르바초프의 권위도 완전히 끝났다.

1991년 12월, 벨라루스의 스타니슬라프 슈시케비치, 우크라이나의 레오니드 크라브추크, 러시아의 보리스 옐친이 만나 벨라루스의 벨로베자 숲에서 조약에 서명했다. 벨로베자 조약에 따라서 이제 더는 소비에트 사회주의 공화국 연방은 존재하지 않게 되었다. 20세기를 상징한 사회주의 유토피아를 향한 실험은 그렇게

2022년 모스크바
노보데비치 묘역에
마련된 고르바초프의 묘.

인류 역사상 가장 기이한 지도자 중 하나인 고르바초프에 의해 막을 내리게 되었다.

벨로베자 조약이 체결되기 3개월 전, 모스크바 근교의 투시노 공군 비행장에 100만 명이 넘는 인파가 운집했다. 경제적 곤경과 정치적 혼란에도 불구하고 이곳에 모인 청년들은 무척 들뜬 상태로 열광하고 있었다. 그들은 "몬스트리 로카" 혹은 "몬스터즈 오브 록"이라 불린 록 페스티벌을 보기 위해 몰려들고 있었다. 1980년부터 서방 진영의 대표적인 록 페스티벌이었던 이 행사가 냉전 구도가 해체됨에 따라 철의 장막 건너편, 그것도 무너져가는 붉은 초강대국의 심장에서 열리게 된 것이었다. 모스크바에는 여전히 한 달 전에 있었던 쿠데타의 흔적이 가득했다. 전차가 시내 도로를 오가고 있었고 시내 곳곳에 바리케이드가 쳐져 있었다. 하지만 비행장에 모인 군중은 이런 것은 전혀 신경 쓰지 않았다. 그들은 서구의 대중음악을 대표하는 위대한 밴드들을 보기 위해 속속 모여들었다. 메탈리카, AC/DC가 왔고, 라인업에는 한창 새롭게 주가를 올리고 있던 신인 밴드 판테라도 있었다. 100만 군중이 내뿜는 열기란 어마어마한 것이어서, 이를 식히기 위해 모스크바 군관구에서 헬리콥터가 출동해 물을 뿌려야만 했다.

이 행사는 철의 장막으로 서구와 단절되어 있었던 소련이 마침내 무너지고, 서구와 새로이 합류하게 된 것을 축하하는 역사적 상징성을 획득했다. 1970년대부터 꾸준히 서구의 팝과 록을 들어온 청년층은 그들의 부모와 조부모가 충성했던 '사회주의 건설'과 '위대한 애국 전쟁'이라는 칙칙한 언어가 지배하는 소련이 아니라, '풍요로운 소비사회'이자 '자유의 땅'으로서 서구화된 러시아를 새롭게 꿈꾸었다. 메탈리카는 자신들 앞에 모인 100만 군중 앞에서 대표곡 〈엔터 샌드맨Enter Sandman〉의 가사를 외쳤다.

> Exit light
> Enter night
> Take my hand
> We're off to never never land

> 불이 꺼지고
> 밤이 찾아온다
> 내 손을 잡아
> 우린 네버랜드로 떠나는 거야

하지만 레닌의 불이 꺼지고 밤이 찾아온 러시아에 펼쳐진 네버랜드는 결코 아름답지 않았다.

3장

제국의 고아들

◆

그대는 어제 제국의 주인이었지만
지금은 그저 고아일 뿐이다.

_〈소련에서 태어났다〉, DDT

거기 너 미국인 남자애,
나랑 모든 일들을 갖고 데려가줘
American boy, American joy
American boy for all is time.
American boy, 너와 함께 떠날 거야
너와 함께 떠날 거야, 모스크바여 안녕!

_〈아메리칸 보이〉, 콤비나트시야

1991년이 저물 무렵에 발표된 소비에트 연방의 해체는 그야말로 놀라운 일이었다. 호시탐탐 서쪽을 노려온 동방의 붉은 제국이, 제국을 지키고자 군대도 동원하지 않고 순순히 모든 것을 놓아버렸기 때문이다. 실제 소련은 서구 제국주의보다 훨씬 더 평화롭고 부드럽게 자신의 권력을 내려놓았다. 프랑스 제국이 알제리와 베트남에서 보여준 것이나 네덜란드가 인도네시아에서 보여준 것은 비교 대상도 아니었다. 소련의 평화로우면서 이상한 제국 해체를 보면서 많은 사람이 역사가 종언했다는 후쿠야마의 말에 공감하게 된 것은 어쩌면 당연한 일이었다. 자유주의적 계몽주의의 우월성은 가장 강력한 대적자마저도 순식간에 연기처럼 사라지게 만들 수 있었던 것이다. 그들은 고르바초프의 역사적인 결단을 칭송했고, 그가 서구 계몽주의를 열렬히 따랐던 것을 높이 평가했다. 소련의 마지막 지도자는 서구의 힘이 아니라 서구의 도덕성과 매력을 상징하는 인물이 되었다.

하지만 제국이 무너지자마자, 제국의 이야기는 사람들의 관심사에서 빠르게 잊혔고, 막이 내린 스크린을 인내심 있게 쳐다보는 외부인들은 거의 없었다. 이제 중요한 것은 서구 안의 이야기, 혹은 러시아와 공산주의 같은 '20세기의 이야기'가 아닌 새천년의 이야기가 되었다. 냉전이 끝나자마자 그동안 냉전이 봉합하고 있었던 숱한 문제들이 수면 위로 올라와 자기주장을 펼쳤다. 20년간의 탈산업화를 겪으며 심화된 서구 내부의 빈부격차 문제, 낙태와 소수인종 권리 같은 문화적 갈등은 서구의 정치적 대립축을 다른 방향으로 이동시켰다. 국제적으로는 이란과 이라크가 제기하는 새로운 도전, 유고슬라비아와 소말리아의 혼란상이 있었고, 미국은 소련의 빈자리를 메워야 하는 유일한 세계 경찰이 된 상황이었다. 그리고 이제 유럽과 북아메리카, 어쩌면 동아시아에서도 끝내버린 역사를 지구 전체에서도 끝내기 위해서 미국은 세계 경찰이라는 짐을 기꺼이 떠맡았다. 그러나 문제는 미국과 서유럽이 새천년의 도전에 대처하고 있는 사이에, 서구에 합류할 수 있을 것이라 기대했던 러시아인들의 꿈이 산산조각 나고 있었다는 점이었다.

시장이 러시아를 구원하리라

옐친은 러시아의 꿈을 떠안고 러시아 연방 대통령직에 올랐다. 그리고 옐친을 대신하여 그 꿈을 위한 여정을 시작한 사람들이 있었다. 가장 먼저 이 엄청난 과업에 착수한 사람은 36세의 젊은 경제학자 예고르 가이다르였다. 그는 소련의 마지막 시기에 러시아 재무성 장관을 맡으면서 자유시장경제를 향한 대도약의 필요성을 주창하고 있었다. 폴란드의 시장경제 전환을 성공적으로 지휘한 미국의 경제학자 제프리 삭스가 지원군으로 합류해 러시아에 조언을 해줄 것이었다. 가이다르를 비롯한 당시의 급진적 전환론자들이 무엇보다 두려워했던 것은 러시아에 여전히 남아 있는 보수파 공산주의자들에 의해 러시아의 자유화가 완전히 전복되는 상황이었다. 8월 쿠데타*가 일어난 지 채 반년도 지나지 않은 상황이었다.

가이다르 팀이 보기에는 점진적 개혁이 급진적 개혁보다 훨씬 더 위태로웠다. 만약 점진적 개혁을 시행했을 경우, 개혁이 실패했을 때 다시 보수파들이 돌아와서 모든 것을 예전 상태로 되돌려버릴 수가 있기 때문이었다. 그러나 만약 강력하고 확실한 '충격 요법'이 가해진다면, 개혁의 고통이 잠시 따르겠지만 보수파들이 다시 돌아와도 개혁을 뒤로 물릴 수는 없을 것이었다. 자유시장경제의 해방감을 느낀 시민들이 회귀를 막을 테고, 경제

---

* 1991년 8월 19~21일 소련 공산당 보수파들이 고르바초프에 반대해 일으킨 쿠데타. 2장 참고.

구조도 다시 계획경제를 실현하지 못할 정도로 바뀔 것이 분명했다. 이런 논리에 입각해서 소련이 무너지고 나서 러시아 연방으로서 첫 해를 맞이한 1992년 1월 2일, 가이다르 팀은 전면적인 '가격자유화' 조치를 발표했다. 옐친의 신임을 받았던 가이다르는 그해 6월 총리에 임명되었다.

가격자유화로 상징되는 충격 요법은 분명히 설계자들이 목적한 바를 달성하기는 했다. 충격 요법은 러시아 경제를 그야말로 전면적으로 바꿔놓는 조치였다. 하지만 바뀐 경제의 '내용'이 어떠했는가는 다른 문제였다. 가격자유화는 러시아가 시장경제에 적응할 준비가 전혀 안 된 상태에서 시행되었고, 결과는 대재난에 가까웠다. 70년이 넘는 시간 동안 형성된 계획경제 생태계가 순식간에 시장경제로 전환된 즉각적인 결과는 살인적인 인플레이션이었다. 거대한 소련 영토에서 각 국영 기업들의 생산품을 모아 모스크바의 지시하에 분배하는 계획경제 시스템에서만 생존 가능했던 수많은 사업체들이 있었다. 이들이 소련의 침체기 동안에 경쟁력을 상실한 것은 맞았지만 완전히 가치가 없는 것은 전혀 아니었다. 무엇보다 러시아인들이 당장 필요로 하는 다양한 상품을 생산하고 있었다는 점에서 이들 사업체는 경제 운영에 필수 불가결했다. 모스크바가 조절 장치를 일시에 제거하자, 소련 경제를 지탱해주던 거대 기업들은 조업에 필요한 자원을 도저히 구할 수가 없었다.

위기에 처한 도시들도 속출했다. 시민들의 이동과 직업 선택의 자유에 제약을 가하며 유지해놓은 극지의 도시들, 그리고 국가로부터 막대한 지원을 받아오던 연구 도시들이 그랬다. 물론 이런 도시들이 영구히 유지될 수는 없었을 것이다. 하지만 러시아 경제의 중요 부분을 차지하고 있던 부문들이 순식간에 유지비용 문제로 황폐해지는 것은 전혀 다른 문제였다. 광업 생산량이 곤두박질쳤고, 소련의 자랑이던 최고의 엔지니어와 과학자들이 미국과 서유럽으로 대거 이탈했다. 또한 계획경제의 가장 큰 약점이었던 농업도 막상 계획경제가 무력해지자 역설적으로 유사한 위기에 처했다. 아무리 비효율적이었어도 어쨌든 러시아 농부들은 1930년대의 집단화 이래로 반세기 넘는 세월 동안 중앙으로부터 트랙터와 비료를 비롯한 생산재를 지원받고 농산품을 판매하는 교환 경제에 익숙해져 있었다. 가격자유화로 인해 농업에 필요한 기계류와 공산품 가격도 천정부지로 뛰었다.

    가장 호황을 맞이한 사업은 러시아의 자원을 헐값에 떼어다가 외국에 비싼 값으로 파는 일이었다. 특히 에너지 부문은 가격자유화 조치에서 예외로 남겨졌기에, 발 빠르고 인맥 좋은 사람들은 여전히 가격 보조를 받는 에너지 자원을 서구에 팔아 엄청난 규모의 돈을 만질 수 있었다. 반면 살인적 인플레이션의 결과로 러시아인들의 저축은 순식간에 휴지조각이 되었을 뿐만 아니라, 연금 생활자들은 기초 생필품도 사기 어려운 빈곤으로 굴러떨어졌다.

    러시아의 경제 전환에는 그 밖에도 수많은 어려움이 있었다. 70년간의 계획경제는 삐걱거리긴 했어도 어쨌든 작동하고 있던 시스템이었다. 70년은 모든 사회 구성원들이 그 시스템의 규칙과 관행에 따라 행동하는 법을 평생 익히기에 충분한 세월이었다. 그나마 동유럽의 경우에는 사정이 좀 나았다. 동유럽은 소련에 의해 공산화되기 이전의 기억을 소생시킬 수 있었고, 공산 정권 시절에도 일정 정도 시장 원칙을 도입해 국가 경제를 운영하기도 했었다. 하지만 레닌주의의 본국이었던 소련에서는 그 누구도 서구적 시장경제에 필요한 기초 지식을 갖고 있지 않았다. 러시아에서 시장경제에 적응하는 경제 주체들이 탄생하기 위해서는 가이다르가 예측했던 1년, 2년이 아니라 최소 5년, 최대 10년의 시간은 필요했다. 물론 자유화는 상거래의 자유를 열었고, 자원 교환을 통해 효용을 증진하는 인간의 영리한 지혜는 러시아에서도 빠르게 부활했다. 그러나 그것은 중앙은행과 효율적인 기업, 정교하게 작동하는 규제 기관을 갖춘 서구식 시장경제가 아니라, 한동안 원시적 물물교환에 가까운 양상을 띨 수밖에 없었다. 다른 한편, 규칙을 모르는 사람들 사이에서 빠르게 규칙을 눈치 챈 사람들은 엄청난 이득을 얻을 수 있었다. 일례로 동구권 체제 전환기에 수없이 많은 피라미드 사기가 빈발하여 노인들의 얼마 안 남은 저축이 사기꾼들의 손에 들어갔다.

인플레이션의 폭발, 기업들의 조업 중단, 그나마 남은 수입원이었던 에너지 수출의 난조…. 러시아의 시장경제를 향한 꿈은 순식간에 악몽으로 변했다. 제프리 삭스를 비롯한 미국 측의 조언자들은 이 시점에서 러시아를 향한 서방의 경제 지원이 긴급하다고 위험 신호를 보냈다. 실제로 폴란드를 비롯한 동유럽 국가들은 부채 탕감을 비롯한 여러 경제적 지원책을 얻어내 고통의 정도를 조금이나마 낮출 수 있었다. 구조조정이 최소한의 부작용으로 시행되기 위해서는 생산성 개선을 위한 투자와 구조조정 대상 인력에 대한 사회적 지원책이 확보되어야 했고, 이 과정에서 외부 원조는 필수적이었다. 동유럽 국가들은 외부의 도움을 받아 시장경제로의 전환을 거친 뒤 훗날 유럽연합에도 가입했고, 팽창하는 독일 경제의 배후지 역할을 맡으며 그럭저럭 유럽에 복귀하는 데 성공했다.

하지만 러시아에는 이 공식이 적용되지 않았다. 러시아는 동유럽 국가들과는 규모부터가 달랐다. 그만한 원조액을 각국의 의회에서 설득시키는 것은 전혀 다른 문제였다. 그리고 비교적 안정적인 정부 형태를 유지하고 있는 동유럽 국가들과 달리 러시아는 정부도 신뢰할 수 없었다. 광대한 러시아에서 지원금이 어디로 새어버릴지 안심할 수 없는 상황이었던 것이다. 사실 무엇보다 결정적인 차이는 동유럽과 러시아를 바라보는 시선에서 나타났다. 서구는 동유럽에 대해서는 자신의 잃어버린 사촌이 마침내 돌아왔다며 환영해줄 수 있었다. 그러나 러시아는 여전히 종잡을 수 없는 미지의 세계였다. 서구의 감정적 온도가 동유럽과 러시아, 두 지역에 대해 절대 같을 수 없었다. (핵무기를 비축한 러시아가 내전으로 빠지지만 않는다는 전제하에서) 러시아는 서구의 관심 대상에서 빠르게 멀어졌고, 의미 있는 원조도 집행되지 않았다. 서방 납세자의 돈으로 러시아 경제를 치유하겠다는 개혁가들의 야심찬 계획은 완벽한 공상이었음이 드러났다.

훗날 충격 요법의 비판자들은 가이다르 팀이 사실상 그들 스스로 혐오해 마지않았던 볼셰비키식 해법을 추구했다고 평했다. 단 한 번의 '혁명적' 전환으로 모든 문제를 해결할 수 있으며 그 과정의 고통은 감수해 마땅하다는 사고방식. 가이다르 팀은 고르바초프와는 다른 의미에서 '신新볼셰비키'였다. 물론 모든 책임이 가이다르와 충격 요법의 실행자들에게 있다고 볼 수는 없었다. 고르바초프는 러시아 경제를 개혁하는 데 필요한 중요한 시간을 낭비했고, 소련이 서방과의 협상에 쓸 수 있는 모든 것을 던져버렸다. 옐친은 연방 구조 자체를 깨버리면서 추가적인 재난을 던져주었다. 외부의 지원도 기대할 수 없는 이런 절망적인 상황에서, 과연 충격 요법이 아닌 어떤 점진적 해법이 가능했을지는 여전히 상상의 영역에 남아 있다. 가이다르는 시간이 절망적으로 촉박한 상황에서 누군가는 했어야 할 일을 수행한 사람일 수도 있다. 그러나 어쨌든 결과가 그의 호언장담대로 나타나지는 않았으니 그는 책임을 져야만 했다.

국가 두마(러시아 하원 의회)가 가이다르에게 등을 돌렸고, 1992년 12월 빅토르 체르노미르딘이 후임자로 등장했다. 체르노미르딘 시기에 정부는 대대적인 민영화 프로그램에 착수했다. 민영화 프로그램을 입안한 사람은 가이다르와 오랜 인연이 있었던 38세의 젊은 경제학자 아나톨리 추바이스였다. 추바이스는 체코슬로바키아에서 진행된 민영화 방식인 '바우처 민영화'를 지지했다. 이 프로그램 아래 전국민이 똑같은 액수의 바우처를 지급받고 이 바우처를 바탕으로 경매 입찰에 참여해 국영 기업의 주식을 확보하게 한다는 생각이었다. 하지만 바우처 민영화는 시작부터 뜻대로 굴러가지 않았다. 물가가 천정부지로 치솟자 대다수의 러시아인들은 바우처를 현금으로 바꿔 당장의 생필품을 구매하는 데 사용했다. 그들은 바우처로 무엇을 해야 할지, 바우처의 실질적 가치가 무엇인지 전혀 감을 잡지 못했다. 시장에 헐값으로 나오는 바우처를 쓸어가는 '꾼'들이 등장하는 것은 당연한 수순이었다.

한편 각종 국영기업에 재직하던 전직 노멘클라투라는 내부자 정보를 적극 활용하는 동시에, 노동자들에게 주어진 바우처를 발 빠르게 매집하여 순식간에 경영자의 위치에 올라설 수 있었다. 이 과정에서 막대한 잠재 가치를 지닌 기업들을 소수의 사람들이 헐값에 거머쥐게 되었다. 그렇게 100년 넘는 세월 동안 수많은 피와 땀으로 건설한 소련의 산업 기반이 '올리가르히'라 불리는 과두 재벌의 화수분으로 변질되고 말았다. 결과는 산업 기반의 추가적인 파괴였다. 애초에 올리가르히들은 평범한 사람들이나 신생 러시아 정부의 이익에는 전혀 봉사할 생각이 없었으며, 경영을 정상화하려고 하지도 않았다. 그저 자신이 취득한 자산에서 최대한 사익을 쥐어짜낼 생각뿐이었다. 그 재산을 런던 등지의 은행에 빼돌리는 올리가르히들의 경주가 시작되었다.

제국의 폐허

우랄산맥의 중심 도시 예카테린부르크에 가면 하얀 색으로 우뚝 서 있는 옐친의 기념상을 볼 수가 있다. 그 뒤에는 보리스 옐친을 기념하는 '옐친 센터'가 자리하고 있다. 일종의 박물관과도 같은 옐친 센터에 들어가면 먼저 커다란 스크린에서 러시아 역사를 일목요연하게 보여주는 애니메이션을 볼 수 있다. 전제군주 차르 치하에서 억압받는 러시아 농노들, 그것을 깨고자 했던 알렉산드르 2세의 대개혁, 잔혹한 볼셰비키들과 강제노동수용소 등이 애니메이션 속에서 연달아 나타난다. 러시아 역사는 무거운 전제권력 밑에서 신음하는 인민, 그리고 허약하기 그지없는 자유를 향한 염원으로 묘사된다. 그러다가 갑자기 막강한 탱크를 가로막는 양복 입은 정치인이 한 명 등장한다. 보리스 옐친이다. 그의 뒤에 운집한 수많은 군중은 마침내 자유를 위한 위대한 행진을 시작한다. 그리하여 러시아에는 비로소 진정한 자유가 찾아온다. 애니메이션을 관람한 뒤 펼쳐지는 모든 전시관은 이런 서사에 맞는 사진과 전시품을 배치하고 있었다. 역시 절정은 1991년 8월 쿠데타에 맞서 탱크 위에 올라선 옐친의 모습이었다.

그러나 실제 역사에서 옐친을 향한 연호는 얼마 가지 않았다. 1993년이 되었을 때 이미 옐친의 지지율은 바닥을 치고 있었다. 의회는 옐친의 경제 정책을 비롯한 통치 전반을 문제 삼으며 불신임 국민투표를 제안했다. 의회의 협조를 받으며 통치하는 것이 불가능해진 옐친은 입법부를 우회하고 일방적인 대통령령으로 자신의 의사를 관철시키고자 했다. 4월에 실시된 국민투표 결과, 일단은 옐친의 생존이 확인되면서 그는 가슴을 쓸어내릴 수 있었다. 하지만 그는 자신의 권력 기반이 몹시 불안정해져 있음을 깨달았다. 행정부와 입법부의 갈등은 그 뒤에도 전혀 수습될 기미가 보이지 않았다. 옐친은 9월에 입법부를 해산하고 헌법을 바꾸는 정치 개혁을 추진할 것임을 선언했다. 의회가 앉아서 당하고만 있을 수는 없었다. 부통령 알렉산드르 루츠코이와 의회는 옐친의 탄핵안을 통과시켰다. 소련 해체와 함께 찾아온 대혼란에 질릴 대로 질린 사람들이 의회로 몰려와 탄핵을 지지하는 시위를 조직했다. 정부 기능이 사실상 내전 상태로 치닫고 있었다. 하지만 그 어떤 무력 기관도 사태를 진정시키기 위해 적극적으로 개입하지는 않았고, 이는 행정 권력을 차지하고 있던 옐친에게 유리한 신호였다.

10월 4일, 러시아 대통령 옐친은 러시아 연방 의회에 대한 포격을 명령하면서 사태를 마무리 짓는 결정을 내렸다. 탱크 위에서 독재 권력에 맞서는 저항을 상징했던 옐친이, 아이러니하게도 다시 탱크에 명령을 내리는 위치로 올라가 의회를 포격하기 시작했다. 매캐한 연기를 내뿜으며 불길이 치솟는 '벨리 돔(러시아 의회)'의 모습은 러시아에 관심을 끊었던 외부 세계의 사람들에게도, 러시아의 체제 전환이 무언가 굉장히 잘못 돌아가고 있다는 것을 알리는 상징으로 각인되었다.

다른 한편 의사당 포격으로 옐친이 거둔 승리도 애매모호했다. 1993년 12월 선거에서 옐친의 정당은 참패했고, 러시아 공산당과 극우 인사 블라디미르 지리놉스키가 주도하는 러시아 자유민주당이 약진했다. 권력은 다시 분리되고 있었다. 대중은 이미 옐친에게 환멸을 느끼고 있었다. 하지만 옐친의 정책으로 갑작스럽게 엄청난 이익을 보게 된 사람들은 옐친의 자리를 포퓰리스트들이 대체하게 되는 것을 끔찍하게 두려워했다. 올리가르히와 대중의 분기는 옐친 시기 내내 봉합되지 못할 것이었다.

권력을 계속해서 유지해야만 했던 옐친은 자신의 지지자에게 충실히 보답했다. 1995년에 예산이 고갈되었던 러시아 정부는 국영 기업의 지분을 담보로 상업은행들에서 돈을 대출받았다. 대출 조건은 정부가 상환을 해내지 못할 경우 은행이 담보로 잡은 국영 기업 지분에 대한 권리를 양도 받는 것이었다. 매우 수상하게도, 그리고 어쩌면 매우 당연하게도 러시아 정부는 상환을 해내지 못했고, 러시아에 얼마 남지 않은 알짜 기업들이 추가로 헐값에 경매로 넘어갔다. 올리가르히는 더욱 큰 부자가 되었으며, 그들은 자신에게 선물을 안겨준 옐친을 나중에 1996년 대통령 선거에서도 적극적으로 지원하게 된다.

옐친 시기에 폭발한 러시아의 위기는 그야말로 전방위적인 수준이었다. 1990년대는 민영화와 강도 재벌 탄생의 시대였고, 절대적인 물자 부족의 시대였다. 사람들은 당장의 먹을 것을 구하고자 소비에트 체제가 수여한, 자신들의 영광스러운 기억이 담겨 있는 훈장까지도 시장에 내놓았다. 몇몇 사람들은 자발적인 범죄 조직을 결성해 자구책을 찾고자 했다. 여성들은 가장 손쉽게 현금화할 수 있는 성(性)을 팔아 필요한 물자를 구하고자 했다. 물자가 부족해지자 명예와 도덕이 사라졌고, 범죄와 부패가 기승을 부렸다. 체제의 기획과 체제가 제시한 삶이 한순간에 사라지자 사람들은 실의에 차서 더욱 많은 알코올 혹은 마약을 찾았다.

빵을 사려는 사람들, 1993년.

소련 정부가 가까스로 끌어 올린 남성 기대수명은 무려 58세까지 추락했다. 국가가 운영하던 보건 체계의 붕괴는 과거 충분히 치료할 수 있었던 사소한 질병에도 대처하기 어렵게 만들었다. 외국과의 교류가 확대되고 성산업이 번창하자 HIV가 창궐했다.

 소련의 인적자본 또한 엄청난 타격을 입었다. 그전까지 소련인들은 국가의 정성 어린 투자 덕분에 소득 수준에 비해 훨씬 교육 수준이 높았다. 당시 러시아를 여행했던 많은 이들은, 추운 겨울날 길거리에서 쓸쓸하게 좌판을 펼친 노인들이 문화와 예술, 철학에 상당한 조예를 갖고 있다는 사실에 놀라곤 했다. 이런 이들은 소련 체제가 인민을 계몽시키기 위해 설치했던 거대한 교육기구의 옛 종사자들일 때가 많았다. 소련이 자랑으로 삼았던 인민의 문화성Kul'turnost'은 국가의 막대한 자원 투입이 사라지자 순식간에 증발하고 말았다. 최고의 학자와 예술가들이 월급으로 먹을 것조차 살 수 없어 한 번도 해보지 않은 다른 일에 뛰어들어야 했다. 국가의 자존심이었던 과학 기술의 최고 엘리트들은 훨씬 더 많은 보수를 약속하는 서방의 대학과 연구기관으로 옮겨갔다.

 이런 위기는 야만적 민영화와 동시에 1990년대 제국의 해체로 촉발된 총체적 무질서의 결과이기도 했다. 사실 서구인, 심지어 러시아인들조차 1991년 시점에서는 제국 해체에 수반될 엄청난 혼란과 고통에 대해 전혀 고려하지 않았던 것 같았다. 하지만 제국의 해체가 얼마나 무서운 일인지는 이미 20세기 초에 기록된 수많은 역사적 비극들이 증거해주지 않았던가. 제1차 세계대전이 끝난 이후 유라시아 전역에서 펼쳐진 엄청난 폭력의 물결은 제국이 해체되면서 생긴 재난이었다. 총력전은 그 수행에 적합하지 않았던 과거의 제국 체제를 파괴했는데, 당시 새로운 오스만 제국에서는 아랍인, 쿠르드인, 아르메니아인, 그리스인, 튀르크인 사이의 끔찍한 살육과 대규모 인구 이동이 발생했다. 오스트리아-헝가리 제국이 해체되고 출현한 작은 국민국가들은 영토 안의 소수민족을 청소하고, 국경 바깥의 자민족 거주 지역을 자신의 영토로 편입하고자 서로 싸웠다. 제정 러시아의 총체적 붕괴 역시 기근, 학살, 종족 갈등을 수반한 가장 끔찍한 재난 중 하나였다. 하지만 러시아는 독일 제국, 오스만 제국, 오스트리아-헝가리 제국과 근본적으로 다른 점이 있었다. 앞의 세 제국은 고통스러운 과정을 통해 스스로를 국민국가로 바꾸면서 새로운 역사를 쓰기로 결정했다(이 중에서 독일은 '잠시' 일탈하긴 했지만). 그런데 놀랍게도 볼셰비키는 이념적 비전과 무자비한 폭력을 결합하여 제국을 재건하는 데 성공했다. 이것이 역설적으로 1991년에 러시아가 20세기의 두 번째 제국 붕괴를 맞이했던 이유였다.

물론 두 번째 해체는 첫 번째 해체만큼 고통스럽지는 않았다. 서구의 관찰자들이 감탄한 것처럼, 다른 시대와 지역에서 벌어진 사례에 비하면 소비에트 제국의 해체는 아무 일도 없었던 것처럼 지나갔다고 해도 과언은 아니었다. 그러나 해체 중인 소비에트 공간에 사는 사람들에게 그러한 상대적 비교는 딱히 위안이 되는 일이 아니었다. 제국의 해체는 구소련 공간 전체에 경제적으로도 되돌릴 수 없는 상처를 안겼다. 소련은 연방을 구성하는 15개 공화국 간의 유기적 분업 체계를 통해 국가 경제를 운영하고 있었다. 소련 본국이 손해를 보고 있기는 했어도 바르샤바 조약기구를 비롯한 동구권 국가들과의 상호 분업 체계 또한 시스템의 중요한 축이었다. 이 모든 것들이 통째로 사라지자, 소비에트 연방이 근대성의 상징이라면서 설치했던 온갖 시설과 인프라는 순식간에 고철 덩어리로 전락했다. 게다가 시장이 15개 공화국의 국경을 따라 분할되고, 물자와 사람의 이동에 주권이라는 장벽이 생기자 산업 시설을 제대로 운영하는 것은 사실상 불가능해졌다. 소련에 속해 있지 않은 우즈베키스탄의 항공기 공장은 아무런 쓸모를 갖지 못했다. 이는 그 항공기에 부품을 공급하는 다른 공화국들의 공장들도 마찬가지로 존재 이유를 상실한다는 의미였다. 반대로 모스크바 근처의 야로슬라블, 이바노보 지역의 의류 공장들은 우즈베키스탄에서 목화를 수급받지 못하자 가동이 불가능한 상태가 되었고, 동아시아에서 밀려오는 값싼 의류와의 경쟁에서 살아남을 수가 없었다.

비효율적이나마 소련 시스템을 작동하게 해주던 산업 생산마저 사라지자 구소비에트 공간에서는 소련 말기를 훌쩍 뛰어넘는 절대적 물자 부족이 이어졌다. 러시아의 경우 국내 물류망도 마비되곤 했다. 거대한 국토를 아슬아슬하게 잇는 빈약한 교통망은 강력한 중앙 통제력의 존재가 아니고서는 효율적으로 작동할 수 없었다. 행정 권력이 분권화되면서, 각 지역은 자신이 보유하고 있는 자원을 다른 지역과의 협상 카드로 쓰려고 비축했다. 중앙 계획경제의 붕괴는 시장을 통한 자유로운 거래의 등장이 아니라, 봉건 영주들 간의 협상 체계로의 후퇴였다(사실 이는 후기 소련에서 이미 지역 공산당 지도자들 사이에서 등장하고 있던 관행의 연장이기도 했다). 그리고 당연하게도 이들 지역 지도자들은 사실상 마피아처럼 굴면서, 혹은 높은 확률로 마피아랑 결탁하면서 지역 내부에서 자원을 최대한 짜내서 자신들의 금고를 채우는 데 몰두했다.

　소련을 구성하는 여타 공화국들이 떨어진 것으로 모자라서, 이미 축소될 대로 축소된 러시아 연방 내에서도 해체의 움직임이 고개를 들었다. 소수민족들이 다수를 이루는 여러 자치 공화국들은 러시아 연방 구조에서 훨씬 더 큰 자치와 자율성을 누리고자 모스크바와 협상했다. 그러나 이런 협상 정도는 러시아가 감당할 수 있는 문제였다. 진짜 큰 문제는, 소련을 탈출한 여러 독립 공화국들과 마찬가지로 자신들도 아예 러시아 연방으로부터 이탈하겠다고 등장한 분리 독립주의자들이었다. 이들은 이웃한 다른 민족 공화국들이 독립을 이루었다면 자신들도 같은 과업을 달성하지 못할 이유가 무엇인지 물었다.

　가장 갈등이 격심했던 곳은 러시아 제국의 남방 변경인 북캅카스였다. 이 지역에서는 청년층을 중심으로 새로운 정체성 운동이 발생했는데, 1990년대에는 누구도 무시할 수 없게 된 이슬람주의 운동이었다. 1979년의 이란 이슬람 혁명과 소련-아프가니스탄 전쟁, 사우디아라비아의 와하비즘* 전파는 세계 각지에 초국적 무슬림 전사들을 양산했다. 이들은 이슬람의 적이 있는 곳이라면 어디든 진출하여 현지인을 고무하고 적들을 향한 싸움에 나서고 있었다. 새로운 이슬람주의 사상이 유입되면서 체첸, 잉구셰티야, 다게스탄 등 무슬림 소수민족들은 자신들의 영토를 샤리아에 의하여 통치되는 무슬림 국가로 재구성하고자 했다.

* 이슬람 근본주의 교파의 하나. 18세기에 무함마드 빈 압둘 와하브가 이 운동을 창시했다.

러시아 연방의 해체까지는 받아들일 생각이 전혀 없었던 옐친 정부는 북캅카스의 반란을 무력으로 진압하기로 결심했다. 북캅카스의 자치 공화국들을 놓아준다면, 러시아 연방을 구성하는 수많은 자치공화국들, 혹은 모스크바로부터 멀리 떨어져 있는 극동 지역의 행정구역들이 이탈을 선언할 수 있었고, 이는 러시아 연방의 연쇄적 붕괴를 불러올지도 몰랐다. 대통령 권력을 잡게 된 옐친과 그의 측근들이 자신들의 권력 축소를 용인할 리가 없었다. 그들이 예전에 소련 해체를 지지했던 것은 그 해체를 통해서 권력을 강화할 수 있을 것이라는 확신이 있었기 때문이다. 북캅카스의 독립은 그 밖의 다른 치명적 문제로도 이어질 수 있었다. 러시아의 지정학적 후퇴, 주요 에너지 인프라를 상실할 위험 등이 그것이었다.

하지만 이미 무너질 대로 무너진 러시아군은 체첸 분리주의자들에게 제대로 대응조차 할 수 없었다. 특히 체첸군이 수도 그로즈니로 러시아군을 유인한 뒤 시가전에서 고가의 러시아 장비를 차례로 격파하면서, 세계 최강이라는 소련군의 후신 러시아군은 자존심을 단단히 구기게 되었다. 러시아는 끝내 반란을 진압하지 못하고 체첸 독립군과 한시적 협정을 맺을 수밖에 없었다. 소위 세계에서 가장 거대하다는 국가가 자국의 작은 민족 공화국의 질서도 회복하지 못하고 무너졌다는 굴욕감이 러시아 전역으로 퍼져나갔다.

체첸의 반란은 이들 지역에 거주하는 러시아인의 거취 문제를 필연적으로 제기할 수밖에 없었다. 러시아는 모든 러시아인을 대표하는 나라였다. 하지만 카자흐스탄, 우크라이나, 발트 3국

등 구소련의 다른 공화국에 사는 러시아인들은 소련이 해체되면서 순식간에 '자기 땅의 이방인'으로 전락했다. 민족 공화국 입장에서는 물론 다른 서사가 있었다. 이 땅은 애초에 러시아인의 땅이 아니었고, 오히려 자신들이 소련 시대에 '자기 땅의 이방인'이었으니 이제 올바른 상태로 돌리는 것에 불과하다는 이야기였다. 새로운 공화국에 도저히 적응할 수 없었던 많은 러시아인들이 조부 시절부터 살던 독립 공화국의 땅을 떠나 친척들이 사는 러시아 본토로 귀환했다. '제국 민족'인 러시아인을 둘러싼 문제는 소련 해체 당시부터 지금의 우크라이나 전쟁에 이르기까지 러시아인들에게 크나큰 상처로 남게 되었다. 만약 러시아 연방의 변경 자치 공화국들이 또다시 독립을 하게 된다면, 그 내부의 러시아인은 다시금 국가로부터 버려졌다는 생각을 하게 될 수 있었다. 이것은 사회주의 종주국이 아니라 러시아인을 위한 민족국가로 정체성을 새로이 바꾼 러시아 연방으로서는 치명적인 정통성 위기가 될 수 있었다.

내일은 오늘과 다르리라

사태가 이렇게까지 악화되었는데, 국가 경제를 마비시키고 사회를 파탄 상태에 이르게 한 옐친을 어떻게 '민주적 선거'에서 다시 당선시킬 수 있을까? 이것이 1996년 러시아 대통령 선거에서 올리가르히들이 직면한 과제였다. 그래도 올리가르히들로서는 다행이었던 것이, 옐친의 가장 강력한 경쟁자가 러시아 공산당이라는 사실이었다. 체계적인 대안을 제시하는 것 대신에, 다시 '영광스러웠던 과거'로 돌아가자는 공산당은 과거를 그리워하는 러시아 시민들에게 어느 정도 인기를 얻을 수는 있었지만 결정적인 지지를 확보할 수는 없었다. 사람들은 옐친의 무정부 상태에 고통스러워했지만, 소련 시절의 안정적인 갑갑함으로 돌아가고 싶어 하지도 않았다. 하지만 올리가르히들은 러시아에 만연한 혼란과 그에 따라 점점 늘어가는 옐친에 대한 환멸을 생각했을 때 대선 패배의 가능성도 충분히 인지하고 있었다. 그들은 승리를 확고히 하고자 새로운 체제의 새로운 기법을 활용하기로 결정했다. 각종 미디어 기업을 장악한 올리가르히들은 서방처럼 광고와 마케팅 기법을 활용하여 옐친의 재선이 러시아에 꼭 필요한 일임을 유권자들에게 납득시켜나갔다. 그와 같은 기법을 쓸 수 없었던 경쟁 후보들은 새로운 미디어 환경에 적응하지 못한 채 속수무책으로 낙선할 수밖에 없었다.

    결국 옐친 집권 2기가 열렸다. 하지만 당장의 집권과는 별개로, 상황 변화의 조짐이 곳곳에서 나타나고 있었다. 무엇보다 러시아의 혼란이 오래 지속되고 있다는 것이 문제였다. 이는 단순히 러시아 국가뿐 아니라 구소비에트 지역 전체에 파국이 초래될 수 있다는 불길한 신호였다. 더욱이 러시아는 세계 최대의 핵무기 보유국 중 하나였다. 만에 하나 핵무기가 러시아의 추가적인 붕괴에 따라 다른 분쟁 지역으로 유출된다면? 핵무기의 유출 가능성은 1990년대 서방 전략가들의 가장 큰 공포 중 하나였다. 그런데 러시아는 무언가 점점 그런 방향으로 가고 있는 듯했다.

    먼저, 1998년 동아시아 경제 위기의 영향으로 러시아는 모라

토리엄을 선언했다. 한때 세계의 절반을 지배했던 초강대국의 위상이 눈 녹듯이 사라진 것은 이제 누구나 인정하는 현실이었지만, 나름의 공업과 과학 기술 기반을 갖춘, 세계 최대의 영토를 가지고 있는 자원부국이 당장의 빚도 갚지 못하게 된 것이었다. 여간 충격적인 일이 아닐 수 없었다. 또한 체첸전쟁이 마무리되어 불안한 안정 상태에 있던 북캅카스에서 다시금 포성이 울릴 기미가 보이기 시작했다. 북캅카스의 제민족 간에 지속되는 분쟁과 유력자들 간의 다툼은 체첸의 불안정을 인접한 다게스탄으로 전이시키고 있었다. 경제가 무너지는 상황에서 제국으로부터 탈출하고자 하는 원심력까지 또다시 작동한다면, 러시아 연방은 정말로 재차 붕괴될 수도 있다는 공포가 피어올랐다.

하지만 제국의 상상력은 죽지 않고 다시 기지개를 켤 준비를 하고 있었다. 그 장소는 러시아도 아니었고, 러시아가 내려놓은 구소비에트 공화국들도 아니었다. 옛 위성국들인 바르샤바 조약기구 가맹국들의 땅도 아니었다. 오히려 가장 초기에 소련에 반기를 들었던 발칸의 유고슬라비아가 역설적이게도 러시아의 제국적 상상력이 최초로 부활한 무대였다. 소련과 유사한 국가 시스템을 통해 다민족 영토를 통치하고 있던 유고슬라비아는 정치적 권위의 구심점이었던 티토의 사망과 이어지는 경제난, 민족 갈등으로 인해 소련과 마찬가지의 위기를 겪고 해체되었다. 하지만 유고슬라비아는 소련 수준으로 '평화롭게' 해체되지 않았다. 크로아티아, 세르비아, 보스니아인들을 중심으로 '피와 땅'을 일치시키려는 움직임이 일었고, 과거 서로 원한을 쌓았던 기억들이 고개를 들었다. 특히 연방 체제에서 자신들의 우위를 지키려는

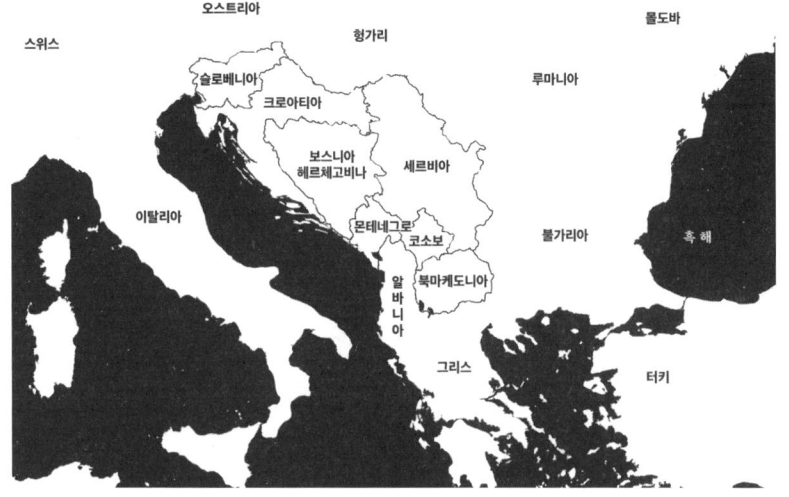

세르비아인들의 반발이 가장 거셌다.

그렇게 발발한 유고슬라비아 내전은 각 민족과 정체성 차원에서 연계되어 있는 여러 외부 세력들의 지원이 교차하며 국제적인 수준으로 확대되었다. 사우디아라비아, 아프가니스탄의 무자헤딘, 체첸의 전사들은 보스니아로 향하여 유럽에서 그들의 지하드를 이어가고자 했다. 유럽공동체와 그 뒤를 이은 유럽연합은 가톨릭을 믿는(그리하여 '문명적인' 서유럽과 중부유럽 문화권에 속한다고 생각되는) 슬로베니아와 크로아티아를 보호하기 위해 움직였다. 러시아인들의 관심은 세르비아로 향했다. 비록 유고슬라비아와 소련은 냉전기 내내 갈등했지만, 그 후계 국가들인 세르비아와 러시아는 정교회의 믿음을 공유하는 슬라브 형제국가라는 새로운 인식을 통해 우호관계를 맺을 수 있었다. 두 나라의 국가 정체성은 이제 사회주의가 아니라 문화적 뿌리를 통해 정의되고 있었다. 공산주의 이후의 사람들이 헌법과 자유선거, 시장경제를 통해 스스로를 정의할 것이라 기대했던 서구인들의 예상을 깨는 움직임이었다. 새뮤얼 헌팅턴은 소련-아프가니스탄 전쟁과 유고슬라비아 내전을 관찰하며 이념의 시대가 아니라 문명의 시대가 개막했다고 썼다.

유고슬라비아 내전은 잔혹한 유혈극 끝에 슬로베니아, 크로아티아, 보스니아, 북마케도니아가 주권 국가로 독립하면서 마무리될 수 있었다. 하지만 그렇다고 분쟁이 끝난 것은 아니었다. 1998년에 알바니아계 무슬림 지역인 코소보가 독립을 요구하면서 발칸의 화약고에 다시 불이 붙었다. 독립 요구를 세르비아가 진압하자 전쟁이 발발했고, 세계의 경찰로서 자신의 임무를 새롭게 정의한 미국은 "인도주의의 위기를 해소하기 위해서"라며 세르비아에 대한 무력 투사를 시작했다. 미 공군에 의한 세르비아 수도 베오그라드 공습은 21세기가 과연 미국이 기대한 '역사의 종언'으로 흘러갈 수 있을지에 물음표를 제기한 최초의 사건 중 하나였다. 베오그라드의 중국 대사관이 미군의 오폭으로 타격을 받아 중국인 세 명이 사망하자 중국 내의 여론이 들끓기 시작했다.*

러시아의 분위기는 중국보다 더 심각했다. 러시아인들은(정

---

* 사실 미국과의 우호적 관계 속에서 경제 발전을 신속히 이루려고 했던 중국 공산당은 대중적 민족주의 정서의 폭발을 늘 우려해왔다. 민족주의가 관방에서 승인한 경계를 넘어설 경우, 자칫 자본, 기술, 제품 수요를 제공해주는 미국과의 관계를 해칠 수 있었기 때문이다. 하지만 1996년에 발생한 대만 해협 위기, 1998년 인도네시아의 화교 학살, 1999년 베오그라드 대사관 오폭 사건은 중국의 대중적 민족주의가 국가 정책에 압력을 줄 정도로 성장했음을 여실히 보여주었다.

확히는 고르바초프를 위시한 많은 당국자들은) 자신들이 평화롭게 제국을 해체하면 서방이 그에 상응하는 대우를 해줄 것이라고 순진하게 기대했다. 그러나 서방 입장에서는 러시아의 요구에 전부 응하는 것은 필요 이상으로 과한 일이었다. 그들이 보기에 동유럽은 소련이 무력으로 부당하게 차지한 공간이었고, 그 공간이 제국의 영역에서 풀려나는 것은 지극히 도덕적이고 자연스러운 일이었다. 나토의 안전보장 영역에 포함된 동유럽, 민주적 선거와 자유시장을 통해 대서양 세계의 역동성과 활력을 포용하게 된 동유럽은 서방 세계의 주요 지도자들 모두가 공유하는 비전이었다. 이런 비전에서 러시아의 제국적 유산을 위해 내어줄 자리란 없었다. 그러나 슬라브 형제국의 수도를 자신들과 어떠한 상의도 거치지 않고 그대로 폭격했다는 사실은 서방이 상상하는 것 이상으로 러시아인들에게 모욕감을 주었다. 러시아인들은 생각했다: 우리는 1989년 이래로 10년간 우리의 것을 내어주기만 했다. 그 결과는 상상도 하지 못한 끔찍한 혼란, 제국이 버린 영토에 남겨진 동포들, 그리고 과두 지도자들의 타락과 국가 자산의 약탈이 아닌가. 서방의 금융 지원을 통해 경제가 개선되기를 기대했지만 그런 지원도 오지 않았다.* 그런데 서방은 이제 마지막 남은 자존심, 세계 속에서 자신의 목소리를 낼 수 있는 강대국이라는 정체성마저 빼앗아가려고 한다.

---

* 물론 서방 입장에선 나름의 합리적 이유가 있었다. 옐친과 올리가르히의 부패한 지배 구조 속에서 함부로 돈을 넣었다가는 한 줌 과두 지배자들의 지갑만 불려줄 것이 자명했다. 납세자의 돈을 그런 식으로 낭비할 수는 없었다.

이런 상황에서는 누구라도 러시아 국가를 회복하겠다고 나선다면 강력한 영웅으로 부상할 수 있었다. 러시아 총리 예브게니 프리마코프*가 미국으로 향하는 대서양 상공에서 나토군의 세르비아 공습 소식을 듣고 비행기를 즉시 모스크바로 돌리라고 했을 때 그럴 조짐은 이미 나타났다. '프리마코프 회항'은 러시아가 더는 서방에 끌려다니지 않겠다는 선언이었고, 러시아 국민들은 그 선언에 환호했다. 그는 서방의 독주를 끝내는 것이 러시아로서 가장 시급한 과제라고 생각했다. 하지만 약해질 대로 약해진 러시아가 압도적 힘을 보유한 서방을 향해 할 수 있는 일이란 그저 비행기를 돌리는 일밖에 없었다. 프리마코프는 유라시아의 대국들 간의 연계로 서방과의 균형을 맞출 수 있는 무게중심을 창출할 필요가 있다고 보았다. 모스크바-베이징-뉴델리라는 전략 삼각형, 소위 '프리마코프 삼각형'은 그렇게 탄생했다.

1999년도 끝나가고 있었다. 러시아인들에게 고통과 눈물의 세기이자 영광의 세기이기도 했던 20세기가 저물고 있었다. 인류사의 한 페이지였던 두 번째 천년기가 새로운 천년기로 넘어가고 있었다. 그런 전환의 시대, 늘 술에 취해 있는 옐친은 전혀 적절한 지도자로 보이지 않았다. 그의 뒷배가 되어주던 올리가르히들에게도, 그를 지켜보고 있던 러시아 국민들에게도 그러했다.

---

* 프리마코프는 본래 소련의 아랍 학자로서 중동에서 오랜 기간 활동했으며, 아시아 문제에 많은 관심을 두고 있었다. 오늘날의 세계를 만든 주요 아이디어를 창시한 인물이다.

4장

단호한 재건

◆

우리들과 당신들은, 단 한 순간도 나약해져 있을 권리가 없습니다. 1초도 말입니다. 우리가 나약해진다면, 이들의 죽음이 헛되었던 것으로 남게 되기 때문입니다. 따라서 저는 오늘은 이 잔을 내려놓을 것을 제안합니다. 우리는 반드시 이 잔을 다시 마실 것입니다. 반드시! 그러나 다음에, 당신들도 모두 아는 이 원칙적인 과업들이 해결된 다음에 마십시다.

_블라디미르 푸틴, 1999년 다게스탄의 농촌 마을 보틀리흐에서[13]

나는 민족의 생활 전체를 중독시키는, 정치라는 의회의 말장난을 원하지 않는다. 나는 정치를 원하지 않는다. 나는 객관성, 질서, 품위를 원한다. 이것이 블레셋인의 모습이라면 나는 블레셋인이 되고 싶다. 그것이 독일인의 모습이라면, 신의 이름으로, 나는 독일인이 되기를 원한다.

_토마스 만[14]

1999년, 옐친과 올리가르히들은 다음 해에 있을 대선을 둘러싸고 옛 고민을 다시 한번 마주하게 되었다. 이제 옐친이 또다시 나오는 것은 물리적으로도 불가능했고, 바닥에 떨어진 그의 인기를 고려했을 때 나오더라도 패배할 것이 자명했다. 그렇다면 어떻게 자신들의 이해관계를 보전받을 수 있는 안정적인 후계 구도를 창출할 것인가? 옐친의 이너서클 중에서 누군가를 불러오는 것 역시, 공산당 같은 야당이 누리는 인기를 감안했을 때 자살 행위나 다름없었다. 그리하여 옐친 정권에서 가장 강력한 영향력을 가졌던 올리가르히들(블라디미르 구신스키, 보리스 베레좁스키 등)은 자신들에게 우호적이면서도 러시아 국민들에게 호소할 수 있는 새로운 얼굴을 찾아야만 했다. 물색 과정에서 올리가르히들의 눈에 한 인물이 들어왔다. 상트페테르부르크 시장 아나톨리 솝차크의 측근이자 전직 KGB 요원, 블라디미르 푸틴이었다.

국가의 재건자

푸틴은 이미 베레좁스키의 후원을 통해 KGB(국가보안위원회)를 이어받은 러시아의 정보기관 FSB(연방보안국) 의장에 올라 있는 상태였다. 하지만 동독에서 요원으로 활동하다가 상트페테르부르크의 부시장 자리에 오른 무명의 보안국장을 아는 사람은 거의 없었다. 1999년에 발발한 제2차 체첸전쟁은 푸틴이라는 인물을 러시아인들에게 각인시켜준 최고의 이벤트였다. 총리로 깜짝 발탁된 그는 제2차 체첸전쟁의 진압을 지휘하면서 전국적인 유명인사가 되었다. 이 과정이 얼마나 극적이었던지 전쟁의 명분이 되었던 모스크바 아파트 테러 같은 사건이 사실 FSB와 올리가르히의 자작극이었다는 음모론이 지금까지 제기될 정도다.

어쨌든 당시 40대의 젊은 지도자였던 푸틴은, 제1차 체첸전쟁 당시 러시아군이 겪었던 굴욕을 배로 갚아주면서 러시아인들에게 강한 인상을 남겼다. 소련 시절까지만 해도 평화로웠던 체첸의 그로즈니시(市)는 러시아군의 맹포격으로 평탄화되었다. 푸틴은 민간인 피해에도 아랑곳하지 않고 무자비한 진압 작전을 펼쳤다. 그 과정에서 체첸인과 러시아인들이 겪은 고통과는 별개로, 푸틴은 제국이 약해질 대로 약해져 무너질지도 모른다는 러시아인들의 공포를 해소한 지도자가 될 수 있었다. 늙고 술에 절어 있는 옐친과 젊고 강인해 보이는 푸틴의 대비 효과는 압도적이었고, 유권자들에게도 실질적으로 정권 교체를 해내는 것 같은 인상을 주었다. 그렇게 푸틴은 선거를 통해 손쉽게 러시아 연방 대통령에 취임할 수 있었다. 옐친과 올리가르히들은 자신들의 권력을 푸틴을 통해 보장받을 수 있을 것이라고 믿어 의심치 않았다.

하지만 올리가르히들은 푸틴이라는 인물을 절반도 이해하지 못한 상태였다. 푸틴은 옐친처럼 올리가르히의 꼭두각시 노릇을 하면서 만족할 그런 인물이 아니었다. 그는 집권하자마자 대통령의 강력한 권력을 통해 크렘린에 대한 올리가르히들의 영향력을 제거하기 시작했다. 2001년에 올리가르히 중에서 가장 유력자라고 할 수 있는 베레좁스키와 구신스키가 모두 소환되어 조사를 받았다. 올리가르히들의 전횡에 염증을 느끼고 있던 일반 러시아인들은 '부패 재벌'을 철저히 찍어누르는 푸틴의 정치에 열광했다. 물론 이것이 올리가르히 지배 체제를 바꾼 것은 아니었다. 푸틴은 자신에게 충실히 협조하는 올리가르히와 그렇지 않은 올리가르히를 철저히 구분했다. 만약 올리가르히들이 정치적 영향력을 반납하고 크렘린의 지휘를 따른다면 그들의 부와 영향력을 어느 정도는 보전할 수 있을 것이었다. 하지만 만약 그들이 민영화한 국가 자산을 통해 푸틴으로부터 자율성을 획득하려고 한다면 그것은 결코 용서받을 수 없었다.

베레좁스키와 구신스키를 시작으로 푸틴의 지휘를 받지 않으려는 올리가르히들에 대한 일종의 '사냥'이 이루어졌다. 사냥 뒤에 남은 전리품은 협조적인 올리가르히들과 푸틴의 측근 그룹들에게 분배되었다. 이들은 소련 시절 KGB, 검찰, 군대 등의 권력 기관을 통해 경력을 쌓은 엘리트들이었다(훗날 사람들은 이들을 실로비키siloviki라고 부르게 된다). 정부의 막강한 힘을 통해 과거 올리가르히들이 취득한 자산은 다시 국영화되거나 혹은 국가의 감시 아래에 놓이게 되었다.

이와 동시에 푸틴은 소련 해체 이후 러시아 연방에서 계속되고 있는 분권화 과정에 제동을 걸었다. 지방 권력의 자율성을 각종 제도적 조치와 감사, 억압을 통해 체계적으로 중앙으로 회수했다. 지역 지도자들은 이제 모스크바에 있는 푸틴과의 관계를 통해서만 권력을 확약받을 수 있었다. 푸틴은 서구식 법치주의를 도입하지는 않았지만, 적어도 1990년대의 준_準무정부 상태를 '법에 의한 통치' 시스템(자의적일지라도 어쨌든 최소한의 법적 통치는 작동하는 시스템)으로 바꾸는 데 성공했다. 러시아인들은 푸틴 집권 1기 4년 만에 자신들의 삶이 개선되는 것을 실질적으로 체감했다.

물론 푸틴이 이런 성과를 거둘 수 있었던 가장 큰 원인은 국제 경제 속에서 러시아가 차지하는 위상이 높아졌기 때문이다. 아시아 금융위기나 닷컴버블로 종종 유가가 곤두박질치기는 했지만, 2000년 이후 에너지 가격은 다시 꾸준히 상승했다. 이는 중국의 놀라운 경제 성장과 그에 수반되는 전세계적 경제 호황이 에너지 수요를 계속해서 견인해준 덕분이었다. 1985년 미국의 요구로 시작된 사우디아라비아의 증산과 그로 인한 저유가 국면으로 경제 침체를 겪어야 했던 러시아가 이제야 고유가의 빛을 보는 순간이었다. 러시아는 석유, 천연가스, 광물 등의 원자재를 판매하면서 경상수지를 정상화할 수 있었다.

푸틴은 이를 올리가르히에게 분배하면서도 다양한 국가 재건 프로젝트에 투입하는 것도 놓치지 않았다. 이것이 옐친 시대와의 본질적인 차이였다. 그전까지 과두 엘리트들은 자신들의 이익을 위해 국가적인 투자를 도외시했다. 그러나 이제 올리가르히들은 자신들을 제압하고 국가를 장악한 1인 지도자 푸틴을 신경 쓰지 않을 수 없었다. 푸틴의 지지를 확보하려면 국가 전체의 발전을 항상 염두에 두어야 했다. 빈곤, 실업, 부실 인프라 등 1990년대 러시아를 상징했던 모든 지표가 완전하지는 않더라도 빠르게 개선되었다. 통치 시스템의 재건, 고유가를 통해 들어온 수입의 적절한 분배 및 투자가 러시아의 회복을 이끌었다. 이는 러시아인들이 푸틴에게 압도적인 지지를 보내는 근거가 되었다.

서방 지도자들도 푸틴을 선호했다. 물론 그가 강한 러시아의 회복을 이야기하며 독자적인 목소리를 낼 의지를 표명했기에, 옐친만큼 '쉬운' 상대는 아닐 것이 분명했다. 하지만 정치경제가 안정화되면 러시아는 서유럽 국가들이 필요로 하는 값싼 에너지의 안정적 공급처로 새로운 역할을 맡을 수 있었다. 또한 러시아의 구매력이 증대되면 서방 국가들의 각종 소비재와 첨단 기기, 제조업 부품 및 장치들을 흡수하는 시장이 될 수도 있었다.

무엇보다 러시아는 세계 경찰 미국이 가장 눈엣가시로 생각하는 상대와 함께 맞서주는 협조자였다. 2001년에 발생한 9·11

테러는 부시 행정부로 하여금 이슬람주의 무장단체와의 투쟁, 즉 '테러와의 전쟁'에 들어서게 만들었다. 부시는 2001년 아프가니스탄, 2003년 이라크를 침공했고, 나아가 시리아와 이란 등 미국에 비협조적인 중동 국가들을 압박할 구상도 갖고 있었다. 푸틴은 미국이 중앙아시아 국가들의 공군 기지를 사용하는 것을 묵인했다. 우즈베키스탄의 카르시-카나바드 공군 기지와 키르기스스탄의 마나스 공군 기지는 유라시아에서 가장 진입하기 어려운 땅인 아프가니스탄의 산악 지대에서 작전하는 미군에게 유용한 보급창이 되어주었다.

　푸틴의 이 같은 협조는 테러와의 전쟁이 러시아 자국의 안정화를 위해서도 좋은 명분이 되었기 때문에 가능했다. 2002년 모스크바 극장 인질극처럼 여전히 발생하고 있던 체첸인과 무슬림들의 테러는 푸틴이 강력한 국가 권력을 행사하는 것을 정당화해 주었다. 푸틴은 서구와 국내의 인권단체 등이 그에게 강경 진압에 대해 비판을 제기하면, 테러와의 전쟁에 참여하고 있을 뿐이라며 무마할 수 있었다. 2004년 초등학교를 점거하고 인질극을 벌여 수많은 무고한 사상자를 낸 베슬란 테러는 그 절정에 있는 사건이었다.

　요컨대, 역사를 돌이켜볼 때 푸틴이 처음부터 서구 세계와 대적하겠다는 강력한 의지를 지닌 채 집권했다는 증거는 찾기 어렵다. 당시 푸틴이 원한 것은 러시아의 재건과 그를 통한 자신의 권력 확보였다. 러시아를 재건하기 위해서는 먼저 대항하는 올리가르히들을 제압해야 했고, 지방 유력자들의 자치를 회수해야 했으며, 체첸 등의 분리주의자들을 철저히 억눌러야 했다. 그 과정에서 필요한 재원은 서방의 원자재 수입국들이 제공할 것이었다. 역으로, 서방의 자본과 기술을 도입하여 세계 네트워크 속에서 러시아를 정상국가로 만들 필요도 있었다. 푸틴은 이를 위해 미국, 나토와 안정적 외교관계를 구축하여 국제적인 승인과 지지를 받아야만 했다. 적어도 겉으로 드러난 것으로만 판단하자면, 푸틴의 목표는 서방 지도자들도 납득할 수 있을 정도로 온건했다. 그리고 그 목표는 서구인들의 세계관으로도 직관적으로 이해할 수 있는 것이었다.

근외 제국을 둘러싼 갈등

푸틴과 서방에 있어서 진짜 문제는 러시아 바깥에서, 정확히는 러시아인들이 근외(near abroad, Ближнее зарубежье)라고 부르게 된 구소련 공화국들에서 발생했다. 서구식 정치경제 체제를 신속히 수용하고 유럽연합에 합류한 발트 3국을 제외하면, 탈소비에트 국가들은 대부분 두 경로 중 하나를 걸어야만 했다. 첫 번째는 구 공산당의 권력 구조를 그대로 승계한 독재자들의 체제였다. 많은 중앙아시아 국가들과 아제르바이잔, 벨라루스가 여전히 걷고 있는 길이기도 하다. 이 국가들에서는 정치적 억압, 심각한 부패, 불평등의 심화 같은 각종 부정적 현상들이 벌어졌지만, 그래도 국가 체제가 사라지는 것은 피할 수 있었다. 두 번째 길은 안정적 통치 구조를 확고히 하지 못한 불완전한 민주주의 체제였다. 이 경우 상당한 표현 및 집회·결사의 자유, 자유선거 등이 보장되었다. 하지만 그 반대급부로 지나치게 취약한 국가 권력은 실질적인 문제를 해결해주는 견고한 통치 구조를 창출하지 못했다. 우크라이나의 경우가 가장 대표적이었는데, 이 나라에서는 새천년에 들어선 이후에도 올리가르히들이 정치를 쥐고 흔들며 국가의 권한은 없다시피 한 옐친식의 정치가 계속되었다. 어느 쪽도 그들이 소련에서 탈출할 때 꿈꾸었던 체제, 부유하고 자유로우며 안정적인 체제는 아니었다.

따라서 이들 국가들에서 광범위한 시민 저항 운동이 발생하여 정치 구조 자체를 개혁하고자 했던 것은 전혀 이상한 일이 아니었다. 푸틴 집권 2기가 시작될 무렵, 탈소비에트 국가들에서 동시다발적인 정치 개혁 요구와 봉기가 빗발쳤다. 한 국가의 성공은 다른 국가의 운동을 자극해 연쇄적인 성공을 끌어냈다. 조지아, 우크라이나, 키르기스스탄 3국에서 일어난 '색깔혁명'이 그것이었다. 각각 장미혁명, 오렌지혁명, 튤립혁명으로 불리게 된 이 국가들의 시민 저항과 정권 교체는 소련 해체 이후 벌어진 오랜 방황을 그대로 반영하고 있었다. 시민들은 혼란스럽거나 억압적인 정치, 소련 시절에는 찾아볼 수 없었던 빈곤과 불평등에 질릴 대로 질린 상태였다. 많은 경우 색깔혁명의 시위대들은 자신들의 국가도 폴란드나 체코, 발트 3국 같은 동유럽 국가들과 마찬가지로 서방식의 정치, 경제 체제를 수용하고 서방의 일원으로서 합류하길 원했다. 과거 스페인의 사상가 호세 오르테가 이 가세트는 "스페인은 문제이며 유럽은 답이다"[15]라는 말을 남겼는데, 아마 색깔혁명에 나선 시민들에게 그 말을 "소비에트는 문제이며 유럽은 답이다"라고 바꿔 들려주었다면 누구나 수긍했을 것이다.

푸틴 입장에서 서방의 행동 중 가장 용납할 수 없는 것이 바로 색깔혁명이었다. 에너지 및 상품 교역, 테러와의 전쟁 협조 등을 통해 서방과 좋은 관계를 구축하고자 했던 푸틴은 서방이 러시아의 명백한 세력권인 탈소비에트 국가에 색깔혁명을 부추기면서 개입한다고 분노했다. 물론 해당 국가의 시민들과 서방 입장에서는 푸틴이 화를 내는 것을 이해할 수 없었다. 이 나라들은 이제 러시아와는 연관이 사라진, 국경으로 분리된 주권 국가였다. 주권 국가의 정치와 외교의 향방을 그 나라의 시민들이 행동을 통해 결정하겠다는데, 이는 러시아가 상관할 일이 아니었다. 또한 서구 국가들과 NGO가 색깔혁명을 지원하고 시위대에게 정치 교육, 인권 교육을 진행하는 한편, 친서방 신정부와 우호관계를 천명하는 것 역시 문제될 것 없는 외교 활동이었다. 서구의 자유주의가 '역사의 종언' 이후 보편화되어야 마땅할 규범으로 자리 잡은 1991년 이후의 세계에서는 더더욱 그랬다.

하지만 서구의 이런 활동들을 러시아는, 정확히는 푸틴과 그의 측근 그룹들은 전혀 다른 방식으로 받아들였다. 그들은 색깔혁명이 서구 정부와 국제 NGO들의 음모로 정당한 정권을 찬탈하는 것이라고 생각했다. 색깔혁명은 해당 국가 국민의 의지가 아니라, 탈소비에트 국가를 하나씩 접수하여 서구화하고 서방의 이해관계에 복무하게끔 개조하는 세력, 특히 미국의 의지였다. 무엇보다 푸틴은 색깔혁명을 해당 국가들의 온전한 주권 행사라며 옹호하는 서방 국가들의 언설을 위선의 극치라고 보았다. 그들은 이미 미국이 러시아를 온전한 주권 국가처럼 대우하지 않았는데 무슨 평등한 주권을 운운하느냐며 분노했다. 크렘린이 보기에 세계는 여전히 불균등한 권력을 지닌 다양한 국가로 구성되어 있었다. 동등한 주권 국가 간의 평등한 국제관계 질서라는 것은 미국이 자신의 압도적 패권을 감추기 위해 연출한 허상이었다. 크렘린의 세계는 '미국'과, 그에 맞서 자기 목소리를 낼 수 있는 '지역강국'들, 그리고 그러한 나라들의 영향력 아래에서 살아갈 수밖에 없는 '소국'들로 구성되어 있는 세계였다. 그러므로 소국이 가까운 강국을 벗어나 멀리 있는 미국 편에 서겠다고 움직인다면 그것은 미국의 힘이 작용한 결과였다.

색깔혁명은 푸틴에게 세 가지 위협을 제공했다. 첫째는 해당 국가들이 지정학적으로 미국과 서방 세계의 자장에 포섭될 수 있다는 공포였다. 우크라이나, 조지아, 키르기스스탄과 같은 국가들에 미국의 공군 기지가 들어서고, 심장지대의 가장 깊숙한 요새인 우랄과 시베리아가 타격권에 들어오게 되는 것은 불길한 일이 아닐 수 없었다. 물론 많은 이가 "러시아가 전쟁을 생각하지 않는다면 미 공군을 두려워할 이유가 대체 무엇인가?"라고 반문했다. 그러나 러시아의 전통과 현대사, 바로 직전에 겪은 제국 해체의 대혼란을 감안하면 안타깝게도 러시아인들에게 전쟁을 생각하지 말라고 하는 게 더 이상한 주문이었다. 우크라이나는 그중에서도 특히 문제였는데, 만약 우크라이나 전체가 서방 세력권에 들어가게 된다면 장애물 없이 평탄한 남부 러시아는 물론, 러시아의 심장인 모스크바가 그대로 노출되는 결과를 초래할 것이었다. 이미 발트 3국이 나토에 가입하면서 상트페테르부르크가 서방의 군사력을 마주하게 된 상황이었다.

두 번째 위협은 탈소비에트 국가에 위치한 역외 러시아인 혹은 친러시아계 소수민족들의 문제를 통해 제기되었다. 러시아를 새로운 제국 질서로 바꾸고자 노력할 수밖에 없었던 푸틴과 달리, 탈소비에트 국가의 지도자들은 자기 스스로를 그간 억압받았던 민족 정체성의 화신으로 포장하면서 정치적 정당성을 찾았다. 러시아인들의 압제로 부당하게 탄압받아온 민족 전통이 1991년 독립과 함께 부활했다는 새로운 민족 신화가 각국의 공식 서사로 채택되었다. 이런 서사가 점차 힘을 얻어가면서, 탈소비에트 국가에서 중요한 역할을 해왔던 러시아인 인구가 각종 불이익을 받고 공적 영역에서 배제되는 현상이 빠르게 늘어갔다. 또한 러시아인과 함께하며 제국 질서에서 공존했던 더욱 작은 규모의 소수민족들도 마찬가지로 억압을 받았다. 카자흐스탄이나 우즈베키스탄, 아제르바이잔처럼 색깔혁명을 전혀 겪지 않은 국가들에서도 이러한 민족 정체성의 강화와 소수민족의 배제는 거스를 수 없는 추세였다. 우크라이나 서쪽의 헝가리인들, 중앙아시아의 고려인들, 캅카스 국가들의 각종 소수민족들, 그리고 근외에 남겨진 2,500만 명의 러시아인들이 14개 민족 공화국의 새로운 소수자로서 변화된 현실에 힘겹게 적응해야만 했다. 그리고 이들 역외 러시아인과 친러시아계 소수민족들은 여론을 형성해 러시아 내부에 자신들의 불만을 유통시킬 수 있었고, 최종적으로 러시아의 대외정책에까지 영향력을 끼칠 수 있었다.

세 번째 위협은 색깔혁명으로 탈소비에트 국가들이 하나씩 하나씩 서방 쪽으로 넘어가다가 보면, 최종적으로 러시아까지 전복될 수도 있다는 위기의식이었다. 소비에트 연방의 해체 역시 동유럽 제국諸國의 붕괴를 고르바초프가 방기한 끝에 벌어진 일이었다. 지금은 색깔혁명이 친서방적 성격이 강하거나 정치적으로 불안한 국가들(우크라이나, 조지아, 키르기스스탄)에서 일어났지만, 그다음에는 훨씬 견고해 보이는 국가들(아제르바이잔, 카자흐스탄)로 번지지 말라는 법도 없었다. 그러다가 최종적으로 러시아까지 '서방이 후원하는' NGO들과 '서방 비밀요원들'의 영향력으로 색깔혁명을 마주하게 된다면 푸틴 정권도 얼마든지 붕괴될 수 있으리라. 탈소비에트 국가 중에서 가장 규모가 크고, 러시아와 문화 및 언어를 공유하는 우크라이나가 색깔혁명으로 뒤집힌 사건은 크렘린 수뇌부에게 분노와 공포를 동시에 가져다주었다.

푸틴과 그의 측근들이 정권의 전복을 두려워한 까닭은 단지 자신들의 권력과 이해관계 때문만은 아니었다. 물론 권력과 이해관계를 지키고 재분배하는 것은 정치의 본질적인 작동 원리 중의 하나다. 하지만 푸틴과 그의 측근 그룹은 권력 문제를 뛰어넘는 일종의 사명감도 가지고 있었다. 그럴 수밖에 없었음을 잘 이해할 필요가 있다. 그들은 자신들의 집권이 곧 러시아의 번영 및 안정과 동의어라고 생각했다. 고르바초프와 옐친이 추구했던 무리한 서구화 시도는 러시아의 해체와 끝없는 혼란만을 안겨주었을 뿐이었다. 푸틴이 보기에 러시아가 다시 소생하기 위해서는, 다시 강력하고 부유해지기 위해서는, 막강한 중앙 집권형 권력이 필요했다. 서방이 요구하는 자유민주주의는 러시아를 다시 분권화시켜 최종적으로 해체하려는 음모나 다름없었다. 자원을 능수능란하게 동원해 광범위한 국토에 재분배하려면 선거에 일희일비하지 않을 수 있는 중앙의 철권이 필요했다. 푸틴은 자신이 그런 철권을 가질 경우 서방의 이익이 손상되기 때문에 그토록 서방이기를 쓰고 자신을 막으려 한다고 봤다.

푸틴 집권 2기에 본격적으로 러시아는 서방과 다른 길을 걷기 시작했다. 아직 그것은 서방의 길과 반대되는 길은 아니었다. 푸틴은 강력한 중앙 집권적 권력을 복원하고 그것이 서방으로부터 승인만 받는다면, 러시아도 대유럽 경제권에 합류하여 큰 이득을 볼 수 있을 것이라고 확신했다. 사실 서방 국가들도 러시아가 그런 방향으로 통치 질서를 개편하는 것 정도는 (어쩌면) 묵인할 수 있었다. 문제는 서방과 러시아의 사이에 있는 국가들에서 발생했다. 이들 국가의 거취에 대한 서방과 러시아의 생각은 도저히 합의점을 찾을 수 없는 수준으로 달랐다. 그렇게 색깔혁명 국가들을 둘러싼 갈등이 누적되면서, 노골적인 반反서방주의와 다름없는 '푸티니즘'이 등장하게 된다.

5장

'강한 러시아'

◆

러시아에서 지도자는 절대 자발적으로 권력과 결별하지 않는다.
_보리스 옐친[16]

어떤 종류의 신사고 말인가? 우리는 언제나 바른 생각을 했다. 미국이나 생각을 바꾸라고 해라!
_보리스 포노마료프[17]

푸틴이 서구 지도자들이 원하는 방식으로만 러시아를 통치하지 않을 것임은 이미 집권 1기부터 윤곽을 드러내고 있었다. 집권하자마자 발생한 모스크바의 오스탄키노 TV 타워 화재는 새 정부가 올리가르히에 의해 장악된 언론을 제압하기 위해 벌인 사건이라는 소문이 파다했다. 푸틴이 원하는 것은 올리가르히의 언론을 시민들의 자유 언론으로 바꾸는 것이 아니라, 러시아 국가(푸틴의 정권)를 위한 언론으로 고치는 것이었다. 그 뒤 이어진 올리가르히 '사냥' 과정에서도 푸틴이 서방을 의식하고 있다는 신호가 종종 나타났다. 2003년에 전격적으로 이루어진 석유 올리가르히 미하일 호도르콥스키 체포가 대표적이었다.

주권 민주주의의 길

호도르콥스키가 소유한 기업 유코스는 러시아 최대의 석유 기업이었다. 그는 유가가 오르면서 러시아의 숱한 올리가르히 중에서 가장 정권에 위협적인 거물로 성장했다. 호도르콥스키는 여느 올리가르히와 마찬가지로 푸틴의 독재에 맞서고 러시아가 새로이 얻은 자유를 지킨다는 명분으로 정권에 저항했다. 하지만 그 또한 구신스키와 베레좁스키처럼 수세에 몰릴 수밖에 없음은 자명했다. 그가 스스로를 지키기 위해 선택한 것은 미국의 힘을 끌어들이는 것이었다. 호도르콥스키는 자신의 석유 기업 유코스를 미국 석유 메이저인 엑슨모빌과 합병할 것이라고 선언했다. 만약 유코스의 지배구조에 엑슨모빌이 깊숙하게 개입하게 된다면, 미국 에너지 자본과 그 뒤의 미국 정부를 방패로 삼을 수 있을 거란 계산이었다. 푸틴 입장에서 호도르콥스키의 이런 행동은 러시아의 전략 자산인 석유를 미국에 넘겨버리는 매판 행위나 다름없었다. 엑슨모빌의 유코스 주식 매입 협상이 진행되고 있던 2003년의 어느 날, FSB 요원들은 호도르콥스키가 노보시비르스크 공항에 착륙하자마자 그를 체포하여 재판에 회부했다. 그 후 호도르콥스키는 수감되어 다른 올리가르히들을 위한 본보기가 되어주었다.

집권 2기부터 푸틴은 서방의 인권 단체나 서방 정부의 비판에 아랑곳하지 않고 '강한 러시아'라는 구호 아래 더욱 적극적인 행동에 나섰다. 2006년에 일어난 언론인 안나 폴리트콥스카야의 암살은 혼란하지만 자유로웠던 러시아가 끝나고 있음을 알리는 상징적인 사건이었다. 정권에 비판적인 신문인 〈노바야 가제타 Novaya Gazeta〉 소속의 기자였던 폴리트콥스카야는 체첸전쟁의 현장을 취재하면서 새로운 정권의 잔인함과 부도덕함을 널리 알리고자 노력했다. 전장 속에 들어간 그는 러시아군과 러시아에 협조하는 체첸군이 반군 진압을 위하여 민간인 피해에 개의치 않는 모습을 보고 큰 충격을 받았다. 난민 캠프와 병원을 오가며 폴리트콥스카야는 푸틴의 새로운 협력자인 체첸의 카디로프 부자父子가 자행하는 전횡, 러시아군 병사들에 대한 열악한 처우와 인권유린, 그로 인한 증오의 연쇄 작용, 민간인을 상대로 한 화학무기나 화염방사기의 사용 등을 꾸준히 고발했다. 그의 기사는 러시아의 비판적 지식인과 시민들, 그리고 푸틴의 러시아를 감시하는 서구 관찰자들에게도 깊은 영향력을 행사했다.

폴리트콥스카야의 존재는 체첸의 지도자들과 모스크바의 크렘린을 모두 분개하게 만들었다. 체첸의 러시아군을 향해 빗발치는 비난은 체첸에서 새로이 권력을 공고히 하려는 현지 지도자들에게는 눈엣가시와도 같은 것이었다. 모스크바는 테러와의 전쟁을 통해 러시아의 통합성을 위협하는 분리주의자들을 억압하고, 러시아를 서구의 투자가 원활히 이루어질 수 있는 정상국가처럼 보이게 하고자 했다. 하지만 폴리트콥스카야의 고발은 '러시아의 폭력적이고 야만적 본성은 어디로 가지 않았으며 서방은 러시아를 결코 믿을 수 없다'는 고정관념을 강화할 것이 틀림없었다. 체첸인들과 러시아의 국가 기관이 폴리트콥스카야를 제거하고자 수차례 시도한 것은 당연한 일이었다. 체첸의 군 당국은 폴리트콥스카야를 체포하기도 하고, 살해 위협을 가하는가 하면, 독극물에 중독시켜 활동을 중단시키기도 했다. 하지만 그는 굴하지 않고 책을 발표하고 칼럼을 기고했다.

결국 최종적인 해결책은 암살밖에 없었다. 2006년 10월 7일, 폴리트콥스카야는 자신의 아파트에서 괴한들의 총격으로 살해당한 채 발견되었다. 그의 죽음은 푸틴의 러시아를 향한 비난을 촉발시켰지만, 크렘린은 전혀 신경 쓰지 않는 것 같았다. 같은 해 11월, 영국에 망명해 있던 전직 FSB 요원 알렉산드르 리트비넨코가 독살된 채 발견되었다. 그의 몸에서는 희귀 물질인 폴로늄이 검출되었는데, '방사능 홍차'로 유명한 바로 그 사건이었다.* 리트비넨코는 푸틴이 정치적인 지지를 얻기 위해 체첸전쟁을 사실상 자작극으로 일으켰다는 고발로 유명해진 상태였다. 폴리트콥스카야와 리트비넨코의 암살은 푸틴이 러시아의 통합성과 자신의 지배력을 약화하려고 하는 이들을 언제 어디에서라도 제거할 수 있음을 경고한 사건이었다.

언론 장악, 시민사회에 대한 통제를 넘어서 암살마저 서슴지 않는 러시아 정부의 활동은 '주권'이라는 명분하에 정당화되었다. 이는 푸틴 정권의 이데올로그라고 할 수 있는 체첸 출신의 블라디슬라프 수르코프에 의해 만들어진 논리였다. 2006년 2월에 그는 러시아의 민주주의는 서구식 민주주의가 아닌 러시아의 현실과 필요에 맞는 민주주의, 즉 '주권 민주주의Sovereign democracy'

---

*   리트비넨코가 FSB 옛 동료들과 만난 런던 밀레니엄 호텔에서 마신 녹차를 확인하니 폴로늄이 검출되었다. 폴로늄은 원자로에서 인공적으로 만들 수 있는 방사성 물질이다. 이 사건 이후 네티즌 사이에서 '방사능 홍차'로 밈화되었다.

라고 선언했다. 수르코프에 따르면 올리가르히와 그 배후에 있는 서구 정권의 이익에 따라 움직이는 민주주의는 러시아 인민의 진짜 뜻을 대표할 수 없었다. 1990년대의 재난을 겪은 러시아인을 위해 정말 필요한 민주주의란, 강력한 중앙 권력과 단일 지도자가 사회를 적절히 관리하고 국민들의 안정적 생활을 보장해주는 그런 민주주의였다.

주권 민주주의는 푸틴 정권이 2기에 들어 추진하던 중앙 집권화와 사회 장악을 정당화하는 근거가 되어주었다. 정부는 2004년에 선거제를 개편하고 지역구 선거를 전국 단위의 정당 비례대표 선거로 바꾸었다. 정당의 의회 진출을 위한 최저선인 5% 득표 기준은 7%로 상향되었고, 7%를 채우지 못한 정당의 득표는 의회에 진출한 정당에 배분되었다. 이는 여당인 통합러시아당의 지배력을 강화하고, 정부에 비판적인 새로운 야당의 등장을 차단하려는 목적에서 이루어진 조치였다. 1990년대 옐친의 강력한 경쟁자들이었던 공산당과 자유민주당은 푸틴 체제에서 이미 러시아 민족주의와 강한 국가라는 이상을 공유하는 협조적 정당으로 변한 상태였다. 통합러시아당과 그 우당友黨들이 이제 의회를 사실상 완전히 장악하게 되었다. 2005년에는 지방 정부 수장을 주민이 선출하던 기존 제도를 중앙정부에 의한 임명제로 바꾸었고, 친정부 성향의 청년 단체인 나시(Nashi, '우리의'라는 뜻)가 창설되었다.

주권 민주주의는 명실상부 색깔혁명, 그중에서도 2004년에 일어난 우크라이나의 오렌지혁명에 대한 반응으로서 등장한 개념이었다. 당시 우크라이나는 러시아와 서방 사이에서 행보를 못 정하고 있는 나라였고, 이는 동서로 나뉜 이 나라의 지리적 분열과 정체성 갈등을 반영하고 있었다. 2004년의 선거에서는 친러시아 성향의 빅토르 야누코비치와 친서방 성향의 빅토르 유셴코의 대결이 이루어질 예정이었다. 그런데 유셴코가 수상쩍은 다이옥신 테러를 당하는 일이 벌어졌고, 이는 친서방 성향이 강한 서부 지역을 중심으로 격심한 분노를 불러일으켰다. 그 이후 치러진 선거에서 친러시아적인 야누코비치와 동부 세력이 승리를 거두었지만, 곧이어 부정선거 논란이 거세게 일었다. 결국 정부는 시위대의 압력을 못 이기고 재선거를 치렀다. 여기서 유셴코가 승리를 거두면서 우크라이나에 친서방 정권이 들어서게 된 것이 바로 오렌지혁명이다.

유셴코 정부가 러시아의 개입을 차단하고 서구화를 추진하려 하자 러시아 지도부는 우크라이나의 이탈을 좌시할 수 없다는 판단을 내렸다. 우크라이나는 러시아의 가장 가까운 형제민족 국가가 아니던가. 2006년 새해, 추운 겨울의 한복판에서 러시아는 우크라이나로 향하는 천연가스의 밸브를 잠그면서 마침내 행동에 나섰다. 물론 이는 순전한 정치적 동기만으로 이루어진 사건은 아니었고, 러시아의 에너지 정책 구상과도 연관된 사건이었다. 러시아는 그전까지 구소련 가맹국에게 특별히 저렴한 가격으로 가스를 공급하고 있었고, 또 우크라이나가 자국을 지나가는 가스관에서 가스를 얼마간 빼돌리는 것도 묵인해주고 있었다. 하지만 이라크 전쟁, 허리케인 카트리나, 베네수엘라 차베스 정권의 등장 같은 사건이 연이어 일어나면서 유가가 고공행진을 했고, 푸틴은 이런 고유가가 만들어준 현실에 맞게 세계 에너지 시장에서 러시아의 장악력을 더 확고히 할 필요성을 느꼈다. 러시아는 구소련

가맹국 전반에 가스 가격을 인상해서 받겠다고 공언했다. 가스를 빼돌리는 것 또한 좌시하지 않겠다고 경고했다. 오렌지혁명 이후 러시아에서 이탈하려는 조짐을 보이던 우크라이나에는 기존 가스 가격의 네 배를 내라고 요구했다. 유셴코 정부가 러시아 국영 기업 가스프롬의 요구를 거절하자, 우크라이나를 거쳐 서유럽으로 향하는 가스가 뚝 끊겼다. 러시아 서쪽의 국가들은 엄동설한을 보내며 가스가 얼마든지 전략적인 목적으로 활용될 수 있음을 절감했다. 값싼 에너지를 마음껏 사용하고 싶으면 러시아의 '주권'을 존중하는 태도를 보이라. 그것이 러시아의 요구였다.

2008년의 불길: 남오세티야 전쟁

조지아는 푸틴이 우크라이나 다음으로 '교훈을 주고자' 결심한 나라였다. 소련 외무장관 출신이었던 에두아르드 셰바르드나제가 통치하던 조지아 정부는 2003년에 미하일 사카슈빌리가 이끄는 반정부 시위대에 의하여 전복되었다. 소비에트권에서 발생한 최초의 색깔혁명인 장미혁명이었다. 이후 사카슈빌리는 조지아가 나토와 유럽연합에 가입하여 서방 국가들의 세계에 합류해야 한다는 전망을 통해서 큰 인기를 끌었다. 그러나 크렘린에게 이는 러시아의 남방 변경을 위협하는 새로운 요소가 등장했다는 의미로 해석될 수밖에 없었다.

    2006년 1월 러시아에서 조지아로 향하는 가스 파이프라인에 폭발이 일어나면서 가스 공급이 중단되는 사태가 발생했다. 게

다가 인근 전력선까지 마비되어 조지아는 순식간에 난방과 전기가 없이 어둠 속에 놓이게 되었다. 러시아 정부는 단순한 사고라고 이야기했지만, 대부분은 당연하게도 조지아가 여전히 러시아의 에너지에 의존하고 있다는 현실을 톡톡히 가르쳐주고자 한 푸틴의 의도라고 받아들였다. 같은 해 3월에 러시아는 조지아와 몰도바 와인에 대한 금수 조치를 단행했는데, 양국의 양조장이 제대로 된 품질과 위생 기준을 만족시키지 못한다는 이유였다. 조지아와 몰도바는 과거 소련 전역에서 큰 인기를 누리는 와인 생산지였고, 러시아로의 와인 수출은 독립 이후 큰 외화 수입원이 된 상황이었다. 몰도바 또한 자국 내의 러시아인 거주 지역인 트란스니스트리아 문제로 러시아와 마찰을 빚고 있던 터였다. 한편 조지아는 푸틴의 처벌을 한 번 더 받았다. 그해 5월에 러시아인들에게 약수藥水로 사랑받는 조지아의 보르조미 생수도 금수 조치의 대상이 된 것이었다. 순식간에 주요 외화 공급지인 수출 시장을 상실하자 사카슈빌리는 푸틴에게 굴복할 수밖에 없었다. 하지만 이런 조치들은 탈소비에트 국가들의 주권을 러시아가 시장과 에너지를 무기로 좌우지하려는 신호로 받아들여져 경계심과 반감을 높이는 효과를 초래했다.

　조지아의 고난은 끝이 아니었다. 2008년에 러시아군이 전격적으로 남하해 조지아를 공격했고, 당연하게도 조지아는 순식간에 제압되었다. 조지아가 기대했던 미국과 나토의 지원은 결코 오지 않았다. 물론 이 사건은 단순한 침공이 아니라, 소비에트 제국이 해체되면서 발생한 혼란과 모순의 누적에 따른 결과물이었다. 터키, 이란, 러시아의 경계에 있는 조지아는 러시아와 마찬가

지로 여러 소수민족들이 공존하고 있는 나라였다. 남쪽 터키와의 경계 지역에는 아자르인들의 땅인 아자리야가 있었고, 러시아와 접경하고 있는 북쪽에는 압하스인들이 거주하는 압하지야와 오세트인들이 거주하는 남오세티야가 있었다. 러시아인들의 강력한 지배력이 작동하던 소련 시절에 이런 소수민족들의 존재는 거의 문제가 되지 않았다. 소수민족들은 소련 체제를 통해서 자치권을 보장받을 수 있었고, 러시아어를 배워서 연방 체제에 참여하면서 입지를 확보할 수 있었다.

    문제는 신생 국민국가로 독립한 조지아와 조지아인들의 비전이 이들 소수민족의 비전과 전혀 달랐다는 데 있었다. 갑작스럽게 조지아 정체성을 받아들이라는 요구를 받은 소수민족들은 반감을 느낄 수밖에 없었다. 압하스인이나 오세트인들에게는 더 익숙한 데다 더 넓은 세계와 접속할 수 있게 해주는 러시아 정체성이 훨씬 편하고 유용하게 느껴졌다. 친러시아적 태도를 고수한 채 광범위한 자치권을 요구하는 분리주의적인 소수민족 지역을, 안 그래도 러시아의 영향력에서 이탈하고자 하는 국민국가 조지아가 방기할 수는 없는 노릇이었다.

그나마 1990년대에는 러시아군이 개입하여 갈등을 간신히 중재하고 억누를 수 있었다. 하지만 2000년대 들어 사카슈빌리의 정책이 갈등에 다시 불을 붙였다. 급기야 소수민족 지역은 자신들이 러시아의 영향권에 남을 수 없다면 차라리 조지아에서 이탈하겠다고 선언하기에 이른다. 러시아는 러시아대로 인접국의 친러적 소수민족들을 통해 근외 지역에 대한 지렛대를 확보할 수 있으리라 판단하고 다양한 방식으로 개입을 시도했다. 그렇게 여러 동기들이 맞물려 갈등이 격화되고 있던 터에, 사카슈빌리의 조지아군이 남오세티야로 진입하면서 러시아군도 본격적으로 남쪽으로 진군했다.

이 남오세티야 전쟁은 탈냉전 시대가 끝나가고 있음을 알리는 상징적 사건이 되었다. 1990년대 미국은 세계 경찰을 자임했지만, 이제 마냥 군사적 충돌을 감내할 수는 없었다. 이미 테러와의 전쟁은 물론, 아프가니스탄 전쟁, 이라크 전쟁 등으로 역외 군사 개입에 대한 미국 시민들의 피로는 극에 달하고 있었다. 설상가상으로 서브프라임 경제 위기는 미국 내부의 일에 더 집중하라는 요구에 불을 지폈다. 더구나 남오세티야는 러시아라는 강대국의 앞마당 아닌가. 반대로, 러시아는 옐친 10년의 혼란을 끝내고 마침내 군사적, 정치적, 외교적으로 얼마든지 힘을 발휘할 수 있는 국가임을 입증했다. 아시아에서 이루어지는 거대한 경제 성장과 그것이 견인하는 막대한 에너지 수요가 비틀거리는 러시아에 새로운 활력을 불어넣어준 덕분이었다. 이제 러시아는 적어도 서방과 직접 맞설 수는 없을지라도, 서방과 러시아 사이에 놓인 수많은 국가들의 운명을 결정할 수 있는 힘, 적어도 그 국가들이 자기 뜻대로 운명을 결정하는 것을 허락하지 않을 힘을 갖고 있음을 보여주었다. 그리고 러시아가 그럴 수 있다면, 세계 지도에서 막대한 존재감을 내뿜는 다른 대국大國들도 얼마든지 같은 일을 할 수 있다는 뜻이기도 했다. 10년 전 프리마코프가 주장했던 모스크바-베이징-뉴델리의 전략 삼각형까지는 아니더라도, 미국, 서유럽, 일본이 이끌어가는 서방의 단극체제가 그대로 지속될 수 있을지는 불투명해지고 있었다.

'적은 어디에나 있다'

하지만 2008년 이후 서방만큼이나 푸틴 체제도 잠시 주춤하면서, 우크라이나 위기와 남오세티야 전쟁이 불러일으킨 의구심은 다시 수면 아래로 가라앉게 되었다. 가장 먼저 제동을 건 것은 서방에도 극심한 타격을 입혔던 2008년 서브프라임 금융위기였다. 전 세계적 대침체는 고공행진하던 에너지 가격을 끌어내렸고, 이에 따라 에너지 수출에 경제 대부분을 의존하던 러시아에 즉시 타격을 입혔다. 에너지 의존 경제가 갑작스러운 유가 하락을 맞게 되었을 때 어떤 일들이 벌어지는지는 이미 소련이 1985년에 악몽처럼 겪었던 적이 있었다. 러시아는 갑작스럽게 줄어든 국가 수입과 갈수록 늘어가는 국내의 여러 요구를 조화시키는 어려운 과제에 직면하게 되었다. 근외 지역에 대한 통제력 회복과 정치적 긴장의 증대보다 국내의 경제와 사회 문제가 더 우선순위가 됐다.

또 다른 문제는 지난 8년간 중산층이 두터워지면서 발생하게 된 정치적 불만이었다. 푸틴 시대에 모스크바와 상트페테르부르크를 중심으로 늘어난 중산층은 처음에는 푸틴이 제공한 경제적 안정, 치안 확립, 국가적 자존심의 회복에 환호하며 열렬한 푸틴 지지자가 되었다. 하지만 이들은 푸틴 2기에 들어서 강해진 권위주의화에 피로감을 느끼고 있었다. 근외 지역이 러시아로부터 이탈하는 것은 불편했지만 그것을 서구와의 외교적 갈등이나 군사적 방법으로 해결하고 싶어 하지는 않았다. 러시아 중산층은 이제 지중해로 휴가를 떠나고, 런던으로 유학을 가며, 독일에서 일자리를 잡았다. 고르바초프가 꿈꾸었던 서구 세계와의 통합이 국가 차원에서 이루어지지는 못했지만 중산층을 중심으로 민간 차원에서는 활발히 전개되고 있던 것이다. 러시아의 새로운 중산층 전부는 아닐지라도, 젊은 세대를 중심으로 러시아가 종국적으로는 서구와 같은 국가가 되었으면 하는 바람이 나오기 시작했다.

2008년부터 2012년까지 대통령으로 재임한 드미트리 메드베데프는 그런 바람을 실현시켜줄 수 있을 것만 같았다. 러시아 기술관료들을 이끄는 상트페테르부르크 출신의 메드베데프는 무인武人형의 푸틴보다 훨씬 부드러운 인상을 띠고 있었다. 메드베데프는 자유화Liberalizatsiya나 현대화Modernizatsiya 같은 어휘를 즐겨 사용하면서, 러시아의 새로운 국가적 의제를 제시하는 것처럼 보

메드베데프를
응시하는 푸틴, 2008.

였다. 푸틴이 8년 동안 혼란을 잠재우고 강한 국가를 되살렸다면, 이제 메드베데프는 그 국가를 다시 온건하고 자유롭게 바꾸면서 서구 세계와의 교류를 통해 러시아의 현대화를 추진할 것이다. 하지만 그런 몇몇 관찰자들의 예상은 보기 좋게 빗나갔다. 푸틴은 메드베데프 집권기에도 여전히 총리로 재임하면서 국가적 사안에 대한 실질적인 결정권을 독점하다시피 했다. 메드베데프가 푸틴과 생각이 다를지는 몰라도, 그에게 결정적으로 거역할 수 없는 위치라는 것이 점점 분명해졌다. 이는 크렘린 내부에 분열이 존재한다고 믿고 싶어 했던 몇몇 관찰자들만 빼면 누구나 아는 사실이었다.

　자유화와 서구화에 대한 열망을 공유하는 러시아의 신세대 중산층은 메드베데프 시대가 되어도 바뀐 게 아무것도 없다는 데 실망했다. 그들의 실망은 2011년 러시아 국가두마 선거에서 대규모 부정선거 정황이 발생하면서 직접적인 행동으로 전환되었다. 메드베데프 임기 종료를 곧 앞둔 상황에서, 반푸틴 성향이 강한 시민들은 푸틴이 다시 대선에 출마하여 푸틴 3기를 시작하면 어쩌나 두려워하고 있었다. 그때 관이 주도한 대규모 부정선거 정황들이 등장하여 인터넷에서 확산되었다. 그중에서도 사람들의 뇌리에 강하게 남은 것은 득표율 총 140%라는 황당한 숫자였다. 부정선거를 기폭제로 모스크바와 상트페테르부르크를 중심으로 러시아 대도시들에서 연속적인 시위가 발생했다. 2000년 이래로 그야말로 최대 규모라고 할 수 있는 시위였다.

푸틴과 측근들에게 있어서 이 시위는 그야말로 최악의 상황으로 받아들여졌다. 이는 러시아의 근외 지역의 배후에서 정권을 항상 전복하려고 기도했던 서방이 마침내 러시아 본국에까지 그 마수를 뻗친 사건이었다. 만약 실제로 푸틴과 통합러시아당이 패배한다면 그들은 정치권력과 경제권력이 완벽히 연동되어 있는 러시아의 현실상, 막대한 이권을 손에서 내려놓게 될 것이 분명했다. 그렇게 권력 기반을 상실한다면 자신들이 집권 초기에 올리가르히들을 사냥할 때처럼 경쟁자들에 의해서 같은 대우를 받게 될 확률도 높았다. 크렘린의 엘리트들에게 정권의 생존은 목숨의 생존과도 같은 문제였다.

물론 계속 강조하다시피 이는 단순한 정권 생존과 정치경제적 이익의 문제로 환원될 수 있는 것도 아니었다. 러시아 권력 엘리트들은 만약 정권이 친서구 세력에 의해 전복된다면 러시아가 다시 강력한 힘을 상실할 것이고, 분리주의자들이 득세할 것이며, 국가 자산은 외국인들에 의해 약탈당하고, 러시아 문화와 전통에 따른 법과 제도도 만들 수 없게 될 것이라 우려했다. 러시아판 색깔혁명의 결과는 그들에게 있어서 푸틴의 주도로 간신히 기워낸 러시아의 총체적인 재붕괴였다.

같은 해 아랍 지역에서 발생한 연쇄적 봉기는 크렘린의 생각이 옳았음을 입증하는 증거처럼 다가왔다. 2010년 연말 튀니지에서 시작된 봉기는 순식간에 리비아, 이집트, 시리아, 예멘, 바레인 등지로 번지면서 수십 년을 끌어온 아랍 독재자들의 정권 붕괴를 야기했다. 서방에서는 이 봉기를 두고 새로운 정보 기술과 미디어가 시민들의 민주적 열망을 실현시킨 역사적 순간이라며 축배를 들었다. 그들이 보기에 아랍 봉기 혹은 '아랍의 봄'은 역사의 종언이라는 훈풍이 이슬람교나 아랍 부족주의 등으로 인해 도달할 수 없었던 중동 지역에도 마침내 닿은 순간이나 다름없었다. 하지만 모스크바나 베이징은 결코 그렇게 생각하지 않았다. 그들은 아랍 정권의 붕괴가 독재자들이 눌러온 여러 갈등을 폭발하게 할 것이라 생각했다. 아랍 국가들은 극단주의가 발호하고 부족 갈등이 격화되면서 총체적 무질서를 향해 가리라. 그리고 서구인들로서는 안타깝게도 실제 역사의 전개는 뉴욕, 런던, 파리의 바람보다는 모스크바와 베이징의 예측대로 흘러갔다.

당시 유엔 안전보장이사회가 리비아 상공을 비행금지구역으로 설정하고, 나토군이 카다피 정부군을 공습했다. 이는 모스크바 입장에서는 '미친 짓'으로 여겨졌다. 모스크바와 베이징은 서방이 중동에서 위험한 불장난을 하고 있다고 생각했다. 그들이 보기에 서방의 활동이란 그 효용이 불확실한 민주주의를 확산한다는 명목으로 주권 국가를 공습하고, 뒷감당이 어려운 일을 벌이면서 세계적인 불안정을 키우기만 하는 것이었다. 게다가 리비아를 공습할 수 있다는 것은 향후 러시아나 중국이 자신의 세력권이라고 생각하는 근외 지역, 나아가 자국 자체를 공격할 수도 있다는 공포로 다가왔다. 리비아의 경험에 충격을 받은 러시아는 자국의 해군 기지가 설치되어 있는 시리아의 사태에 서방이 개입하는 것을 결코 좌시하지 않겠다고 선언했다. 비록 아사드 정권이 자국민을 학살한 정권이라고 해도, 그것이 총체적 무질서와 혼돈보다는 낫다는 것이 러시아의 입장이었다. 러시아는 이슬람 극단주의 세력을 막기 위해서는 아사드 정권이 유지되는 것이 최선이라고 주장했다. 실제 극단적으로 폭력적인 '이슬람 국가IS'가 이라크의 모술을 점령하고 시리아를 위협하면서, 푸틴의 주장에 설득되는 이들이 많아지고 있었다. 오바마 정부는 중동 군사 개입에 대한 유권자의 피로감, 러시아와 이란을 비롯한 아사드 후원자들의 반발, IS 문제를 종합적으로 고려하여 시리아를 공습하지 않았다. 그렇게 시리아 내전은 서방의 세계적 지도력이 더는 통하지 않을 수 있다는 것을 보여준 또 다른 사건으로 남게 되었다.

2011년에 시작된 리비아 공습과 러시아 본토로 다가온 색깔혁명을 보면서 크렘린은 서방을 향해 더욱 공세적인 자세를 취해야 한다고 판단하게 되었다. 사실 푸틴과 크렘린 엘리트들은 이것이 공세가 아니라 본질적으로 방어적인 행동이라고 믿었다. 근외 지역에 대한 통제력 확보를 넘어서, 자신들의 세력권으로 끊임없이 메시지를 발산하는 서방 자체에 반격을 가하고 '복수'를 해야만 했다. 푸틴 입장에서는 그것이 러시아가 우크라이나나 리비아가 되지 않는 유일한 길이었다. 서방과 제한적 협력을 통해 러시아를 다시 발전시킨다는 푸틴의 구상은 이제 적극적으로 서방에 대해 정치적, 경제적, 이념적 차원에서 전방위적 공세를 가한다는 새로운 구상으로 전환되었다. 그러기 위해서는 먼저 새로운 구상에 맞는 새로운 세계관, 역사와 세계를 완전히 재해석할 수 있는 다른 관점이 필요했다.

제3부

세계관 전쟁

6장

종교의 부활

◆

우리는 이미 수년째 오로지 경제에 대해서만 논의하고 있다. 하지만 지금 국가가 마주한 위기는 경제보다 훨씬 더 깊은 곳에 있다. 바로 의식과 도덕의 위기인데, 그 정도가 굉장히 심각해서 빠져나오려면 몇십 년 또는 몇 세기가 걸릴지 가늠조차 할 수 없다. 우리는 도덕적인 러시아를 건설해야 한다. 그렇지 않다면 아무것도 세우지 않는 것과 다를 바가 없다.

_알렉산드르 솔제니친[18]

종교적 비참함은 현실적인 불행의 표현이자 현실적 불행에 대한 항의이다. 종교는 곤궁한 피조물의 탄식이며, 무정한 세계의 심정이고, 또한 정신 없는 상태의 정신이다. 종교는 인민의 아편이다.

_카를 마르크스, 〈헤겔 법철학 비판 서문〉[19]

우리는 신을 원한다!

_1979년 요한 바오로 2세를 맞이한 폴란드 시민들[20]

아직은 고르바초프가 자신이 소련을 살릴 수 있으리라 믿었던, 베를린 장벽이 무너지기 10개월 전인 1989년 1월, 그의 앞으로 한 노인의 편지가 도착했다. 죽음이 얼마 남지 않았던 노인의 나이는 91세였으나, 노인의 타오르는 눈빛은 추종자들에게 여전히 열광적 호응을 얻어내고, 적대자들에게는 끔찍한 공포를 심어줄

아야톨라 호메이니

정도로 강렬했다. 그 노인의 이름은 루홀라 호메이니로, 시아파 최고위 성직자들에게 주어지는 칭호인 아야톨라(알라의 증거)로도 유명했다. 그는 10년 전에 이란의 반공 세속주의 정권인 팔레비 왕조를 무너뜨린 혁명을 이끌면서 세계사의 전면에 등장했다. 호메이니는 1979년에 샤Shah(이란의 군주)에 맞설 때는 좌익과 동맹을 맺었지만, 일단 이슬람 혁명을 성공시킨 뒤에는 그들을 모조리 숙청했다. 아마 그에게 '무신론의 제국'인 소련의 붕괴는 각별하게 다가올 수밖에 없었을 것이다. 하지만 그는 같은 해 미국에서 공산주의의 몰락을 바라보며 《역사의 종언》을 쓰게 될 후쿠야마와는 전혀 다른 전망을 갖고 있었다.

호메이니의 편지

호메이니는 북방의 이웃이 실수 속에서 교훈을 얻고, 또 실수를 반복하지 않기를 바라며 모스크바의 고르바초프를 향해 편지를 썼다.

> 고르바초프 씨에게— 공산주의가 세계의 정치사 박물관에나 들어가야 한다는 것이 모두에게 명백해졌습니다. 이는 마르크스주의가 인간성의 어떠한 기본적 필요를 충족하지 못하기 때문입니다.

하지만 노인이 보기에 소련 마르크스주의가 충족하지 못한 인간의 기본적 필요는 물질적 부와 풍요가 아니었다. 마르크스주의의 진짜 문제는 이념 자체가 물질 외에는 생각하지 않는 유물론이라는 데 있었다.

> 유물론은 동서양을 막론하고 인간 사회의 가장 큰 고충인 영성에 대한 믿음의 결여로 인한 위기로부터 인류를 구해낼 수 없습니다.

그러니 경제를 개혁하려고 하는 고르바초프의 노력은 소련인들의 문제를 해결할 수 없었다.

> 현실을 직시해야 합니다. 당신의 나라가 직면하고 있는 주된 문

제는 사유재산, 자유, 경제 같은 것이 아닙니다. 소련의 문제는 신에 대한 참된 믿음의 부재이며, 이는 서구를 저속함과 교착 상태로 끌고 갔거나 앞으로 끌고 갈 바로 그 문제기도 합니다. 소련의 주된 문제는 소련이 존재와 창조의 근원이신 하나님과 벌인 길고 무익한 전쟁입니다.

하지만 소련이 이를 깨닫지 못하고 서구식 자유주의라는 환상에 이끌릴 때, 노인은 소련의 상황이 개선되기는커녕 오히려 재난이 닥칠 것임을 경고했다.

물론 구 공산주의 당국의 잘못된 경제 정책이 낳은 결과를 고려하면, 서구 세계라는 환상의 천국이 매력적으로 보일 수도 있습니다. 하지만 진실은 다른 곳에 놓여 있습니다. 당신이 이 갈림길에서 서구 자본주의 중심에 호소하면서 사회주의와 공산주의의 경제적 고르디우스의 매듭을 단칼에 끊기를 원한다면, 당신은 소련 사회의 병폐를 고치기는커녕 미래의 사람들이 언젠가는 지워야만 하는 실수를 범할 것입니다. 마르크스주의가 사회경제적 정책에서 교착상태에 빠졌다면, 자본주의도 비록 형태는 다를지라도, 다른 측면에서 교착상태에 빠진 것은 마찬가지이기 때문입니다.

그리하여 노인은 종교를 인민의 아편이라 매도해온 소련이, 진짜 아편에 중독될 것을 우려했다.

오직 한 종교만이 인민의 아편이라고 할 수 있습니다. 그 종교는 이슬람과 비이슬람 국가의 물질적, 영적 자원을 이런저런 국가들에 넘겨버리고, 종교는 정치와 별개라고 설교합니다. 그러나 사실 이는 진정한 종교라고 할 수도 없습니다. 그 종교는 우리 이란인들이 '미국 종교'라고 부르는 것입니다.

1989년 당시에 이 말을 진지하게 생각할 사람은, 적어도 산업화된 세계에서라면 거의 없었다. 미국식 자유시장경제와 자유민주주의가 '미국 종교'라면, 전세계는 미국 종교의 복음에 감화되고 있던 상황이었다. 고르바초프는 '미국 종교'는 아니더라도 적어도 '서구 종교'의 신도임은 분명했고, 옐친은 아예 '미국 종교'의 열렬한 신도였다. 베를린 장벽의 붕괴와 공산주의의 소멸로 자유주의의 최대의 적이 무너진 상황에서 미국 종교로 개종하지 않기란 어려운 일이었다. 2만 발의 핵무기를 보유하고 인간을 최초로 우주에 보낸 체제가 없어졌는데, 대체 그 어디에서 자유주의를 향한 진지한 위협이 등장할 수 있단 말인가? 천안문에서 피를 흘린 중국은 세계 시장에 통합되며 점차 한국과 대만의 길을 걸을 것이고, 이슬람 세계 또한 언젠가는 자유와 평등, 권리의 언어를 내면화하며 세속화를 향해 나아갈 것이 분명했다. 그런 상황에서 이란의 사례는 그저 독특한 변종이자, 역사의 종언에 합류하기를 거부하는 걸림돌에 불과했다. 설령 그들이 역사의 종언에 참여하지 않는다고 하더라도, 종교에 의식이 지배당한 채 과학적 합리주의를 따르지 않는 국가가 세속적 자유주의가 만들어내는 역동적인 성취를 따라잡을 수 있을 리도 만무했으니 어차피 위협도 될 수 없었다.

하지만 고르바초프에게 공산주의가 실패했다고 해서 미국이 그 대안이 될 수 없다고 경고했던 호메이니의 사상은 모두의 예상을 깨고 놀랍게도 번성했다. 그것도 전지구적으로 말이다. 베를린 장벽의 붕괴로 시작된 '1989년 체제'는 자유주의가 영원히 지속되는 세계를 의미했다. 하지만 그 10년 전에 세계적으로 전개된 여러 사건은, 1989년 체제의 패권에 도전할 거대한 흐름을 만들고 있었다. 요컨대 '1979년 체제'가 수면 밑에서 끓어오르고 있었던 셈인데, 호메이니는 바로 그 1979년 체제의 시작을 알린 가장 중요한 당사자였다.

아야톨라와 교황의 귀환

1979년은 미국과 소련의 양대 진영에서 초강대국의 규칙을 거부한 반란이 일어난 해였다. 하나가 바로 미국의 가장 믿음직스러운 중동 동맹국인 이란에서 일어난 이슬람 혁명이었다. 그리고 다른 하나는 소련이 불신하는, 그렇기에 열심히 감시했던 동유럽 위성국인 폴란드에 바티칸의 교황이 찾아온 일이었다. 여전히 저발전 상태인 이란에서 신정 체제가 설립된 일과, 어느 정도는 산업화와 도시화를 이룬 폴란드에서 공산당 독재로부터의 해방, 서구로의 복귀를 외친 일은 그다지 공통점이 없어 보인다(미국과 소련의 동맹 체제를 흔들었다는 파급효과를 제외하고는 말이다). 하지만 이면에서의 움직임을 본다면 두 사건은 상당히 흡사한 조건 위에서 벌어진 일임을 금세 알 수 있다.

첫째 유사성은 두 사회가 처한 정치적 조건이었다. 팔레비 왕조와 폴란드 공산당은 모두 권위주의적 정권이었으며, 미국과 소련이라는 초강대국의 후원을 통해 유지되고 있었다. 이란에서는 미국과 영국의 주도로 1953년에 민족주의적인 모사데크 총리가 쿠데타로 제거되는 일이 있었고, 소련은 공산당 체제에 대한 폴란드인들의 저항을 무력으로 찍어누르고 있었다. 둘째 유사성은 두 국가가 국민들의 경제적 요구를 만족시켜주는 데 지속적으로 실패하고 있었다는 점이다. 이란과 폴란드는 모두 미국과 소련의 지원을 받으며 급속한 현대화를 시도했지만, 팔레비 정권은 석유 산업의 불균형한 팽창에 따른 인플레이션과 노동계급의 사회주의 운동, 농촌의 위기를 충분히 해결하지 못하고 있었다. 폴란드는 이란보다는 사정이 나았지만, 이웃한 서유럽과 비교했을 때 만족스럽게 생필품과 소비재를 공급하는 데는 여전히 실패하고 있었고, 소련의 경제가 침체하자 서유럽으로부터 도입하는 외자에 의존하기 시작했다. 따라서 이란과 폴란드의 위기는 기본적으로 정치적 정당성의 부족과 경제적 위기에 따라 누적된 국민들의 불만을 통해 등장했다.

하지만 진정으로 의미심장한 것은 세 번째인 사회적, 문화적 요소였다. 폴란드의 교황 방문과 이란의 신정 체제 수립이 갖는 가장 특징적인 공통점은 두 국가의 인민이 모두 종교를 통해 운집하고 조직화되었으며, 종교의 언어를 통해 정치적, 경제적 요구를 전개했다는 데 있었다. 사실 종교적 요구는 폴란드와 이란에서 정치적, 경제적 요구만큼이나 중요한 비중을 지니고 있었으며, 어찌 보면 정권에 대한 강한 반감을 형성하는 데에 근원적인 에너지를 제공했다고까지 볼 수 있었다. 이란에서는 신정 체제가 수립된 것을 통해 이것이 충분히 입증된다. 후진성의 상징이라며 금지된 히잡과 차도르가 신체제에서 여성들의 의무가 된 것은 이란 혁명이 이전의 혁명들과는 분명히 다르다는 것을 보여준 최초의 순간 중 하나였다. 폴란드에서 사람들은 공산 정권이 억압하는 가톨릭 정체성의 표현을 자유롭게 허락하라고 소리쳤다. 폴란드인 교황 요한 바오로 2세의 등장은, 공산당이 봉건주의적 미신이라고 깔보았던 가톨릭이 폴란드 민족을 이루는 근원적 요소임을 새삼스럽게 자각시켰다. 폴란드인들은 서유럽으로 합류하기를 원했던 것만큼이나 자신들의 가톨릭 정체성을 다시 소생시키고 수행하기를 원했다. 에릭 홉스봄은 이란 이슬람 혁명을 두고 1789년의 파리도 아니고 1917년의 페트로그라드(상트페테르부르크)도 아닌 1979년 테헤란의 전통이 만들어졌다고 평한 바 있었다. 1989년에 폴란드에서 일어날 혁명은 분명 1917년 페트로그라드를 거부하는 것이었으나, 거기에는 1789년의 파리와 1979년의 테헤란이 섞여 있던 셈이다.

'1979년 테헤란 전통'의 재현은 폴란드에서만 그치지 않았다. 미국과 소련의 위성국이나 경제적 위기를 겪고 있는 국가들에만 한정되지도 않았다. 1980년대는 새로운 형태로 부활한 종교 전통이 정치화되어 계몽주의에 입각한 정부들을 동시다발적으로 압박하는 시대였다. 사실 이런 종교의 부활은 1970년대부터 이미 본격화되고 있었다. 라틴아메리카에서는 1968년에 좌파적 지향과 가톨릭을 결합시켜 해방신학이라는 아이디어가 창안되었고,

이는 미국이 지원하는 권위주의 정권과 투쟁하는 데 동력을 제공했다. 테헤란의 혁명을 가능하게 한 사상인 이슬람주의는 1960년대 이집트의 사이드 쿠틉이라는 사상가를 통해 일대 전기를 맞이했고, 1970년대에는 이미 '다르 알 이슬람(이슬람의 세계)' 전체로 퍼져나가고 있던 상태였다. 이슬람주의자들은 소련이 이란 혁명의 확산을 잠재우고자 아프가니스탄을 침공했을 때 이에 맞서는 지구적 성전을 수행하기까지 했다. 남한에서는 1980년을 기점으로, 북한을 사라진 민족적 가치가 구현된 곳이라고 이상화하는 주체사상 운동이 빠르게 확산되었다. 동유럽에서는 공산당의 통제력이 점차 약화되면서 가톨릭, 정교회, 이슬람이 동시다발적으로 부활했다. 동구권에서 종교 정체성의 재확인은 공산당 통치를 종식시키기도 했고, 때로는 민족 간의 격렬한 내전을 부추겨 잔혹한 학살극과 인종 청소가 펼쳐지게 만들기도 했다. 이 모든 위기로부터 비껴가는 것처럼 보였던 미국마저도, 1980년대가 되자 경제적 자유주의와 기독교에 근거한 문화적 보수주의를 조합한 '레이건 혁명'을 경험했다.

  이 모든 나라들은 처해 있는 상황이 저마다 달랐고, 경제적 발전단계도 상이했고, 문화 전통도 제각각이었다. 하지만 공통적으로 종교의 부활을 경험했으며, 부활한 종교를 바탕으로 한 세력이 자국의 정치적 공간에 침입하여 강력한 목소리를 냈다. 요컨대 정치적, 경제적 위기가 심화됨에 따라 지구적으로 동시다발적인 목소리가 튀어나온 것이 아니었다. 아주 거칠게 말하자면, 문화와 정체성 문제를 둘러싸고 사람들이 경험하고 있는 불만이 진정으로 지구적인 문제였으며, 문화와 정체성에 대한 요구로 시작한 운동이 정치적, 경제적 변화를 촉구하는 운동으로 확장되었다고 보아도 무방했다.

　1979년 이란과 폴란드를 시작으로 1980년대에 만개한 종교의 부활은 물밑에서 일어나고 있던 거대한 변화가 드디어 수면 위로 부상한 사건이었다. 하지만 그러한 움직임을 전혀 신경 쓰고 있지 않았던 당대 미국과 소련의 당국자들은 이토록 '갑작스러운' 종교의 부상에 충격을 금할 수 없었다. 두 초강대국 모두, 자신들이 열렬히 권장하는 근대화 프로젝트 덕택에 종교라는 무지몽매한 인류의 유산이 퇴조하고 있다고 봤기 때문이다. 소련은 무신론을 사실상 국시로 표방한 국가였고, 종교를 과학적 사회주의로 아예 대체하기를 원했었다. 미국은 소련의 공격적 무신론 정책을 비난하며 기독교를 비롯한 여타 전통을 옹호하기는 했으나, 근대화 이론가들 대다수가 딱히 종교를 더 선호한 것은 아니었다. 그들은 도시화와 산업회의 결과물로 종교의 영향력은 저어도 공적 차원에서는 사라질 것이라 생각했다. 요컨대 종교는 개인 내면에서만 하나의 믿음으로 남게 되고, 그것이 사회와 공공의 문제를 결정짓는 준거로 활용될 일은 앞으로 없으리라는 전망이었다. 게다가 이는 18세기부터 시작된 역사의 고고한 흐름이라고도 할 수 있었다. 바로 '세속화'라는 이름의 힘이었다. 18세기와 19세기의 역사는 세속화를 더욱 앞당기려는 계몽주의자들과, 종교를 공적 영역의 준거로 계속해서 남기고자 하는 전통주의자들 간의 투쟁이었다. 20세기에 들어 계몽주의자들이 압도적 승리를 거두었으니, 이제 전통주의자들은 사라질 일만 남은 것처럼 보였다. 그러나 이란과 폴란드, 그리고 다른 수많은 사회가 보여준 것은 정확히 그 반대였다.

계몽주의 시대의 황혼

단순히 종교가 부활한 것만이 두 초강대국의 근대화론자들의 전망을 뒤집은 것은 아니었다. 그보다 더 중요한 질문은 종교가 '왜' 부활했냐는 것이었다. 많은 사람들은 종교가 미국과 소련이 지원하는 지구적 근대화 프로젝트에도 '불구하고' 부활했다고 생각했다. 이런 시각은 특히 이슬람 세계를 바라볼 때 아주 일반적으로 나오는 이야기이기도 했다. 이슬람이라는 종교가 성聖과 속俗을 구분하려 하지 않기 때문에 세속화에 강력하게 저항하는 경향이 있고, 그런 저항이 정치적 운동으로 촉발되어 사회를 '퇴보'시킨 게 이슬람주의라는 주장이다. 그렇다면 이슬람주의를 억제하는 데 필요한 것은, 이슬람주의자들의 도전을 최대한 억제하면서 산업화와 도시화로 상징되는 물질적 근대화를 더욱 뚝심 있게 추진하는 일이었다.

하지만 이슬람을 무언가 특별한 예외로 간주하려는 시각은 이슬람도, 이슬람 바깥의 세계도 설명하지 못할 따름이었다. 첫째로, 이슬람주의가 대중 운동으로서 가장 강렬하게 폭발한 곳은 20세기 내내 도시화를 경험한 국가들이었다. 이란은 1970년대까지 중동 지역 전체에서 가장 활발한 경제 성장을 이루고 있는 국가였다. 물론 수단이나 아프가니스탄처럼 그러한 발전을 거의 경험하지 못한 지역에서도 이슬람주의 정권이 등장하기는 했지만, 이란 혁명 이후에도 이슬람주의자들은 거의 대부분 도시에서 탄생하여 도시를 자신의 거점으로 삼곤 했다. 즉, 달리 말하자면 이슬람주의는 '근대화에도 불구하고' 종교를 부활시키겠다는 움직임이 아니었다. 오히려 몇몇 이슬람 사회가 '근대화를 했기 때문에' 나타난 현상이라고 보는 것이 더 정확했다.

둘째로, 이슬람을 이례적인 것으로 간주하는 시각으로는 1980년대에 그야말로 지구적 차원에서 종교가 부활하여 공적 영역에서 목소리를 낸 것을 설명하지 못한다. 종교의 부활은 이슬람 세계에서만 이루어진 일이 아니었다. 이를테면 다신교 신앙인 힌두교를 믿는 인도에서도 힌두트바Hindutva라는 형태로 종교의 부활 현상이 나타나고 있었다. 기독교 세계도 마찬가지였다. 미국은 개신교가, 폴란드는 가톨릭이, 러시아와 동유럽에서는 정교회가 깨어나고 있었다. 그리고 사실 성과 속의 철저한 분리는 과거 다른 종교에서도 상식이라고 할 수는 없었다. 중세 유럽의 권력은 신의 이름으로 정당화되었고, 성직자들이 해석하는 계율은 사회 대부분의 영역에 개입했었다. 세속화가 이루어지기 전의 세계는 성속을 분리하는 것이 딱히 의미가 없는 세계였다.

그런 의미에서 종교의 부활은 하나의 거대한 시대로서 냉전이 본질적인 차원에서 해체되고 있음을 알리는 사건이라고 해도 과언이 아니었다. 물론 냉전 체제에 균열을 낸 수많은 사건들이 있었고, 거기에는 동아시아의 경제 기적과 정보통신 혁명이 또 하나의 거대한 흐름을 형성한다. 하지만 '근대화로 인한 종교의 부활'은 냉전이 가장 극적인 형태로 웅변하고 있던 계몽주의의 기관차가 무언가 삐걱거리며 정지하고 있다는 신호였기 때문에 중요했다. 미국의 자유주의와 소련의 공산주의는 계몽을 통하여 인간 이성으로 작동하는 유토피아를 건설하겠다는 사명감을 통해 스스로의 위상을 정립했다. 계몽주의의 이상이 아니었다면 두 초강대국이 유럽과 동아시아를 각각 반으로 가르고, 나머지 세계를 얻기 위해 대규모 군사 개입과 정보 공작을 펼칠 이유가 없었다. 또 인간을 우주에 먼저 보내겠다고 그렇게 처절한 싸움을 할 이유도 없었다. 문제는 1980년대가 되자 그 계몽의 목적을 위한 가장 중요한 수단이라는 산업화와 도시화가 도리어 종교를 부활시키는 정반대의 결과를 낳았다는 것이다. 그렇다면 대체 미국과 소련의 프로젝트는 무엇을 위한 것이었단 말인가.

물론 1980년대, 나아가 1990년대에도 종교의 부활이 국제 질서를 근본적으로 바꿀 것이라고 생각한 사람은 결코 주류는 아니었다. 적어도 종교의 부활은 제1세계보다는 제2세계의 기획에 훨씬 더 치명적인 것처럼 보였고, 그 결과 제2세계와 대치하고 있던 제1세계에 크게 도움이 되는 것 같았기 때문이다. 전통과 종교의 수행을 그래도 큰 폭으로 보장해주었던 제1세계와 달리 제2세계는 종교와 사실상 전쟁을 벌였던 공간이었다. 종교성을 요구하는 인민의 행렬은 사회주의로 정체성을 조형하려는 시도에 격렬히 반발했다. 이는 자연스럽게 사회주의 정치경제의 부조리함과 비효율성, 독재와 만성적 물자 부족을 비난하는 흐름과 합쳐졌다. 소비에트 제국이 그들 자신이 죽였다고 생각한 신의 복수로 무너질 기미가 보이자, 미국이 열렬히 환영하며 신의 전사들에게 축복을 내린 것은 당연한 일이었다.

하지만 미국과 소련이 계몽주의의 두 자식이라는 점에서, 소련의 위기는 다른 의미에서 미국의 위기이기도 하다는 것이 곧 드러날 수밖에 없었다. 부활한 종교는 단순히 러시아에 세워진 무신론의 제국만을 공격하는 것에서 멈추지 않았다. 그들은 종교를 좁은 사적 영역으로 한정 지은 자유주의자들도 공격하고자 했다. 이 역시 종교성을 향한 집단적 움직임이 여러 다른 불만과 결합되어 함께 폭발하는 식의 패턴을 보여주었다. 이란 혁명으로 촉발된 이슬람주의는, 이슬람 세계를 제국주의의 무력과 문화적 방종으로부터 보호해야 한다는 이 지역의 열망을 담아 명확한 반서구주의를 보여주었다. 한편으로 그들의 요구는 부정의한 경제적 현실과 사회적 불만을 개혁하고자 하는 방향으로 국내의 권위주의 지도자들에게도 향했으며, 대안적 질서는 종교적 가치를 국가에 부과하면서 발견할 수 있다는 주장으로 이어졌다. 이런 움직임이 정도의 차이는 있을지언정, 기독교 세계 내부, 특히 미국에서도 갈수록 강해졌다.

   물론 종교의 부활이 가장 심원한 수준에서, 체제를 뒤집는 차원으로 벌어지는 공간은 뭐니 뭐니 해도 아시아였다. 이란의 혁명은 가장 격렬한 형태로 드러난 하나의 상징이었다. 하지만 제국의 기억과 위대한 종교 전통을 지닌 다른 국가들에서도 조금 더 온건한 형태로 종교가 정치의 영역으로 고개를 들고 있었다. 이 흐름을 이끈 새로운 지도자들은 세속적 근대화를 추구했던 국부國父들의 유지를 일부는 폐기하고 일부는 전략적으로 재해석하면서 새로운 체제를 건설하는 여정에 나섰다.

신의 복수

1980년대 종교의 부활은 처음에는 세속주의적 근대화 지도자들의 실패를 자양분 삼아서 일어난 현상이었다. 세속주의적 근대화는 국가 주도의 투자와 경제 계획을 통해서 인프라를 확충하고 도시화를 촉진시키는 대대적 프로그램이었다. 하지만 한국과 대만 같은 극히 이례적인 사례를 제외하고, 1950년대부터 1970년대까지 이루어진 근대화 프로그램은 만족할 만한 성과를 내는 데 실패했다. 인구는 늘어만 갔고, 토지는 부족해지고 있었으며, 도시의 이주자들은 생활에 필요한 적절한 공공시설과 일자리를 찾는 데 어려움을 겪었다. 전통적인 농촌 공동체에서 잘려나간 그들은 도시에서 고립된 개인으로 남아야만 했다.

이런 상황을 파고들어 세력을 가장 성공적으로 확대할 수 있었던 사회 집단이 바로 종교였다. 동유럽과 라틴아메리카의 가톨릭교회, 이슬람 세계의 모스크, 인도의 힌두 사원은 경제적 곤궁함과 사회적 부조리에 분노를 느끼는 사람들이 모여서 자체적인 사회적 네트워크를 쌓을 수 있는 전국적인 조직으로 변모하고 있었다. 그들은 상호부조의 민간 복지 체계와 일자리 알선, 그리고 근대적 도시 생활에서 느낄 수 없는 정신적 충만함을 제공해주면서 결속력을 다져갔다.*

부활한 종교는 먼저 국가 기관을 장악하고 있던 세속적 엘리트를 공격하는 데 집중했다. 공산당 통치가 더 이상의 물질적인

---

* 더 자세한 내용은 터키와 인도의 사례를 논한 '부록'을 참고하라.

풍요를 제공해줄 수 없게 된 폴란드, 그리고 석유 소득으로 인한 빈부의 격차가 선명하게 드러난 이란에서 1979년 같은 해에 종교에 기반한 반정부 운동이 발생했다. 폴란드는 소련의 지원과 야루젤스키의 계엄령으로 사태를 잠시나마 수습했지만, 이란에서는 최초의 이슬람 혁명이 일어나면서 중동 지역 전체에 이슬람주의가 폭풍처럼 확산되어갔다. 사우디아라비아에서는 급진적 이슬람주의자들이 무장한 상태로 메카를 점거하고 인질극을 벌였다. 이집트에서는 한 무슬림 무장단체가 안와르 사다트를 이스라엘과 평화 협정을 맺었다는 이유로 살해했다. 소련군은 아프가니스탄에서 파키스탄, 사우디아라비아, 이집트 출신의 군사들과 싸운 것은 물론이고, 심지어 소련 안에서 흘러들어온 국제적 무자헤딘과도 상대해야 했다. 몇몇 국가는 봉기를 일으킨 이슬람주의자들의 위협에 맞서 그들의 요구를 포용하기로 결정했다. 쿠데타로 집권한 지아울하크 장군의 파키스탄이나 케난 에브렌의 터키가 대표적이다. 이슬람주의자들은 이런 국가들에서 정부와 제휴하는 동시에 빈민과 중산층을 모두 포섭하는 사회적 기반을 건설하고 있었다. 이슬람 세계만큼 극적이고 폭력적인 일이 벌어지지는 않았지만 인도에서도 정치적 힌두교 운동인 힌두트바가 도시의 슬럼가와 세계 도시의 중심부 모두에서 성장세를 이어나갔다. 공적 영역에 적극적으로 참여를 표방한 정치적 종교 운동이 봉기나 반란 같은 급진적 전술을 선택할지, 혹은 정당을 조직하여 선거에 참여하는 온건한 전술을 추진할지는 각국의 정치적 상황과 역사적 조건, 그리고 특정 국면에서 지도자들의 선택에 따라 천차만별이었다. 그러나 그들은 공통적으로 세속주의자들이 경제적으로 저조한 성과를 내면서도 부는 독점하다시피 했다며 비난했다. 그리고 공적 영역에서 종교가 박탈됨에 따라 새로운 도시 환경이 도덕적인 위기에 몰리게 되었다고 개탄했다는 점에서 동일한 세계관을 공유하고 있었다.

1991년에 소련이 해체되고 공산주의가 수명을 다하자, 종교의 부활이라는 파도는 더욱 거센 기세로 세계 각지에서 몰아치게 되었다. 과거 자유주의와 공산주의의 투쟁은 계몽주의와 세속주의에 동의하지 않는 다른 사상의 부상을 의도치 않게, 혹은 의도적으로 억제하는 효과를 만들어왔었다. 그러나 공산주의가 사라지고, 자신의 가장 위협적이었던 사촌을 물리친 자유주의는 이제 명확히 정의되지 않는 정치적 종교 운동, 혹은 신전통주의와 경쟁해야만 했다. 하지만 신전통주의는 자유주의 입장에서 상대하기 몹시 까다로운 상대였다. 그들은 옛 전통주의자들처럼 농촌에 기초한 정적인 생활을 추구하지 않았다. 그들은 상당수 자유시장 경제를 지지했고, 세계 시장을 향한 개방이 필요하다고 역설했으며, 물질적인 현대화를 거부하기는커녕 더욱 적극적으로 수용하자고 나섰다. 냉전 시대 자유주의자들의 경쟁자는 자유시장경제와 세계 시장을 거부했던 사회주의자들이었기 때문에, 신전통주의자들은 처음에는 그다지 자유주의에 위협적으로 보이지 않았다. 어쨌든 종교의 자유는 17세기 계몽주의의 시작을 알린, 자유주의의 기둥과도 같은 개념이었으니 말이다. 오히려 수많은 자유주의자들은 현대화된 중산층이 종교적 열망을 표출하며 권위주의 정부를 비판하고 자체적인 시민 사회를 건설하는 것을 환영하기까지 했다. 2000년대까지만 하더라도 이란의 사례는 극히 예외적인 것처럼 보였다. 폴란드에서 가톨릭교회는 민주화를 이끌었고, 에르도안은 유럽연합 가입을 기치로 내걸고 군부 쿠데타의 그림자를 걷어내며 자유화 개혁을 추진했고, 인도에서는 악명 높은 네루식 사회주의의 벽을 독실한 힌두교도들이 허물고 있었다.

하지만 신전통주의자들은 분명히 자유주의나 사회주의와는 다른 프로젝트를 수행하고 있었다. 이는 2010년대가 되어서야 훨씬 더 가시적으로 드러날 것이었다. 자유주의자들과 신전통주의자들은 점점 문화와 정체성이라는 새로운 전장을 둘러싸고 마찰을 빚기 시작했다. 이슬람 세계에서는 히잡을 비롯한 여성의 자유와 권리 문제가 전면에 부상했다. '히잡을 쓸 자유'를 요구하던 이슬람주의자들은 정권을 장악한 뒤에는 '히잡을 쓰지 않을 자유'를 박탈하고 샤리아(코란을 바탕으로 한 이슬람의 법 체계)에 입각한 젠더 도덕을 국가 권력을 통해 부과하고자 했다. 인도에서는 무슬림과 기독교인을 비롯한 소수 종교를 어디까지 용인할 것인지가 쟁점이 되었다. 특히 힌두교가 신성시하는 소고기를 둘러싼 갈등이 가장 민감했다. 소고기를 도축하고 유통하는 무슬림들을 향한 정권 차원의 규제와 사적 린치가 발생했다. 이런 과정을 거치면서 문화 및 정체성의 자유로운 표현을 더욱 중시하는 자유주의자들은 물론, 자유주의에 비교적 우호적인 신전통주의 온건파와의 입지는 갈수록 좁아져갔다.

자유주의와 신전통주의의 대립 구도가 마침내 선명해진 시점에도 상황은 그리 달라지지 않았다. 종교적 정체성을 공공연하게 표현하는 새로운 중산층과, '굴욕의 세월'을 넘어서 세계에서 자국의 정당한 위치를 찾아야만 한다고 주장하는 애국주의자들의 동맹이 공고했던 까닭이다. 그들은 자국 지도자가 다소 권위주의적 성향을 보여도 지지를 철회하지 않았다. 경제는 성장하고 있었고, 현대화는 진행 중이었으며, 서구의 상대적 입지가 약화되면서 국제무대에서 신전통주의 국가들의 발언권은 갈수록 커지고 있었다. 신전통주의 체제의 지도자들에게 있어서 통치 정당성의 원천은 개인의 자유와 권리를 얼마나 더 엄격히 수호하느냐의 문제가 아니었다. 그보다는 세계화 시대에 자국의 역사와 전통, 종교와 정체성을 더욱 자랑스럽게 여길 수 있느냐의 문제가 그들에게 훨씬 중요했다.

성스러운 루시의 재탄생

한때 세속적 근대성을 가장 철저하게 대표했던 국가였던 러시아도 문명적 정체성을 드러내며 신전통주의를 수용한 대표적인 국가가 되었다. 레닌과 스탈린 시대에 볼셰비키 정권은 엄청나게 많은 수의 교회를 파괴했고, 성직자들을 처형하거나 수용소에 보냈고, 공적 영역에서 종교적 정체성의 표현을 엄격하게 금지했었다. 소련에서 종교가 부활할 첫 번째 조짐을 보인 사건은 1941년 독일의 침공으로 시작된 대조국전쟁이었다. 스탈린은 사회주의와 같은 추상적 이념보다는 러시아를 향한 애국심이 총력전에 더 적합한 동원 이념이 될 것을 간파했다. 제2차 세계대전 시기 동안 억압받았던 러시아 정교회는 조국을 위해서 기도하고 병사들을 전선에서 독려하라는 새로운 임무를 부여받으며 교세를 다시 확장할 수 있었다. 많은 병사들이 참호에서 레닌주의나 세계혁명 대신에 고향의 어머니와 예수 그리스도를 생각하면서 독일군의 포격을 견뎌냈고 돌격에 나섰다.

    스탈린 사후 흐루쇼프 때에는 다시 종교에 대한 억압이 재개되었지만, 18년간 집권했던 브레즈네프 시기에 체제는 훨씬 더 타협적인 태도를 보여주었다. 정권 차원에서 공식적으로 종교를 인정하거나 지원하지는 않았지만, 공적 영역의 바깥에서 신앙생활을 몰래 수행하는 것을 구태여 문제 삼지는 않았다. 1970년대와 1980년대에, 주로 농촌 생활을 기억하는 노년층을 중심으로 교회는 다시 세력을 회복하고 있었다. 산업화된 소련의 도시에서 태어난 그들의 손자와 손녀들은 도시 생활에서 느끼는 실존적 불안감을 달래기 위해 조부모의 종교에 다시 귀의하는 일이 잦아졌다. 물론 러시아 정교회만이 불안의 유일한 해독제는 아니었다. 서구의 68세대와 마찬가지로 그들도 인도 종교로 대표되는 '동양적 영성'에 많은 관심을 표하기도 했고, 다른 이들은 서구의 록 음악을 듣고 소비문화를 따라가려고 노력하며 체제의 공식 이념이 채워줄 수 없는 영혼의 빈자리를 채우고자 했다.

    고르바초프가 1985년에 페레스트로이카를 시작하고 체제가 무너지기 시작하자, 이미 지하에서 저변을 넓히고 있던 종교는 홍수처럼 자신의 목소리를 내기 시작했다. 명백히 종교적 상징으로 가득했던 전통 러시아의 기억과 이미지가 다시 기념되기 시작했다. 1988년에 고르바초프는 러시아의 정교회 개종 1,000년을 기념하는 행사의 개최를 허락했다. 10년 전, 아니 5년 전만 하더라도 상상할 수 없는 일이었다. 1990년에 소련 정부는 크리스마스를 다시 공휴일로 지정했다. 70년에 걸친 볼셰비키의 전투적인 무신론 운동에도 불구하고 '거룩한 러시아'의 땅에서 믿음이 사라지는 일은 일어나지 않았던 것이다.

오늘날 러시아를 여행하게 되면 이 혼란스러웠던 시기에 러시아에서 종교가 어떻게 부활했는지를 더 생생하게 느낄 수 있다. 여느 기독교 국가와 마찬가지로, 러시아의 주요 도시 중심가에는 그 도시를 대표하는 아름다운 성당이 자리하고 있다. 정교회 특유의 양파 모양 지붕인 쿠폴로 장식된 교회당은 도시마다 제각기 독특한 디자인과 색감으로 강한 존재감을 과시한다. 내부로 들어가면 은은한 향내가 코끝을 스치는 가운데, 살짝 어둑한 황금빛으로 빛나는 이콘과 장식들을 마주할 수 있다. 하지만 이 교회의 상당수는 소련 시절에 파괴되었다가 1990년대와 그 이후에 재건된 것들이다. 물론 공산당이 모든 교회를 파괴한 것은 아니었다. 권력의 심장부인 크렘린의 교회들처럼, 역사적 상징성이 매우 큰 건물들은 살아남아 박물관이나 기타 다른 용도로 전환되곤 했다. 이처럼 운 좋게 살아남은 교회들은 다시 원래의 기능을 되찾았다. 대다수의 교회들은 그런 행운을 누릴 수 없었고, 우리가 지금 볼 수 있는 것은 대부분 역사적 자료를 바탕으로 재건된 건물들이다.

놀라운 것은 재건 시기다. 상당수 성당이 1990년대에 재건되었는데, 이때는 러시아 역사에서 가장 절망스러웠던 시대, 모든 것이 파괴되던 시대였다. 그럼에도 불구하고 수많은 정교회 신자가 자발적으로 모금에 참여하면서 신앙만큼은 다시 세워졌던 것이다. 모스크바의 중심부에 있는 구세주 그리스도 성당은 그렇

구세주 그리스도
성당, 2011년.

게 재건된 대표적인 교회였다. 볼셰비키는 종래의 구세주 그리스도 성당을 철거한 뒤에 거대한 레닌 동상을 건물 꼭대기에 얹어서 '소비에트 궁전'이라는 마천루를 세우려고 했다. 그런데 여러 이유가 겹쳐 소비에트 궁전 건설이 취소되면서, 구세주 그리스도 성당 자리는 냉전기에 거대한 수영장으로 재탄생했다. 그 후 혼란한 옐친 시대를 거쳐 2000년에 성당이 재건되었고, 그 고난의 역사에도 불구하고 끝끝내 부활한 정교회를 상징하는 공간이 되었다.

　1990년대와 2000년대를 거치며 정교회는 세력을 비약적으로 키울 수 있었다. 물론 러시아에서 정교회가 부활하는 양상은 터키나 인도와 같을 수는 없었다. 터키나 인도는 세속주의 정권이 근대화에 실패함에 따라 종교적 현대화를 주창하는 세력이 주도권을 잡으며 발전을 이끌었다. 하지만 러시아는 이미 소련 시기에 어느 정도 성공적인 근대화와 도시화를 달성하면서, 인구의 상당수가 종교에 큰 관심을 두지 않고 세속적인 삶을 살게 되었다. 교회가 다시 건립되고 사람들이 자신을 정교회 신자라고 말하는 비율은 높아졌지만, 젊은 층으로 내려갈수록 정기적으로 교회에 출석하거나 성경을 읽는 사람들의 비율은 여전히 바닥이었다. 터키나 인도와 달리 종교적인 중산층도 출현하지 않았다. 새로운 러시아의 중산층은 오히려 서구적인 소비문화를 더욱 열렬히 향유하는 이들이었다.

이런 한계에도 불구하고 정교회는 소련 해체 이후 방황하게 된 러시아에 옛 정체성과 기억을 소생시키면서 입지를 넓혀갔다. 정교회는 각종 수도원과 성당, 성지들을 관광 명소로 개발했고, 많은 러시아인들은 교회를 정기적으로 나가지는 않더라도 이러한 관광 명소들을 방문하면서 러시아의 정체성과 역사에 대해 생각할 기회를 갖게 되었다. 정교회 기관들은 다양한 방식의 종교 교육과 사회사업도 동시에 해나갔다. 특히 교회의 사회사업은 1990년대에 공산당의 복지 국가가 완벽히 파괴된 뒤에 러시아 사회가 회복력을 갖추게 되는 데 중요한 역할을 했다. 마약 중독자 재활 사업, 고아원, 에이즈 환자 돌봄 등 러시아 사회에서 속출하기 시작한 각종 문제들에 개입하며 교회는 자신의 역할을 찾을 수 있었다.

제한적으로나마 부활한 정교회는 국가의 기억을 다시 규정하는 사업에서도 맹렬히 활약했다. 볼셰비키가 파괴했던 교회들이 재건되었다는 것은 볼셰비키가 죽였던 사람들을 다시 기억할 수 있게 되었다는 뜻이기도 했다. 공산주의자들의 억압에 희생되었던 사람들은 물론, 정교회 신앙과 러시아 애국주의를 상징하는 과거의 보수적인 인사들이 기념되기 시작했다. 가장 논란이 많은 기념 대상은 볼셰비키가 처형한 마지막 차르인 니콜라이 2세였다. 우유부단한 성격의 니콜라이 2세는 끔찍한 수준의 실정으로 러시아 제국의 파멸에 결정적 책임이 있는 사람 중 하나였고, 업적이라고는 찾아볼 수 없는 인물이었다. 하지만 그는 볼셰비키가 파괴한 러시아의 '정상성'과 '문명적 전통'을 상징하는 인물로 갈수록 더 긍정적으로 기억되게 되었다. 우랄산맥의 중심 도시 예카테린부르크에는 그의 순교를 기념하는 '피의 성당'이 세워져 있다. 그 성당에 방문하면 수많은 방문객들이 성당 내부에 운집해 있는 광경을 볼 수 있다. 누군가는 진심으로 그를 기념하며, 누군가는 그저 관광 차원의 호기심으로 구경을 한다.

정교회와 결부된 러시아 애국자들을 교회가 새로이 기억하는 방식은 푸틴 정권의 구미에 몹시 맞는 일이었다. 동시에 옐친 시기의 혼란을 겪으며 보수주의에 안착하게 된 상당수의 러시아인에게도 그러했다. 요컨대 정교회는 고난과 영광으로 가득 찬 러시아의 역사와 정체성을 상징하게 되었다. 러시아인이 여러 고난에도 불구하고 꿋꿋이 '강대국'으로 남을 수 있는 이유는 신에 대한 믿음과 영적인 도덕성에 있다는 것이다. 이처럼 광범위하게 확산된 종교적, 문화적 민족주의 정서는 개인의 권리와 자유의지에 입각한 자유민주정에 의지하지 않고도 푸틴이 새로운 통치 논리를 확보하는 데 비옥한 토양이 될 수 있었다. '기독교적 가치'는 서구와 대별되며 점점 강화되는 푸틴의 권위주의를 정당화하는 핵심 논거가 되었다. 우크라이나의 유로마이단 혁명이 일어난 지 얼마 지나지 않아 세르게이 라브로프 외무부 장관은 "서구가 기독교적 뿌리로부터 점점 더 멀어지고 있는 반면에, 새로운 러시아는 정교에 뿌리를 둔 전통적 가치로 돌아가고 있다"[21]고 언급했다. 키릴 총대주교는 신앙과 민족의 수호자로서 푸틴을 적극적으로 지지한다고 밝혔다.

푸틴은 10세기부터 오늘날까지 이어지는 정교회의 각종 상징을 능수능란하게 활용하면서, 자신이 서구적 자유민주주의를 추구하는 '2등 유럽인'들의 지도자가 아니라, 인류에 위대한 사명이 있는 영적인 국가를 다스리는 지도자라는 이미지를 형성하는 데 성공했다. 물론 다수가 푸틴의 이런 이미지를 받아들인 것은 아니다. 하지만 러시아 역사에 깊이 뿌리 박혀 있는 자국의 독특한 정체성에 대한 믿음, 도덕적 사명이 있는 강대국이라는 자기 인식은 분명히 자유민주정과 구별되는 새로운 통치를 정당화하는 데 필수적인 것이었다. 그 정당화 논리는 오늘날 세속화된 다수의 러시아인에게 진심으로 다가가지는 못하더라도, 적어도 푸틴 정권의 기둥이 되어주는 열성 지지층을 이끄는 동력이 되기에는 모자람이 없었다.

유로마이단 혁명이 있었던 2014년은 '역사의 종언'이 선언된 지 25년이 지난 해였다. 그리고 이란과 폴란드에서 신의 복수가 시작된 지 35년이 지난 해이기도 했다. 당시 이미 세계 권력의 지형은 몰라볼 정도로 변해 있었다. 그 변화는 단순히 부의 분배나 기술의 변화로 설명될 수 있는 것이 아니었다. 영혼에 대한 갈증을 어떻게 풀 것인가. 믿음의 지형이 진정한 변화의 전선이었다. 터키에서는 에르도안이 권위적인 이슬람주의를 강화하면서 이스탄불 게지 공원의 시위를 진압하고 새로운 술탄으로 떠올랐다. 인도에서는 나렌드라 모디가 집권하여 '힌두의 승리'를 선언했다. 1979년 체제를 열어젖힌 이란 신정 체제는 2009년 자유주의자들의 부정선거 항의 시위인 녹색 운동에도 불구하고 건재했다. 종교의 부활이 선언되지는 않았을지라도 서구식 자유주의가 지구적인 보편 이념이 될 것이라는 전망은 세계 다른 지역에서도 심대한 타격을 입었다. 태국에서는 포퓰리스트 지도자 탁신의 도전을 분쇄하는 군부 쿠데타가 발생했고, 군부는 전통적인 동맹인 왕실 및 불교와 더욱 밀착했다. 2011년 아랍의 봄은 스마트폰과 SNS라는 기술 발전이 민주주의를 촉진할 것이라는 1989년식의 기대를 불러일으켰다. 하지만 대다수 아랍 국가에서는 샤리아에 따른 통치를 주장하는 이슬람주의자들과 세속주의적 군부가 충돌하면서 거대한 혼란이 벌어졌고, 아랍의 봄은 아랍의 겨울이 되었다.

한편 1989년 6월 4일 천안문 광장에서 역사의 종언을 좌절시킨 중국에서는 21세기부터 유교를 비롯한 중국 전통 사상의 부활이 선언되고 있었다. 물론 여전히 공산당의 이념과 역사가 중요하게 작동하는 중국에서는 신장위구르나 티베트에서 이루어지는 종교의 부활이 상당한 강도로 억압을 받기도 했다. 2014년에 중국이 추구하고 있던 변화는 영적 변화와는 다른 영역에서 훨씬 더 두드러졌다. 2013년에 이루어진 시진핑의 집권과 5세대 지도부의 출범은 중국이 경제 개방에 으레 따라오는 정치적, 사회적 자유화를 좌시하지 않겠다는 중요한 신호였다. 1979년에 개혁개방을 통해 폭발적인 경제 성장을 이룬 중국은 역시나 외부 세력인 서구와 내부의 자유화 압박에 대응하기 위한 또 다른 구상을 만들고 있었다. 인도양과 중앙아시아를 관통하는 전통 시대의 교역로를 막대한 자본 투자를 통해서 일신하고자 한 '실크로드 프로젝트'였다.

그리고 1989년 체제가 1979년 체제의 맹렬한 도전을 받기 시작한 2010년대, 러시아에서는 그 자신이 추구한 새로운 통치 논리와 중국의 지정학적 기획을 통합하는 새로운 개념이 전면에 등장하게 되었다. '유라시아'라 불리게 될 이 기획은 단순히 미국이 주도하는 해양 패권에 대항할 수 있는 지정학적 요새를 건설하는 전망에 그치는 것이 아니었다. 유라시아는 대서양과 태평양을 장악한 서방 진영에 맞서 대륙 세력의 연대를 가능하게 하는 개념이기도 했다. 바야흐로 영적 지형을 재편하고자 한 러시아의 기획과, 자본과 물류의 지형을 재편하고자 한 중국의 기획(일대일로)이 결합하려 하고 있었다.

7장

신유라시아주의

러시아 사람들과, '러시아 세계'의 여러 민족들에 속한 사람들[22]은 유럽인도, 아시아인도 아니다. 우리를 둘러싸고 있는 그리고 우리 자신의 고유한 문화 및 삶의 요소들을 융합하여, 우리는 스스로를 다음과 같이 인정하는 것을 부끄러워하지 않는다. 유라시아인들이라고.

_니콜라이 트루베츠코이[23]

유럽의 영광은 아시아의 굴욕이다! (…) 처음부터 추격과 전쟁, 해적과 약탈에서 태어난 지중해와 발트해 연안의 불안한 해양 본능은 농업 아시아의 대륙적 만족과 강한 대조를 이루었다.

_오카쿠라 텐신, 〈동양의 각성〉[24]

모든 죽은 세대의 전통은 악몽과도 같이 살아 있는 사람들의 머리를 짓누른다. 현 세대가 자기 자신과 만물을 개조하고 이제까지 존재한 적이 없는 무엇인가를 창출해내는 데 몰두하는 것처럼 보이는 시기에도, 바로 그와 같은 혁명적 위기의 시기에도 그들은 자기의 일을 도와 달라고 노심초사하면서 과거의 망령들을 주술로 불러내어, 이 망령들로부터 이름과 전투 구호와 의상을 빌려 유서 깊은 분장과 차용한 언어로 세계사의 새로운 장면을 연출한다.

_카를 마르크스, 〈루이 보나파르트의 브뤼메르 18일〉[25]

막스 베버는 "국가는 폭력의 독점체"라는 유명한 말을 남겼다. 확실히 국가의 본질은 영토 안에 있는 자원, 사람, 정보 등에 대한 독점적인 권력 행사다. 그런 능력이 없는 국가는 취약한 국가다. 하지만 국가가 자신이 원한다고 해서 폭력을 마음대로 행사할 수 있는 것은 아니다. 인간은 폭력과 타의에 의해서만 움직이는 존재가 아니다. 국가 권력이 가장 효율적으로 작동하기 위해서는 권력의 대상이 되는 주민들이 국가 권력의 존재와 작동을 지지하고, 때로는 그에 자발적으로 참여할 수 있어야 한다. 근대 국가의 형성과 진화는 국가의 힘과 주민의 지지가 최적의 합의점을 찾는 방향으로 끊임없이 움직여온 역사였다.

어떻게 통치를 정당화할 것인가

국가는 권력과 통치의 정당성, 합법성을 어디에서 구했고, 어떤 방식으로 국민을 설득했을까? 가장 강력한 정서적 기반은 민족주의였다. 민족은 공통의 역사와 문화를 공유하여 국가를 이루고자 하는 집단이다. 대부분의 지역에서 강력한 국가 권력은 경쟁하는 민족국가 사이에서 해당 국가의 생존과 발전을 위해서라면 충분히 정당화될 수 있었다(만약 주민 대부분이 같은 민족 정체성을 강하게 공유한다면 말이다). 그러나 단순히 민족주의만으로 국가를 통치하는 일은 쉬운 일은 아니었다. 특히 두 차례의 세계대전을 겪으면서, 민족 간의 혈투가 끔찍한 재난을 만들 수 있다는 것을 사람들이 깨달은 뒤로는 더욱 그렇게 되었다. 국가는 단순히 민족의 이익을 대표한다는 정서적인 지지를 넘어서는 또 다른 통치 정당성의 원천을 확보해야만 했다. 국가는 주민들이 지지하는 공동의 프로젝트와 비전을 제시해야 했다.

　민족주의를 한층 더 강화한 파시즘을 제외하면, 20세기 국가관을 둘러싼 싸움은 큰 틀에서 자유주의와 사회주의의 싸움으로 요약된다. 자유주의는 세계가 개인으로 구성되어 있다고 믿으며, 헌법의 틀 속에서 개인의 의사를 다수결 투표로 종합하여 결정하는 것이 이상적 통치라고 주장한다. 세계와 국가를 구성하는 최소 단위들의 의사를 직접적으로 반영하여 통치하는 것이 국가가 그 구성원들을 위해 봉사하는 방법이다. 자유주의의 통치 이념은 현대 대한민국의 이념이기도 하며, 적어도 1987년 이후의 한국 사회에서는 더 설명할 필요가 없을 정도로 익숙한 이념이다.

　반면 사회주의는 세계가 계급으로 구성된다고 믿는다. 모든 개인은 생산력에 따라 형성된 생산관계, 계급의 이익과 계급이 형성하는 특수한 문화에 따라 사고하고 행동한다. 사회주의는 기존의 국가들이 지배계급, 특히 가치를 생산하지 않으면서 착취를 통한 불로소득을 누리는 계급의 이익에 따라 조종되는 기구라고 비난했다. 그들은 대신 만약 국가가 필요하다면 정말로 가치를 생산하는 노동계급의 이익을 반영하여 통치해야만 한다고 주장한다. 소련과 그 파생 국가들에서 노동계급의 이익을 가장 잘 대변하는 집단은 공산당을 비롯한 전위정당이다. 그들이 나머지 사회를 인도해 올바른 길을 밝히는 것이 정당한 통치. 유럽에서 사회주의의 매력은 제2차 세계대전 이후 빠르게 퇴색되었지만, '진정한 세계의 주인'인 피착취자의 의사를 대변한다는 사회주의의 비전은 제3세계 탈식민주의와 결합하여 유럽 바깥에서 놀라운 힘을 발휘하며 자유주의나 여타 친서방 민족주의 세력과 경쟁했다.

1991년 소비에트 연방의 해체는 국가의 통치 정당성을 보장해주는 이념으로서 사회주의가 생명력을 상실했다는 의미이기도 했다. '역사의 종언'은 이제 이 세상을 구성하는 200여 개의 민족국가가 정당성을 행사할 수 있는 유일한 근원이 자유주의 이념에 있다는 선언이었다. 동구권의 시민들은 이제는 노동계급을 대표하는 전위정당 대신에 개인의 의사를 다수결과 법치에 따라서, 즉 자유주의에 따라서 국가를 통치해야 한다고 외쳤다. 그렇게 자유주의가 얻은 이념적 패권의 힘은 엄청나게 강력한 것이었다. 새뮤얼 헌팅턴은 《제3의 물결》에서 1980년대를 전후로 자유민주주의를 향한 막대한 요구가 전세계적으로 분출되면서 민주화가 마치 물결처럼 퍼져나간 모습을 그려냈다. 과거 자유주의 이념에 대한 대항 논리로 제시되던 민족주의나 사회주의는 전후 세계에 태어난 신세대들 사이에서 빠르게 퇴조했다.

서방 국가들이 행사하는 지적, 도덕적 패권은 비서방 권위주의 세계의 시민들에게 빠르게 퍼져나가 저항운동을 자극했다. 자유주의 이념에서는 군부 독재든, 당 독재든, 개인 독재든 간에 헌법의 원칙과 다수결 투표로 정당화되지 않은 권력은 모두 존립 근거가 없는 부당한 권력이었다. 부당한 권력은 국가 폭력을 특정 지배 집단의 이해관계를 위해 무절제하게 휘두르게 되니, 다수 주민들의 이익과 발전을 저해할 수밖에 없다. 이것이 자유주의가 느끼는 불의不義였다. 정의와 불의에 대한 이러한 관념은 탈냉전 시대 이후에 더욱 강화되어 세계 각지의 권위주의 정권을 위협했다. 구소련권에서는 색깔혁명이 퍼져나갔고, 중동에서는 아랍 봉기가 30년에 걸친 독재 정권들을 무너뜨렸다. 공산당이 놀라운 물질적 성취를 이룩한 중국에서도 류샤오보 같은 인물들이 주창하는 헌정과 민주주의 요구가 호소력을 발휘했다.

따라서 21세기의 권위주의 국가 지도자들에게 가장 필요해진 것은 시민들에게 나눠주어 불만을 무마시켜줄 물질적 부가 아니었다. 물론 과거 많은 권위주의 정권들이 물질적 부의 부족으로 인해 위기를 맞이한 것은 사실이었다. 하지만 한국과 대만의 사례는 물질적 부가 늘어나더라도 역시 마찬가지로 권위주의 정권의 통치 정당성이 흔들린다는 것을 보여주었다. 많은 서구의 관찰자들은 중국이 한국과 대만이 걸었던 길에 진입했다면서 중국의 민주화를 낙관했다. 물질적인 문제로만 통치 정당성을 한정짓는다면 권위주의 정권은 그야말로 진퇴양난에 걸리게 되는 셈이었다. 따라서 정말 중요한 것은 단순한 소득과 소비의 문제를 넘어서, 억압적 통치마저 정당화할 수 있게 해주는 새로운 통치 논리, 새로운 통치 정당성의 원천이었다. 진짜 문제는 경제가 아니라 이데올로기와 상상력이었다.

서방에 대항하는 강대국들은 국가적으로 이러한 상상력의 원천을 육성했다. 1979년 이슬람 혁명을 통해 정권을 획득한 후 신학자들에 의한 통치 Velayat-e Faqih를 내세운 이란 이슬람 공화국은 시아파 이슬람을 그러한 원천으로 삼았다. 학자들은 서구와 이슬람을 아우르는 지적 전통을 연구하며, 억압적인 이란 정부의 권력 행사를 정당화하는 각종 논리를 개발했다. 중국 또한 새로운 통치 정당성이 필요했다. 중국은 여전히 마르크스주의를 내세우고 있긴 했지만, 자본주의를 받아들이면서 엄청난 불평등이 쌓여

가고 있었다. 그들은 중앙당교나 중국사회과학원 등의 국가 연구 기관을 통하여 민족주의와 경제 성장, 그리고 정치적 안정을 결합한 자신들만의 통치 논리를 확립했다. 중국 공산당은 자유주의가 보편적인 통치 이념이 될 수 없으며, 각 민족과 국가는 각자의 실정에 맞는 적합한 통치 이념을 가질 수 있다고 주장했다. 중화 민족의 발전을 선도하고 중앙 통제력 상실로 인한 혼란을 방지하는 일은 중국 공산당이 가장 잘 해낼 수 있다는 것이 그들의 논리였다.

하지만 이란이나 중국과 달리 푸틴의 러시아는 새로운 통치 논리의 창조라는 과제가 더 어려울 수밖에 없었다. 러시아는 자유주의로부터 이탈했던 소련 체제가 종국적으로 실패했다는 뼈아픈 경험을 여전히 간직하고 있었고, 그 실패를 반성하며 자유주의를 수용하기까지 했었다. 물론 러시아의 자유주의 실험은 대혼란으로 끝났지만, 자유주의 이념, 자유주의의 본류인 서방에 합류하고 싶다는 열망은 아직도 많은 이들의 뇌리에 각인되어 있었다. 그 열망은 2011년에 러시아 각지의 거리 시위로 구체화되면서 자신의 에너지를 입증했다. 물론 2006년에 수르코프가 펼친 주권 민주주의가 중국과 어느 정도 유사한 정당화 논리를 제공하기는 했다. 중앙 집권형 제국 질서를 통해서 정치적 안정과 경제적 번영, 높은 국제적 존재감을 성취할 수 있고, 이는 러시아 인민의 이익과 의사에 부합한다는 것이었다. 하지만 중국 공산당이 지닌 한 세기에 가까운 역사, 민족 해방과 제국 재건이라는 역사적 위업, 경제 성장과 국력 신장이라는 가시적 성과 등에 빗대어 볼 때, '새로운 차르' 푸틴의 개인 독재는 정당성의 기반이 취약할 수밖에 없었다.

알렉산드르 두긴은 누구인가

2017년 러시아의 국영TV 〈채널-1〉에서 혁명 100주년을 맞이하여 제작된 드라마 〈트로츠키〉가 방영되었다. 이 드라마는 세계 최초의 사회주의 혁명에 대해 현재의 러시아 정부가 무엇을 '기억'하길 원하는지 상징적으로 보여주었다. 러시아 정부가 보여주기로 한 주인공은 위대한 공산주의 혁명가 레닌도, 붉은 제국의 차르 스탈린도 아니었다. 그 대신, 세계혁명이라는 이상에 불타올랐던 인물, 내전기에 잔혹한 탄압을 지휘하다가 그 자신도 숙청당해 비극적으로 죽게 된 인물, 레프 트로츠키가 조명되었다. 드라마는 매력적인 혁명가 트로츠키를 그려내는 한편, 볼셰비키와 러시아혁명을 일관되게 부정적으로 묘사한다. 이러한 역사관은 에피소드8에서 직접적으로 드러난다.

여기서 트로츠키는 어떤 방에 들어가서 한 철학자를 회유하고 있다. 만약 소비에트 권력을 지지하는 연서명을 쓰면 그와 그의 동료, 가족들의 목숨을 모두 구해줄 것이라는 얘기였다. 철학자는 결연한 표정으로 절대 그럴 일은 없을 것이며, 볼셰비키는 그저 강도, 거짓말쟁이, 살인마에 지나지 않는다고 맹비난한다. 트로츠키가 미래를 생각하자고 이야기했지만, 철학자는 미래는 이미 여기, 돌로 된 지하감옥에 와 있다고 비웃는다. 당황한 트로츠키는 볼셰비키가 사기꾼과 살인마에 지나지 않는다면 저 많은 인민이 왜 우리와 함께하겠냐고 되묻는다. 철학자는 표정 하나 바꾸지 않고 대답한다. 당신을 따르는 인민은 그저 폭도들일 뿐이다. 아니면 범죄자들의 협박을 받았거나, 지상의 물질적 수준 따위의 이야기에 현혹된 이들이다. 당신들의 혁명론이란 것은 사탄의 간교함과 다름없다. 결국 트로츠키는 설득에 실패한다.

드라마에 등장하는 대담한 철학자는 실존 인물인 이반 일린을 바탕으로 만들어졌다. 일린은 러시아혁명 때 볼셰비키를 피해 서유럽으로 망명했고, 그곳에서 파시스트 사상가들의 영향을 받으며 독특한 극우 사상을 발전시킨 인물이다. 푸틴 정부는 2기에 접어들면서 크렘린의 권력을 정당화하기 위해 새로운 이념을 모색했는데, 그 과정에서 일린을 발굴해 본격적으로 언급하기 시작했다. 그런 의미에서 드라마 속 일린이 러시아혁명과 트로츠키에 대해 남긴 평은, 체제가 일린의 입을 빌려 러시아혁명에 대해 평가를 남긴 것이라고도 할 수 있었다. '저속한 폭도들이 일으키는 혁명이라는 것은, 세상에 혼란을 흩뿌리고 사탄의 유혹에 넘어가는 것에 지나지 않는다.' 실제 일린의 사상은 정신적으로 타락한 서유럽 문명을 구원할 러시아의 임무, 그리고 그를 위한 지도자 숭배 등으로 요약될 수 있었다. 러시아 정부는 이후 일린의 저작들을 모두 수집하고 그의 유해를 다시 러시아로 이장하면서 일린을 예우했다.

러시아 정부의 노력은 그뿐만이 아니었다. 2007년에 정부는 루스키 미르 재단을 설립하여 러시아 문화를 국제적인 차원에서 널리 알리고 러시아어 보급에도 앞장설 것임을 공표했다. 그러나 이는 단순히 서구 국가들이 운영하는 일반적인 공공 외교 재단을 넘어서는 의미를 띠는 것이었다. '러시아의 세계'라는 뜻의 루스키 미르는 러시아의 영토 공간은 물론, 국경 바깥의 러시아인들이 거주하는 공간, 나아가 러시아어를 사용하고 러시아 문화를 내면화한 이들의 공간, 러시아의 영적·정신적 공간 등 다양한 의미를 포괄한다. 이전부터도 러시아에서 종종 언급되는 개념이었던 루스키 미르는 러시아 정부가 지지하는 민족주의 이데올로기, 새로운 통치 정당성의 근원을 함축하는 개념으로 변모했다. 러시아 국가, 그리고 지도자의 사명은 러시아의 세계를 사수하고 러시아의 세계가 전세계에서 합당한 위치를 점한 채 대우를 받게끔 러시아를 소생시키는 것이 되어야 했다.

짧은 막간이었던 메드베데프 시대가 지나고, 2012년에 푸틴 3기가 시작되면서 러시아에서 새로운 통치 이데올로기를 마련하는 작업은 더욱 박차를 가했다. 색깔혁명, 아랍 봉기, 2011년의 부정선거 논란과 반푸틴 시위를 거친 상황에서 또다시 푸틴이 집권하는 것은 대내외적으로 막대한 부담이 될 수밖에 없었다. 러시아 바깥은 물론이고 러시아 안에서조차 서구식 자유주의 이데올로기는 여전히 통치의 근간으로서 사람들의 상식을 형성하고 있었다. 2012년에 이에 대한 대항적인 지적 거점으로 이즈보르스키 클럽이 설립되었다. 이 클럽은 러시아의 극우적 지식인들의 네트워크로서, 루스키 미르를 위한 이념과 담론을 생산하는 목적을 띠고 있었다. 에스토니아 근처의 이즈보르스크에 터를 잡은 까닭은 이 도시가 폴란드, 스웨덴을 비롯한 '서쪽의 침입자'로부터 러시아를 지키는 보루로서의 역사적 위상을 지녔기 때문이다. 회장을 맡은 알렉산드르 프로하노프를 비롯한 작가, 학자, 성직자 등의 다양한 인물들이 이즈보르스키 클럽을 통해 서로 교류하고 러시아의 새로운 통치 질서를 위한 사상과 논리를 고안해냈으며, 무엇보다 그들의 사상을 국제적 차원에서 확산시키고자 했다. 이 단체에는 우크라이나 전쟁 이후 세계적 악명을 획득한 극우 사상가가 포함되어 있었으니, 바로 알렉산드르 두긴이다.

먼저 알렉산드르 두긴에 대해 알려진 여러 이야기들을 짚고 넘어갈 필요가 있겠다. 2022년 8월 20일, 두긴의 딸 다리야 두기나가 모스크바에서 폭탄 테러로 암살당하면서 두긴은 러시아 안팎에서 다시금 조명을 받게 되었다. 수염이 잔뜩 나 있는 외모 덕택에 서방에서는 그를 종종 '푸틴의 라스푸틴*' '푸틴의 브레인' 등으로 묘사하기도 한다. 그러나 두긴 사상이 갖는 힘과 영향력이 아무리 크다 해도, 사실 이러한 평가는 과장된 것이라고 말할 수밖에 없다. 두긴의 사상은 형이상학, 역사 등을 조합한 매우 추상적인 체계를 이루고 있다. 두긴의 이론에 근거해서 직접적인 정책을 결정하기에는 실제 푸틴이 처리해야 하는 일은 정치적으로 복잡한 맥락을 띠고 있는 데다 기술적이며 전문적인 지식을 요구한다. 게다가 푸틴 주변의 사상가나 조언가가 두긴만 있는 것도 아니다. 대표적으로 2020년 수석보좌관에서 경질되기 전까지 푸틴의 최측근이었던 수르코프(주권 민주주의의 고안자)를 들 수 있다. 따라서 두긴의 사상이 푸틴의 실제 행동에 얼마간 영향을 끼쳤다 해도, 그것은 매우 간접적인 방식이지, 직접적인 정책 결

---

* 제정 러시아의 성직자(1872~1916). 니콜라이 2세의 신임을 얻어 국정을 좌우하다가 암살되었다.

알렉산드르 두긴,
2018년 테헤란대학교에서 열린
유라시아 지역 문명 회의.

정의 내밀한 과정에 개입한 것은 아니다.

그렇다면 두긴이 이토록 주목받는 이유는 무엇일까? 그가 서구에서도 일찍부터 조명받은 데는 두 가지 요인이 크게 작용했다. 첫째는 두긴의 국제성이다. 두긴은 자신의 글을 영어로 활발하게 출간한 것은 물론, 세계 각지의 극우 사상가들과 네트워크나 연대체를 만드는 것을 선호해왔다. 두긴과 생각을 공유하는 이즈보르스크 클럽의 다른 사상가들의 글은 러시아어 구사자가 아니라면 접근하기 어려울 때가 많다. 둘째로 두긴은 스타성이 있다. 수염이 무성한 외모는 그의 지적 계보와 닿아 있는 도스토옙스키나 솔제니친의 이미지와 매우 잘 부합한다. 서구인들이 러시아 지식인들에게서 기대하는 신비롭고 영적인 이미지 말이다. 물론 이런 요소들만으로 두긴의 중요성을 전부 설명할 수는 없다. 두긴의 사상과 그가 제시하는 서사가 아무 내용도 없었다면 결코 지금과 같은 위상을 획득하지 못했을 것이다.

두긴 사상 혹은 그의 '신유라시아주의'의 가장 큰 강점은, 그 사상이 세계와 역사를 바라보는 종합적인 시야와 서사를 제공해 준다는 데 있다. 러시아 역사에 대한 구체적 맥락과 러시아의 지적 전통을 이해해야 접근할 수 있는 다른 사상과 달리, 두긴의 사상은 기본적으로 지구, 대륙, 해양과 같은 공간 관념을 기반으로 전개되고, 그 위에서 펼쳐지는 인간 역사를 해석하면서 서사를 쌓는다. 두긴의 논리를 정당화하는 여러 언설을 직접적으로 따라가려면 플라톤과 하이데거, 이슬람 신학 등을 들춰봐야 하지만, 사실 두긴이 제시하는 서사 자체는 놀랍도록 단순하다. 두긴은 명쾌하고 단순한 서사를 통해 세계와 역사에 대한 재해석을 제공하여 막강한 호소력과 힘을 획득할 수 있었다. 무엇보다 러시아를 넘어서 외부 세계의 사람들을 '감화'시킬 수 있던 것이 특히 중요했다. 이 감화 과정 자체가 두긴이 구상한 세계 질서의 실현이기도 했다. 이런 특징은 역설적으로 그가 증오해 마지않는 자유주의 사상과 많이 겹치는 것이기도 하다.

두긴을 푸틴의 직접적인 조언자이자 막후의 정책 결정자로 인식하기보다는 대안적이며 종합적인 세계관을 제시하는 사상가로 이해할 필요가 있다. 그의 사상이 중요한 이유는, 그것이 러시아의 국시國是로 채택되었기 때문이 아니라, 자유주의를 적극적으로 거부해야 하는 러시아 정부가 후원하는 새로운 극우 사상의 일면을 보여주기 때문이다. 두긴의 사상은 단독으로 존재하지 않는다. 이즈보르스키 클럽을 비롯한 국내 네트워크, 그리고 러시아 바깥까지 뻗어 있는 극우 지식인과 정치적 행동가들의 네트워크로 존재한다. 글로벌 극우라는 생태계에서 일종의 중요 교차점 역할을 하는 셈이다. 물론 이 네트워크의 사상들 간에는 여러 차이점들이 있지만 목표는 명확하다. 러시아라는 제국적 공간에 대한 권위적 통치를 어떻게 자유민주주의가 아닌 다른 논리로 정당화할 것인가? 두긴의 신유라시아주의는 이 질문에 대해 매력적인 대안 서사를 제시해 영향력을 발휘하고 있는 셈이다.

동서가 아닌 제3의 길

신유라시아주의는 그 이름에서부터 보이듯, 유라시아주의 혹은 '고전 유라시아주의'를 계승했다고 주장하는 사상이다. 유라시아주의는 17~18세기 표트르 대제의 개혁 이후 러시아가 오랜 기간 겪었던 동과 서 사이의 정체성 갈등, 그중에서도 19세기에 격렬하게 분출된 서구주의와 슬라브주의의 경쟁 위에서 등장했다. 서구주의를 받아들이고 유럽의 '문명화 사명'에 참여하는 길로 캅카스와 중앙아시아에 대한 적극적인 식민화를 추구했던 러시아에서는 19세기 후반이 되었을 때 서구의 인정을 받는 것이 의미 없다는 회의론이 크게 대두되었다. 영국은 크림전쟁 이래로 수십 년에 걸쳐 러시아의 팽창을 차단하고 있었고, 서유럽 지식인들은 러시아를 동양적 전제주의와 야만의 상징으로 멸시하기 일쑤였다. 이 시기 서유럽과 계몽주의에 대하여 유사한 불만을 공유하고 있던 독일 낭만주의 사조가 러시아에 유입되었고, 많은 러시아 지식인들이 서구와 대별되는 독자적인 러시아의 문화와 정체성을 내걸 필요가 있다고 주장했다. 전통적으로 서구주의와 경쟁했던 슬라브주의는 정교회 신앙의 우월성, 차르 아래에서 공존하는 다민족 제국, 계몽주의의 공격에도 굴하지 않는 러시아의 전통적 생활양식과 도덕성, 농민 공동체의 이상理想을 이야기했다. 하지만 슬라브주의와 그를 계승한 대러시아 민족주의는 많은 부분에서 여전히 서구 문명을 지향하고 있었다. 슬라브주의자들이 보기에 서구 문명의 '올바른 모습'은 서유럽의 계몽주의가 아니라 슬라브인들이 지키고 있는 전통과 신앙에 있었다. 따라서 동과 서 사이의 러시아는 아시아의 민족들에게는 기독교를 비롯한 서구 문명을 전해주고, 서유럽의 민족들에게는 영적 구원을 줄 수 있었다.

    러시아 제국의 황혼기, 혹은 러시아 사상과 예술의 '백은시대'였던 1890년대와 1900년대에 일단의 학자와 사상가들은 슬라브주의에서 한 발자국 더 동쪽으로 나아갔다. 이들은 여전히 정교회 신앙과 슬라브 문화의 가치를 이야기했지만, 그 근거를 많은 부분 동쪽에서 찾았다. 러시아는 중국, 인도와 같은 아시아의 위대한 문명과 전통을 공유하고 있으며, 그렇기 때문에 서구가 지니지 못한 가치를 가질 수 있다는 것이었다. 하지만 당시 아시아에 대해 러시아 지식인들이 품었던 호감은 실제 아시아 사회와 역사, 사람들과 상호작용하면서 나온 것은 아니었다. 러시아와 서유럽, 특히 영국과의 갈등이 계속되면서, 서구에 대항하기 위한 근거로서 아시아라는 안티테제를 세운 것에 가까웠다. 그 내용물은 러시아인들이 생각하는 서구의 구성물을 반대로 뒤집은 것들로 채워졌다. 20세기 여명기의 아시아 열풍이 실제보다는 상상에 기초했기 때문에, 아시아의 실제적 위협인 러일전쟁을 거치면서 위축되는 것은 자연스러운 일이었다.

하지만 아시아를 향한 러시아 지식인들의 새로운 해석은 러시아 제국의 붕괴와 볼셰비키 정권의 수립을 맞이하면서 또 다른 전기를 맞게 되었다. 제국이 무너지고 여러 해에 걸친 대혼란이 펼쳐지면서 수많은 러시아의 지식인들이 망명길에 올랐다. 이들은 서유럽과 미국에서 망명자 공동체를 형성하고, 볼셰비키가 장악한 러시아 본토와는 제한된 연결을 유지한 채 독자적인 사상가 그룹을 구성했다. 앞서 푸틴이 재발견했다는 이반 일린도 이러한 망명자 공동체의 일원이었다. 그리고 1920년대에 일군의 학자들이 서로 교류하며 러시아의 역사와 사명을 재해석하는 글들을 발표했는데, 언어학자인 니콜라이 트루베츠코이를 필두로 사비츠키, 플로롭스키, 카르사빈, 미르스키, 베르나드스키 등이 그 주인공들이었다. 서구로부터 거부당한 러시아의 경험과 제1차 세계대전이 서구의 심장에서 만들어낸 참상으로 인하여 일련의 지식인 그룹에 서구 회의론이 강하게 퍼졌다. 하지만 아시아는 유럽의 진보가 만들어낸 막강한 힘에 대처할 수준이 되지 못했다. 따라서 이들은 러시아가 온전한 유럽도 아니며 아시아도 아닌 '유라시아'라는 공간을 형성하고 있으며, 러시아가 자신의 '유라시아성'을 인식할 때 동과 서의 분열을 극복하고 인류에 기여할 수 있으리라 보았다.

유라시아주의 그룹이 천착했던 핵심적인 화두는 슬라브주의와 마찬가지로 민족과 문화의 고유성과 유기적 일체성이었다. 이는 유라시아주의 사상가들의 지도자 격이었던 트루베츠코이가 언어학자였다는 것과도 큰 연관을 맺고 있다. 그들은 지리적 공간, 그 위에서 공동체가 형성한 독특한 언어와 문화가 본질적 차원에서는 침해될 수 없는 고유성을 지닌다고 보았다. 이와 같은 주장은 역사에는 단선적인 발전 단계가 있으며, 가장 앞선 서구가 나머지 비서구 민족들을 발전으로 이끌어야 한다는(혹은 그들은 영영 발전할 가망이 없다는) 당시의 일반적 생각에 대한 반론으로서 등장했다. 트루베츠코이는 인류 보편적으로 적용되는, 하나의 결말로 향하는 단선적 발전은 존재하지 않고, 각 민족은 각자의 고유한 공간에서 자기 나름의 발전과 흥망성쇠의 순환을 경험한다고 생각했다.

그렇다면 러시아가 지닌 고유성은 무엇인가? 유라시아주의자들은 제국적 성격이야말로 유럽과 아시아의 면모를 모두 지니고 있는 러시아의 고유성이라고 보았다. 일례로 유라시아주의 역사학자 베르나드스키는 러시아의 역사를 '숲'과 '초원'의 대립 속에서 펼쳐진 종합이라고 보았다. 숲의 민족인 러시아인과 초원의 민족인 몽골-타타르인들은 세력의 부침을 겪으면서 상대방을 지배하는 대립의 시기를 거쳤다. 그런 뒤 18세기 러시아 제국에 의하여 이 두 지리적 공간의 상이한 민족들이 진정한 통일체를 이루었다는 것이다. 러시아 역사의 이런 제국적 성격은 무슬림, 타타르인, 아시아인, 몽골인 등이 각자의 문화적 원형을 보존하면서도 러시아 국가라는 더 큰 틀 속에서 공존하고 조화를 이룰 수 있는 조건이 되어주었다. 이런 제국 질서 아래에서 다원성을 긍정한 것이야말로 몽골-타타르의 지배가 러시아 국가 형성에 결정적으로 기여한 것이었다. 러시아 고유의 성격은 '투란'인으로 통칭되는 몽골, 타타르, 튀르크와의 투쟁과 교류 속에서 서구와 구별되는 방식으로 탄생했다는 것이다. 다른 한편으로 유라시아주의자들은 상이한 민족을 하나로 묶어주는 근간으로 여전히 러시아 정교회의 역할을 강하게 지지하기도 했다. 이런 이유로 고전 유라시아주의자들은 다민족 연방 체제를 건설하고 무신론을 강력하게 옹호하던 볼셰비키에 대해 양가적 태도를 가질 수밖에 없었다.

물론 망명 지식인 집단인 유라시아주의자들이 당시의 소련에 (혹은 세계적으로도) 대단한 영향력을 행사하기는 어려웠다. 1938년 트루베츠코이가 사망하고, 제2차 세계대전이 발발하면서 유라시아주의 그룹의 활동은 거의 끝나버렸다. 하지만 이런 상황에도 불구하고 소련 내부에서 유라시아주의의 불씨를 지킨 사상가가 있었으니, 바로 레프 구밀료프였다. 러시아의 저명한 문인인 니콜라이 구밀료프와 안나 아흐마토바의 아들이었던 그는 스탈린 시대의 테러로 아버지를 잃고 그 자신도 시베리아의 수용소에 수감되기도 했다. 그러나 20대에 타지키스탄을 탐험하고 레닌그라드 대학교 역사학부에서 공부하면서, 끊임없이 러시아와 중앙아시아, 유목민의 관계에 대해 고민을 했다. 그는 수용소와 제2차 세계대전의 전선을 오가는 삶 속에서도 유라시아 문제에 천착했다. 역사학, 고고학, 지리학 등 다양한 학문 분야를 섭렵하고, 흉노와 고대 튀르크인, 몽골 제국에 대한 연구를 진행해나갔다. 그렇게 구밀료프는 1920년대의 망명 지식인들과는 상당히 다른 각도에서 유라시아주의에 접근하면서도 그들과 유사한 결론에 도달하기에 이른다.

1960년대를 거치며 정립된 구밀료프 역사 이론의 핵심은 《민족형성과 지구의 생물권Etnogenez I Biosphera Zemli》이라는 저서에서 구체화되었다. 그는 공부 과정에서 지구과학자 블라디미르 베르나드스키의 영향을 강하게 받았는데, 그로 인해 생태학, 기후학, 인구학, 지리학 등 자연과학의 언어를 구사하곤 했다. 이 책에서 구밀료프는 민족이 고유한 지리적 환경 속에서 우주방사선의 변동에 따라 형성되고 부침을 거듭한다는 주장을 전개했다. 충분한 부양 능력을 지닌 공간에서 민족이 탄생하며, 그 민족이 열정passionarnost을 지니면 흥기하고 열정을 상실하면 쇠퇴한다. 열정은 인간이 지니고 있는 생화학적 에너지가 넘치는 상태로, 집단의 영광, 초월성, 현상의 급격한 변경 등을 추구하는 막강하고 비합리적인 힘이다. 한편, 각 민족은 더 상위의 초민족superethnos과 더 작은 개념인 하위민족subethnos의 관계를 통해서 위계적 시스템을 구성한다. 구밀료프는 동아시아의 정주민과 유목민, 유럽인과 무슬림, 아시아인으로 대표되는 초민족 간의 갈등과 교류의 역사를 이러한 열정의 부침으로 설명했다. 그의 설명에 따르면 러시아 역사는 칭기즈칸의 몽골 제국으로부터 받은 제국적 기획과 통치술을 바탕으로, 러시아인들이 유라시아 공간에서 다양한 민족들이 공존하는 초민족 공동체를 만든 역사였다. 그는 몽골인에게는 우호적이었지만 유대인에게는 적개심을 드러냈다. 그의 이론에 따르면 유대인은 어떠한 초민족체에도 속하지 않고 기생하면서 민족 공동체를 파괴하는 '키메라' 종족이었다.

구밀료프의 저작들은 소련 당국과 공식적인 학술 공동체에서 많은 비판을 받았으며, 비전문성과 자의성을 이유로 무시되곤 했다. 특히 그의 역사 이론의 핵심 전제인 지리결정론은 마르크스주의의 역사 유물론과는 상극이었다. 또한 민족 활동의 생애주기를 우주방사선으로 설명하는 이론은 과학적 언어의 외피를 둘러쓰고 있었지만 실제 과학과는 전혀 관련이 없었다. 하지만 페레스트로이카를 거치면서 그의 이론은 뒤늦게 러시아에서 각광받았고, 말년의 구밀료프는 러시아 지적 생태계에서 일약 스타로 거듭날 수 있었다. 러시아의 유라시아성과 우월성을 강조한 것이 많은 이들에게 호소력 있게 가닿았다. 구밀료프는 1992년 사망한 이후에 더욱 큰 명망을 얻었는데, 당시 러시아인들은 소련 해체로 인해 극심한 정체성 혼란을 겪던 중이었다. '최후의 유라시아주의자'라 불리는 구밀료프의 이론은 소비에트 제국의 폐허를 마주한 일군의 러시아인들에게 채택되어 '신유라시아주의'를 형성하는 데 지대한 영향을 미쳤다. 마치 러시아 제국의 폐허를 마주했던 망명 지식인들이 유라시아주의를 만들었던 것처럼 말이다.

만국의 '대륙' 민족이여, 각성하라

페레스트로이카와 글라스노스치는 서구를 향한 러시아인들의 상상력에 불을 붙였고, 대서양 문명에 합류하고자 하는 광범위한 대중적 열망이 분출하는 계기였다. 하지만 고르바초프가 무너뜨린 소련의 검열 기관이 차단하고 있었던 것은 서구 자유주의의 영향만이 아니었다. 소련은 러시아의 유라시아성을 강조한 구밀료프의 학술적 작업도 옳지 못한 것으로 간주했다. 그의 러시아

우월주의에 입각한 글도 제민족 우애를 지키기 위해 공개적으로 논해질 수 없었다. 소련이 맞서 싸운 파시즘 및 극우 사상에 관한 글도 당연히 철저한 검열의 대상이 되었다. 그러나 1980년대 중반이 되면서 러시아에는 점차 극우 사상에서 새로운 사상적 활력을 찾고 싶어 하는 사람들이 늘고 있었다. 그중에는 독일어로 쓰인 마르틴 하이데거의 원전을 탐독하는 젊은 청년, 알렉산드르 두긴도 있었다. 1988년에 20대의 두긴은 파먀티(기억)라는 단체에서 활동을 시작했는데, 이 단체는 러시아 국수주의와 반유대주의를 공공연히 주장했다. 이런 종류의 집단은 소련 공산당의 권위가 우뚝 서 있던 시절에는 감히 공개적으로 활동할 수 없었지만 고르바초프는 모든 것을 바꾸어놓았다.

두긴은 1990년에 서유럽으로 떠나 그곳의 극우 사상가들과 교류를 시작했다. 처음 그가 만난 이는 벨기에의 로베르 스퇴케였다. 스퇴케에게서 지정학을 비롯한 여러 핵심적인 지적 자원을 확보한 두긴은 일군의 극우 및 파시즘 사상을 더욱 열렬히 공부하기 시작했다. 마침내 그는 에두아르드 리모노프와 함께 서구 자유주의에 맞선 공산주의와 파시즘의 동맹을 주창한 민족볼셰비키당을 창당하고, 〈경계 없고 붉은 파시즘〉이라는 글을 발표하기도 했다.

두긴에게 영향을 끼친 이들 중에는 프랑스의 뉴라이트 사상가 알랭 드 브누아도 있었다. 1960년대 무렵부터 일어나기 시작한 서유럽의 뉴라이트 운동은 그람시의 진지전 이론을 채용한 새로운 파시즘 운동이었다. 브누아를 비롯한 여러 뉴라이트 운동가들은 제2차 세계대전의 패배로 유럽에서 자리 잡을 수 없게 된 파시즘 운동이 소생하기 위해서는 광범위하고 장기적인 지적, 문화적 진지전이 필요하다고 봤다. 이를 통해 지식인과 대중의 세계관에 영향을 주어 파시스트 사회의 출현을 유도해야 한다는 것이었다.

브누아가 생각하기에 파시즘이 필요한 이유는 영국과 미국이 중심이 된 서구, 그리고 유대인 문화가 갖는 보편성과 일원성에 있었다. 브누아는 특정 지리적 범주의 유기적 공동체인 민족들의 문화야말로 존재론적으로 구분되는 실체라고 생각했다. 따라서 지구 위의 여러 민족이 각자의 문화를 지키고 사는 일이야말로 진정한 '다양성'이었다. 이러한 다양성을 최초로 위협한 적은 기독교였다. 그가 보기에 기독교는 고대 만신전의 다양한 신을 없애고 복수複數의 세계관을 야훼의 일신교로 평탄화하며 문화를 파괴한 주범이었다. 기독교를 계승한 계몽주의는 이 작업을 더욱 심화시켰고, 각 민족은 계몽주의를 받아들이며 스스로의 뿌리와 정체성을 해체하는 과정에 들어가고 있었다. 계몽주의의 보편성을 주창하는 '서구'의 기획이 지속된다면 구체적이고 실질적인 문화적 개념인 '유럽'은 사라지고 인류의 삶은 대대적으로 퇴보할 수밖에 없다는 것이 그의 전망이었다.

브누아는 이를 막기 위해서는 먼저 계몽주의의 기반인 기독교부터 전복해야 한다고 주장하며 신이교주의를 추구했다. 정교회 민족주의자였던 두긴은 신이교주의까지 받아들이지는 않았다. 하지만 서구 계몽주의가 문화를 획일화하고 민족 공간을 해체한다는 그의 사상은 과거 1920년대 유라시아주의자의 주장과도 상통하는 것이었다. 그리고 브누아 이외의 다른 극우 사상가들, 율리우스 에볼라나 르네 게농 같은 이들은 이교보다는 힌두교나 이슬람 같은 동양 종교를 기독교를 대체할 중요한 지적 자원으로 추켜세우고 있었다. 훗날 두긴은 러시아가 속한 자랑스러운 땅, 동방 유라시아에서 자신의 지적 원천을 찾게 된다.

두긴의 독서 목록에는 하이데거, 카를 슈미트, 플라톤, 헤겔이 있었다. 그리고 이런 면모 때문에 그의 이론과 글은 상당히 추상적이고 현학적이어서 대중적인 기반을 갖추기는 어려웠다. 그러나 그는 '지정학'에 관한 글을 쓰면서 본격적인 주목을 받기 시작했다. 두긴의 지정학은 서구 세계에 익숙한 일반적인 지정학과는 결을 달리하는 것이었다. 매킨더와 스파이크먼이 체계화한 지정학은 세계를 하나의 전략적 단위로 보고, 세계에서 가장 중요한 지역인 유라시아를 심장지대와 주변지대로 나눈 뒤 어떻게 하면 서방 세계가 유라시아에서 우세를 놓지 않는지를 탐구하는 방법론이었다. 일반적으로 지정학은 지리, 역사, 인구, 자원 등을 바탕으로 국가의 행동을 예측하고자 하는데, 여기에는 기계적 합리성을 추구하는 서구의 인식론적 전제가 깔려 있다. 이에 더하여 매킨더는 심장지대 세력인 러시아를 전제정의 대표주자, 주변지대 해상 세력인 영국을 민주정의 대표주자로 설정하여 민주주의 방어를 위해서 지정학이라는 도구를 활용해야 한다고 주장했다.

두긴은 지정학 이론의 용어들을 차용한 뒤, 유라시아주의, 서유럽의 뉴라이트 사상, 구밀료프의 역사 이론을 혼합한 자신만의 지정학을 만들었다. 두긴은 구밀료프와 마찬가지로 지리적 공간과 각 민족, 문화권이 유기적인 통합체를 이룬다고 보았다. 민족은 자신만의 공간에서 각자의 문명적 전통에 따라서 활동해야 한다. 전통의 내용은 말 그대로 '전통적'인 것이다. 두긴은 문명에서 종교의 중요성을 강조하고, 합당한 위계질서로 작동하는 '자연적 상태'에 따라 사람이 생활해야 한다고 보았다. 남성, 여성, 민중, 엘리트, 군인, 지식인 등의 사람들은 모두 각자의 능력과 역할에 맡게 공동체에 봉사해야 했고, 그 가치 기준은 각 문명권이 축적한 역사와 전통에 달린 것이었다. 그런 전통에 맞게 살아가는 것이 인간이 의미와 가치를 느끼면서 사는 길이었다. 이런 유기체적 공동체관은 헤르더로 대표되는 독일 낭만주의 사조, 다닐렙스키나 레온티예프의 슬라브주의, 구밀료프의 유라시아주의와 상통하는 것이었고, 무엇보다 파시즘의 강한 영향을 받은 것이었다. 두긴은 유기체로서의 민족이 살아가는 지리적 공간의 중요성을 강조한 나치의 지정학자 카를 하우스호퍼에게서도 많은 영향을 받았다. 하우스호퍼의 이론은 게르만 민족을 위한 레벤스라움Lebensraum(생활권)이 필수적이라고 주장하여 나치의 전쟁 수행에 근거가 되어준 바가 있었다. 이러한 인식은 지리학의 태동기에 인문 지리에 많은 관심을 두고 공간을 신의 의지가 민족을 통해서 행사되는 장소로 보았던 독일 지리학자 카를 리터로 소급되는 관점이었고, 주로 자연 지리에 천착하며 공간을 과학적 탐구의 대상으로 생각했던 지리학의 아버지 알렉산더 폰 훔볼트의 관점과는 상반되는 것이었다.

두긴에게 있어서 인간이 문명적 전통에 따라 온전한 삶을 사는 데 가장 큰 위협이 되는 것은 서구에서 전파하는 근대성이었다. 근대성은 모든 전통을 해체하며, 계량할 수 없는 가치를 화폐로 수량화하고 교환 가능한 것으로 만들어버린다. 게다가 성별의 구분, 올바른 남녀의 관계를 인위적으로 해체할 뿐만 아니라, 민족이 갖는 고유성을 여러 문화와 혼합하여 제거해버린다. 근대 서구 문명은 막강한 힘을 바탕으로 다른 비서구 사회를 무력으로 지배하고, 매판 세력을 육성해 민족의 참된 모습을 타락시켰다. 두긴이 보기에, 소련의 해체는 단순한 강대국 지위의 상실이나 제국의 해체를 넘어서, 러시아를 약탈하고 전통과 문화를 오염시킨 '러시아 말살 작업'이나 다름없었다.

    심장지대와 주변지대, 혹은 대륙과 해양으로 세계를 인식하는 지정학의 공간 관념이 전통과 근대성에 관한 두긴의 문제의식과 겹쳐졌다. 이는 '땅과 바다'를 일찍부터 이야기한 카를 슈미트의 사상을 수용한 것이기도 하고, 지리적 공간 속에서 각 민족이 특징적 문화를 형성한다는 구밀료프의 관점과 맞닿은 것이기도 하다. 요컨대 근대성의 파괴적 특질은 해양 세력이 갖는 본질적인 면모였다. 상업을 통해 힘을 쌓는 해양인들은 이익 극대화를 위해 당연히 다른 사회로 침투해 들어가 그 사회의 전통적 연결망을 파괴하고 모든 것을 교환 가능한 상품으로 만들려고 한다. 해양 상업 문명은 언제나 사치, 향락, 도덕적 타락, 다문화주의와 전통의 파괴 속에서 이익을 얻는다. 반대항에는 유라시아 대륙의 영웅적인 육상 세력들이 존재한다. 이들 민족은 화폐로 표준화할 수 없는 고유의 가치들이 있다고 믿으며, 대륙 여러 민족들 간의 투쟁에서 승리하고자 위계질서와 영웅성을 숭상한다.

    두긴에게 있어서, 세계사는 타락한 해양 세력과 영웅적 육상 세력의 영원한 투쟁에 다름 아니었다. 이는 자유의 바다와 압제의 대륙이라는 대립항을 설정한 매킨더의 구상을 뒤집은 것이기도 했다. 아테네는 타락한 해양 세력이며 스파르타는 영웅적 육상 세력이다. 카르타고는 타락한 해양 세력이고 로마는 영웅적 육상 세력이다. 이렇게 시대에 따라 이어지는 쟁투는 베네치아와 비잔티움, 영국·네덜란드와 독일·러시아, 미국과 소련으로 계승되어 오늘날까지 이어지고 있다. 영웅적 육상 세력이 자신의 전통을 충실히 따를 때는 인간성이 보존되었고, 타락한 해양 세력이 대륙 내부까지 침투해 들어올 때는 영적인 오염과 약탈이 이어졌다. 신유라시아주의자들은 소련의 해체가 해양 세력인 미국의 기도에 따른 재난이라고 보며, 이 사건을 베네치아에 의해 무너진 비잔티움 제국에 비유한다(러시아는 자신들이 비잔티움 제국을 계승했다고 오랫동안 주장해왔다).

두긴은 21세기에 들어서 해양 세력 혹은 '세계주의자(글로벌리스트)'와, 육상 세력 혹은 '유라시아주의자' 간의 묵시록적 대립이 발생할 것이라고 내다보았다. 이는 두 가지 변화에서 기인한다. 첫째는 근대성이 아예 포스트모던의 단계로 진입함에 따라, 해양 세력의 힘이 더욱더 파괴적인 방향으로 움직이고 있기 때문이었다. 그는 페미니즘, 젠더 이론, 다문화주의가 세계 각지에 확산되어 전통문화를 체계적으로 파괴하다 보면, 최종적으로 과학기술이 인간의 생물학적 기반 자체에 개입하리라 보았다. 두긴은 각 민족의 고유성과 인간 본연의 생물학적인 자연스러움을 세계주의자들의 이익과 편의에 따라 모조리 삭제하려는 움직임을 '대초기화 Great Reset'라고 부른다. 그레이트 리셋이 이루어진 세상에서 인간은 인간으로서 존재할 수도 없고, 기존에 알고 있던 모든 가치들은 전면적으로 부정당하며, 대중들은 세계주의 엘리트들의 노예나 다름없게 된다.

　신유라시아주의자들은 성스러운 동방, 영웅적 육상 세력이 다시 깨어나고 있다는 데서 희망을 찾았다. 이란은 육상의 민족들이 깨어나 해양 세력 및 근대성을 무찌른 사례 중 하나였다. 두긴은 유라시아에 자리한 각 초민족체들이 다시 각성하여 해양 세력을 몰아내고 각자의 문명적 공간을 회복해야 한다고 주장했다. 두긴이 《지정학의 기초Основы геополитики》(1997) 같은 저서에서 펼친 국제정치와 전략에 관한 평론들은 실제 정교한 지정학적 판단에 근거했다기보다는 도덕적 언어와 신화적 서사에 바탕을 두고 있다. 그는 독일, 터키, 이란, 중국, 인도, 일본, 한국에 이르는 다양한 국가들을 논하며, 러시아가 유라시아 공간에서 올바른 길로 가기 위해 어떤 외교 전략을 구사해야 할지 세세히 평했다. 이 과정에서 처음에는 유라시아 공간에서 러시아의 제국적 이익을 위한 구상이었던 두긴의 지정학은, '거대한 초기화'에 맞서 인간성을 사수하고자 하는 마니교적 투쟁의 지정학으로 점차 바뀌어 갔다. 이를테면 중국을 강하게 견제해야 한다고 주장했던 두긴은 중국의 역할을 높이 사기 시작했다.

　그는 영웅적 육상 세력들이 서구, 근대성, 해양 세력, 세계주의자들에 맞서서 연대하고 그들을 몰아낸 뒤에 '다극 세계'를 건설하자고 이야기한다. 두긴의 다극 세계는 단순히 초강대국 미국의 권력을 다른 나라들로 분산시키는 것을 넘어선다. 하나의 단일한 가치로서 근대성이 아니라, 복수의 전통이 각자의 공간에서 조화를 이루는 공간으로서 유라시아와 세계를 재조직한 것이 다극 세계인 것이다. 이런 다극 세계 건설에 참여하는 주체로 거듭나는 것을 그는 '대각성Great Awakening'이라 칭했다. 세계는 대초기화를 주창하는 사람들과 그에 맞서 대각성에 참여하는 사람들의 투쟁이고, 이는 문명의 시원부터 있어온 영원한 싸움이다.

서방의 동방화

앞서 언급한 것처럼, 두긴의 사상이 푸틴의 정책에 직접적으로 관여한다고 보기는 어렵다. 다만 그가 체계화한 사상이 이즈보르스크 클럽을 필두로 한 국수주의적 지식인 그룹에서 상당한 합의를 얻고 있다는 것이 중요하다. 두긴의 사상은 개인이 아니라 집단으로 존재한다. 그리고 그들은 세계를 보는 대안적 관점을 러시아의 권력 엘리트들에게 제공한다. 이 관점에 따르면 세계는 개인으로 구성되어 있지도 않고 세속적인 합리성으로 작동하지도 않는다. 오히려 인간은 집단으로 존재하며 영성과 전통적 도덕을 따라 살아야만 한다. 서구의 자유민주주의는 집단을 해체하고 영혼과 도덕을 타락시키는 해양 세력의 음모이자 러시아를 전복하고 파괴하려는 기도일 따름이다. 두긴으로 대표되는 이 사상은 동과 서 어느 쪽에도 속하지 못하는 러시아의 정체성 혼란(표트르 대제 이래로 본격화되었고 고르바초프 시기에 폭발했던)을 해결해주는 새로운 길을 열었다. 러시아는 서구가 될 수 없다. 오히려 서구가 되지 말아야만 한다. 동과 서 사이에서 제3의 입장을 정할 필요도 없다. 어차피 이 세계는 서쪽의 대서양과 동쪽의 유라시아라는 두 가지 세계만 존재하기 때문이다. 신유라시아주의에 따르면 러시아는 자신의 정체성을 동쪽에서 찾아야만 했다.

동쪽에서 새로운 가능성을 발견한 두긴의 대안적 세계관은 러시아에서만 통용되는 사상이 아니었다. 단순히 러시아의 권위주의를 옹호하는 사상으로 기능하는 것에 그치지 않았던 것이다. 신유라시아주의는 서구에서 시작된 계몽주의와 근대성의 시각으로 세계를 해석하는 방식을 총체적으로 뒤집는다. 서구 계몽주의가 다른 모든 문명권에도 통용되는 보편성을 주장했듯이, 신유라시아주의의 서사도 다른 사회와 국가에 보편적으로 적용할 수 있었다. 2010년대에 러시아는 서구 민주주의라는 '대안적 세계관'으로 러시아의 '전통적 세계관'을 공격하려는 시도를 뒤집어서 반격에 나설 터였다. 그들은 먼저 '대각성'에 참여한 유라시아의 다른 영웅적 육상 세력과의 탄탄한 연대를 구축하려 했다. 애초에 프리마코프가 이야기한 모스크바-베이징-뉴델리의 전략 삼각형을 넘어서, 앙카라와 테헤란, 그 너머까지 아우르는 유라시아 대연합을 이끈다는 구상이었다.

'대각성'의 목표물은 인접한 아시아 국가들로 국한되는 것이 아니었다. 복수심에 불타는 러시아의 칼끝은 이제 서구를 향했다. 사상적 공격으로 사회를 내부에서 흔드는 것은 더 이상 서구 자유주의자들만의 전유물이 아니게 되었다. 러시아의 '대안적 세계관'으로 '상식적 세계관'을 공격하고, '대각성'을 일으켜 서구 정부의 통치 정당성을 흔드는 계획이 본격적으로 시작되고 있었다. 표트르 대제 이래로 러시아는 서구화를 이룬 자신이 아시아 민족을 정복하여 문명화시키는 것에서 사명감을 느껴왔다. 하지만 19세기 러시아의 사명감이 꼭 동쪽만을 향한 것은 아니었다. 슬라브주의자들은 자유주의와 물질만능주의에 타락한 서구 기독교 문명으로부터 전통과 도덕의 가치를 최후까지 지키는 특별한 운명이 러시아에 있다고 믿었다. 그 운명을 향한 믿음은 훗날 종교가 부활한 동방 국가들을 결속하는 것은 물론이고, 서구를 '동방화'시키는 러시아의 노력으로 나타날 것이었다.

제4부

내일의 세계

8장

푸틴의 세계

◆

포스트모더니티 속에서 소위 진실이라는 것은 믿음의 문제다. 우리는 우리의 행동과 말을 믿는다. 그것이 진실을 정의하는 유일한 길이다. 그러므로 당신들은 우리의 특별한 러시아식 진실을 받아들여야 한다.

_알렉산드르 두긴[26]

서구의 세계주의 엘리트들은 여전히 배타성에 대해 이야기하고, 사람들을 서로 대립시키고, 사회를 분열시키고, 유혈 분쟁과 쿠데타를 일으키고, 증오와 러시아 혐오, 공격적인 민족주의를 심고, 가족을 파괴하고, 인간을 인간답게 만드는 전통적인 가치를 파괴합니다. 그리고 이 모든 것이 그들의 의지, 권리, 규칙을 계속 지시하고 강요하기 위해, 그리고 실제로는 사람들에게 강도, 폭력, 억압의 시스템을 강요하기 위해 이루어집니다.

_블라디미르 푸틴, 2023년 전승절 연설[27]

3기를 맞이한 푸틴 정부가 최초로 직면한 도전은, 비단 신유라시아주의 사상까지 가지 않더라도 러시아 민족주의에서도 가장 중요한 지역이었던 우크라이나에서 왔다. 서구와 러시아 사이에서의 정치적 분열로 오렌지혁명 정부는 2010년 친러시아계 빅토르 야누코비치에게 정권을 넘겨준 상태였다. 동과 서의 정체성 갈등이 연이은 정권 교체로까지 이어지면서 우크라이나에서는 서구식 자유민주주의든 러시아식 권위주의든 어느 쪽으로도 안정적인 정국을 꾸릴 수 없게 되었다. 야누코비치는 푸틴식의 권위주의 체제를 우크라이나에도 수립하고자 했을지 모르나, 서구화를 추진했던 우크라이나를 다시 동쪽으로 선회하고자 하는 기도는 서부와 중부 지역을 중심으로 극심한 반감을 일으킬 따름이었다. 그런 상황에서 맞이한 경제난은 야누코비치에게 곤란한 선택을 강요했다.

크렘린에 맞서는 우크라이나

2008년 금융위기와 뒤이은 유로존 위기 등으로 세계 경제가 대침체 국면에 접어들면서 우크라이나는 외부로부터 대규모 경제 원조를 필요로 하게 되었다. 2010년 시점에서 우크라이나의 경제난은 해결이 불가능에 가까운 극심한 난제였다. 우크라이나는 소련식 계획경제를 독재자가 통솔하는 국가자본주의로 연착륙시킨 벨라루스와 카자흐스탄의 길, 혹은 1990년대의 혼란을 딛고 마찬가지 방식으로 시스템을 재건한 러시아의 길을 선택할 수 없었다. 그러나 그렇다고 해서 우크라이나가 서구식 체제를 제대로 수립한 것도 아니었다. 동과 서로 갈라져 정치적 권위가 실종된 상태에서 올리가르히들의 전횡이 21세기에 들어서도 계속 이어졌다. 인프라는 방치되고 국민들은 국경 바깥으로 빠져나가며 에이즈가 창궐하는, 사실상의 '우크라이나판 옐친 시대'가 10년도 아니고 20년째 이어지고 있었다.

서유럽은 이런 상황을 해결해줄 수 없었다. 철의 장막이 무너진 이후 과거 바르샤바 조약기구의 소련 위성국들은 자본과 기술이 집적되어 있는 서유럽, 특히 독일의 투자를 대대적으로 흡수했다. 폴란드, 체코, 헝가리와 같은 국가들은 지리적 인접성의 수혜를 누리며 독일 경제권에 신속하게 편입될 수 있었다. 독일 제국, 오스트리아-헝가리 제국 등 과거 제국들의 역사적 네트워크도 신속히 복원되었다. 하지만 우크라이나는 서유럽에서 지리적으로 접근하기 너무 멀었으며, 서유럽의 부유한 국가들과 공유하는 역사적 유대관계도 거의 없었다. 폴란드와 체코만으로도 바쁜 독일 자본이 2010년에 우크라이나에까지 돌아갈 리 없었다. 우크라이나는 서유럽에서 자본을 받는 게 아니라, 반대로 서쪽으로 사람을 보내서 돈을 벌 수밖에 없었다. 폴란드와 체코 사람들이 독일, 프랑스, 영국으로 일하러 떠나면서 발생한 빈자리를 우크라이나인들이 메웠다. 반면 우크라이나에서 경제적으로 부유하고 인프라가 집중되어 있는 동부 지역은 러시아와의 연계를 통해서 경제 활동을 이어갔다. 지리는 우크라이나가 어떤 방식의 정치경제 체제를 채택한다고 해도 단기간에 극복할 수 없는 물리적인 현실이었다. 문제는 우크라이나의 사실상 유일하다시피 한 경제적 파트너인 러시아가 그 연결고리를 매개로 우크라이나에서 정치적 우위까지 확보하고자 한 데 있었다.

2013년 말에 시작되어 2014년에 야누코비치 정권을 전복한 유로마이단 시위는 그런 점에서 우크라이나가 독립 후 20년간 쌓아온 모순이 폭발하는 순간이나 다름없었다. 야누코비치 정부는 당장의 경제난을 넘기기 위해서 긴급한 차관을 필요로 했었다. 하지만 당시 우크라이나에 별다른 이해관계가 존재하지 않았던 유럽연합은 우크라이나의 심각한 부패를 익히 알았기 때문에, 납세자들의 돈을 아무 조건도 달지 않고 그냥 줄 수는 없는 상황이었다. 유럽 측은 우크라이나가 차관을 신뢰할 수 있는 방향으로 사용할 것임을 보증하는 경제 개혁을 요구했다. 방만한 공공 부문을 비롯한 소비에트 시대의 유산을 청산하고, 내부의 법치와 외부의 투명한 감시가 가능하도록 체질 개선이 필요하다는 것이었다. 이 같은 '조건부 원조'는 서방 세계의 오랜 관행이었고, 유럽연합은 자기 내부의 그리스에 대해서도 마찬가지의 요구를 하고 있었다. 그러나 이런 요구는 필연적으로 국내 유권자들의 출혈을 일정 기간 감수하라는 것이기도 했다. 장기적으로는 명확한 개선을 이룰 수 있을지는 몰라도(사실 IMF와 세계은행이 구조조정과 조건부 원조를 집행한 많은 사례를 보았을 때 이마저도 확실하지 않았다), 그 기간 발생할 정치적 불만은 자국 정치인들로서는 단순히 참고 넘길 수 있는 게 아니었다. 동과 서 사이에서 극렬한 분열을 마주하고 있어 권력 기반이 극히 취약했던 우크라이나로서는 더더욱 그러했다.

유럽안을 사실상 받아들이는 게 불가능한 상황에서, 어떠한 조건도 달지 않고 차관을 제공하겠다고 나선 러시아안은 훨씬 매력적인 것이었다. 정치권력이 통제하는 천연자원을 수출해서 돈을 쌓은 푸틴은 원조를 제공할 때 서방과 달리 유권자의 눈치를 볼 필요도 없었다. 하물며 그 대상이 러시아인들이 형제민족 국가라고 생각하는 우크라이나라면 러시아 국민들도 아무 불만이 없을 터였다. 하지만 러시아안이 아무런 문제가 없는 것은 아니었다. 러시아안을 받을 때 서부와 중부의 정치적 반발은 필연적이었다. 유럽연합의 구조 개혁안은 우크라이나 국민들에게 일정 부분 희생을 요구하는 것이었으나, 종국적으로 우크라이나가 유럽에 합류해야 한다고 생각했던 사람들은 그러한 개혁과 희생도 마땅한 준비 과정이라고 생각했다. 러시아안을 받으면서 유럽이 요구하는 개혁을 이행하지 않겠다는 것은 유럽 합류라는 꿈을 초기화하고, 다시 소비에트 연방이나 러시아 제국으로 들어가겠다는 선언으로 해석될 수밖에 없었다. 2011년 러시아의 반푸틴 시위가 좌절되고, 푸틴 3기가 시작되면서 러시아 인근 국가들의 청년 세대가 러시아에 대해 갖는 반감은 배가 된 상황이었다. 소련의 기억이 없는 청년층이 보기에 새로운 권위주의로 향하는 러시아는 자국의 모델로 삼아야 할 매력적인 국가가 절대 될 수 없었다. 이런 상황에서 푸틴은 유라시아 경제 연합을 비롯한 러시아 주도의 지역 통합 프로젝트를 가동하면서 야심을 드러냈다. 선택의 시간이 다가오자 진퇴양난에 빠진 야누코비치는 결국 푸틴의 손을 잡았고, 그 결과 야누코비치와 친러시아 동부 지역에 대한 서부와 중부의 민심이 폭발했다. '유럽 광장(유로마이단)'에서 시위대와 경찰이 전쟁에 가까운 싸움을 벌인 결과 야누코비치 정권은 축출되었다.

    유로마이단은 푸틴으로서는 도저히 묵과할 수 없는 사건이었다. 색깔혁명과 아랍 봉기로 서구에 대한 반감이 쌓일 대로 쌓인 푸틴은 유로마이단의 성공을 서구에서 러시아를 위협하기 위해 진행한 공작과 음모로 해석했다. 유로마이단은 우크라이나인들의 '순수한' 의지로 일어난 게 아니라 자유민주주의 이념을 설파하고 조국 러시아를 향한 반감을 확산시키는 서구 NGO, 정보기관, 정부가 봉기를 부추겨 발생한 것이었다. 푸틴이 보기에 그 목적은 뻔했다. 러시아를 다시 약화시키고, 러시아 인접국을 서구 자본과 미국 군사기지가 진출할 수 있는 전초기지로 만들려는 수작이었다. 이러한 서방의 공세에 아무 대응도 하지 않는다면 서방은 종국적으로 팔다리를 잘라 러시아를 약화시킬 것이고, 러시아는 다시금 해체되어 서방에 완전히 종속적 위치로 떨어지리라. 무엇보다 소련이 해체되면서 남기고 떠난 역외 러시아인들을 배신하는 일이 될 터였다. 훗날 러시아가 보인 이런 격렬한 피해의식을 마주한 서방은 깜짝 놀랄 수밖에 없었다. 그들로서는 러시아가 이 정도로 악의에 가득 차서 복수를 결심하고 있으리라고는 생각지도 못했기 때문이다.

우크라이나가 러시아에서 완전히 이탈하여 유럽연합으로 달려갈 조짐을 보이자 러시아 내부에서는 우크라이나에 조치를 취해야 한다는 여론이 들끓었다. 가장 강경한 주장은 아예 우크라이나에 전쟁을 선포해서 우크라이나를 완전히 병합하거나 동부 우크라이나만이라도 러시아가 합병해야 한다는 수준까지 갔다. 이때는 이미 우크라이나를 바라보는 러시아 민족주의자들의 시각이 완전히 자리를 잡았다. 원래 루시(동슬라브)의 한 형제인 우크라이나를 레닌이 억지로 민족으로 분리시키고, 서구의 대서양주의자들이 침입하여 그들을 완전히 러시아에서 떼어내려 한다는 서사였다. 우크라이나는 애초에 민족으로 존재한 적도 없는, 자체적 역사도 없는 '가짜 민족'이었다. 그들은 '대러시아'와 함께하는 '소러시아'인일 때 온전한 민족 공동체로서 마땅히 올바른 방향으로 살아갈 수 있었다.

우크라이나의 정체성에 대한 이런 시각을 아마 푸틴도 공유하고 있었을 테지만, 그의 행동은 내부 강경파들보다는 확실히 더 신중했다. 푸틴은 언제나 상대편이 수용할 수 있을 거라고 예상하는 선을 설정하고, 그 선 안에서 상대를 압박해가는 전통적인 러시아의 전술을 활용해왔다. 2006년 우크라이나 위기나 2008년 조지아 위기 때처럼 말이다. 다만 2014년의 우크라이나에는 더 수위가 높은 행동이 필요했다. 푸틴은 우크라이나 내의 러시아인을 보호한다는 명분을 활용했다. 여기에는 아예 근거가 없는 것은 아니었다. 독립 후 우크라이나에서는 정체성 모색의 일환으로 반러시아 민족주의 그룹이 크게 성장했는데, 이들은 스테판 반데라를 비롯하여 제2차 세계대전 당시 나치 독일에 협력했던 이들을 자신들의 정치적 상징으로 채택하고 있었다. 유로마이단을 통해서 극우적 성향의 우크라이나 민족주의자들은 주류로 빠르게 진출했고, 이들은 우크라이나 내부의 다양성을 지우는 방식으로 우크라이나가 겪는 정체성 혼란을 해결하고자 했다. 과거 1954년 흐루쇼프에 의해 우크라이나로 편입된 크림반도와 동부의 돈바스 지역에 현재 거주하는 다수의 러시아인들은 새로운 정부가 러시아 정체성 지우기 작업에 들어가는 것을 우려할 수밖에 없었다.

우크라이나의 러시아어 사용자 집단에서 이런 여론이 형성되는 데는 러시아의 정보-심리 작전이 매우 중요한 역할을 수행했다. 러시아는 신유라시아주의 이념에 입각한 '루스키 미르(러시아 세계)'의 세계관을 우크라이나에 대대적으로 선전했다. 세계는 이미 대서양주의자와 세계주의자들, 그에 맞서는 유라시아주의자들로 나뉘고 있었고, 우크라이나는 마땅히 유라시아 세계에 들어와서 중차대한 역할을 맡아야 온당했다. 우크라이나가 서구에 넘어가는 것은 역사를 배반하는 일이며, 서부에서 흥기하는 신나치 세력에게 권력을 쥐어주는 일이었다. 러시아는 나치에 대항한 대조국전쟁의 기억과 서구에 맞서 전통 수호를 외치는 신유라시아주의를 혼합한 세계관을 우크라이나에 주입하고자 했다. 많은 우크라이나의 러시아어 사용자들이 그러한 선전을 들으면서, 서방과 러시아 사이에서 오직 양자택일만 가능하며, 그때 선택할 대상은 러시아라는 믿음을 갖게 되었다. 러시아에 의해 수행된 프로파간다 전쟁은 푸틴의 군사 개입에 의한 크림반도의 합병과 돈바스의 분리독립을 위한 밑작업이었다.

그리고 급기야 2014년에 전격적으로 크림반도가 합병되고 돈바스에서 유혈 갈등이 일어났다. 이는 서구를 깜짝 놀라게 했다. 강대국이 무력을 동원해 기존의 국경을 변경하는 것은 역사의 종언 시대는 물론 사실상 냉전 시대부터 불가능해진 일이었다. 푸틴은 이것이 무력 침공이 아니라 우크라이나의 러시아어 사용자들의 자발적인 의지라고 이야기했지만 누구도 그 말을 믿지 않았다. 우크라이나에 무심했던 미국과 유럽연합은 러시아가 유럽의 마당으로 성큼 들어오자 다급하게 대응에 나섰다. 러시아의 국내 산업에 중요한 자본재 수출을 제한하고, 러시아 기업들과 올리가르히들이 이용하는 금융에 제동을 걸었으며, 에너지를 비롯한 국유 기업에 다방면으로 제재를 가했다. 또한 푸틴의 이너서클이자 우크라이나에 관여하는 엘리트들에게는 입국 금지 조치를 내렸다. 2014년의 제재는 2008년 세계 경제 위기에서 아직 다 회복하지 못하고 있었던 러시아 경제에 치명적인 타격을 주었다. 유럽과 아시아 사이에서 에너지 수출을 매개하고 자본재를 수입해 활발히 경제를 개선한다는 러시아의 기존 계획들이 줄줄이 무너졌다. 그리고 해외 자본은 러시아 투자를 극히 꺼릴 수밖에 없게 되었다. 푸틴이 맞대응으로 내놓은 것은 서방 농축산물 수입을 금지하는 것이었다. 러시아 시민들은 경기 침체와 자본 이탈, 물가 상승이라는 고충을 감내하면서 푸틴의 대전략에 따라가야 했다.

새로운 실크로드

하지만 경제 제재로는 러시아를 굴복시킬 수 없었다. 여기에는 두 가지 요인이 크게 작용했다. 첫째 이유는 푸틴 정권의 지지 기반이 2010년대를 거치면서 크게 이동한 데 있었다. 2000년대에 푸틴은 옐친 시대의 혼란을 끝내는 한편, 강한 러시아를 회복하고 서구와 연결된 중산층 그룹을 성장시키면서 압도적 지지를 누릴 수 있었다. 특히 모스크바와 상트페테르부르크의 새로운 중산층, 'P세대'로 불리는 포스트 소비에트 청년층이 푸틴을 강력히 지지했다. 하지만 러시아의 경기 침체가 장기화되고, 중산층이 중요시하는 가치인 자유와 인권이 후퇴하고, 결정적으로 서구와 대립하게 되면서 신흥 중산층의 지지는 꾸준히 이탈했다. 그러나 푸틴은 모스크바와 상트페테르부르크 바깥에 펼쳐져 있는, 나머지 드넓은 러시아에서 여전히 강력한 지지를 받을 수 있었다. 이들은 제국의 자긍심을 살려주고 정치적, 문화적 자주성을 보호하는 지도자로서 푸틴을 지지했다. 서구의 자유민주주의를 불완전하게 따라하면서 이도 저도 아닌 불안정한 체제로 남느니 아예 신유라시아주의를 채택하여 새롭게 열성 지지층을 확보한 것이었다. 게다가 이런 지지층 변동 과정에서 기존의 중산층이 푸틴에 대한 적극적 반대파로 돌아선 것도 아니었다. 고르바초프와 옐친의 경험은 러시아인들에게 체제를 함부로 바꾸는 것에 대한 공포를 안겨주었다. '푸틴 이후'는 더 좋아질 수도 있지만 상상보다 훨씬 더 안 좋아질 수도 있었다. 명확한 대안이 없는 상황에서 섣불리 정치적 불안정을 유발하느니 푸틴 체제의 현상 유지 속에서 사는 게 더 나은 선택일지도 몰랐다. 그중 더는 견디지 못한 사람들이 일부 러시아를 떠나기로 결심했는데, 크렘린 입장에서 그들은 어차피 조국의 배반자일 뿐 체제의 위협은 아니었다.

정권을 견고하게 만든 이 첫 번째 요인을 두고 서방은 뜻밖에 큰 위협을 느끼지 못했다. 설령 경제 제재가 러시아를 굴복시키지 못한다 해도, 그 결과 사회적 불만이 누적되고 고급 인재가 유출되어 경제적 활력을 잃으면 러시아를 우리에 가둘 수 있을 것이라는 게 서방의 생각이었다. 2016년 12월 버락 오바마가 러시아를 두고 한 말은 당시 서방 엘리트들의 전형적인 시각을 반영한다. "그들은 작고, 약한 나라입니다. 석유, 가스, 무기를 제외하고는 누군가 사고 싶은 물건을 만들지 못합니다."[28] 어차피 서구의 에너지 수요와 서구의 기술, 생산, 금융에 의존하는 나라가 더 무엇을 하겠냐는 것이었다(고백하자면 나도 당시에는 이런 생각을 받아들이고 있었다).

하지만 푸틴을 지켜주는 두 번째 방패가 물밑에서 준비되고 있었고, 이로 인해 서구 국가들의 전망은 어긋나게 될 터였다. 그 방패는 동쪽에서 떠올랐다. 2013년에 중국에 시진핑 정부와 5기 지도부가 들어서면서 기존의 정책 방향을 조정할 것임을 천명했다. 그전까지 중국은 서구와의 무역, 투자를 통해 경제를 성장시키고 미국과 우호관계를 유지해왔었다. 그런데 새 지도부는 이제 중국이 연해 지역을 중심으로 한 수출 경제만큼이나 내륙 개발에도 몰두할 것이며, 이를 위해 중앙아시아와 동남아시아 등 인접 지역을 중국과 연계된 거대한 경제권으로 엮을 것이라고 밝혔다. 이 과정에서 중국은 유라시아와 인도양에 독자적인 권역을 구축하고 그에 걸맞은 역할을 수행할 것이라고 했다. 설령 그것을 미국과 서방이 용인하지 않더라도 돌파하겠다는 결심이었다. 중국은 이를 육상 실크로드와 해상 실크로드를 포괄하는 '일대일로 帶一路'라고 정의하고, 시진핑 정부의 가장 거대한 국가 프로젝트로 추진했다.

사실 러시아는 중국을 전통적으로 깔보았고, 이후에는 경계했던 오랜 역사가 있었다. 프리마코프가 모스크바-베이징-뉴델리 삼각형을 이야기했을 때, 당초 이것이 실현 가능한 개념이기는커녕 진지하지 않은 공상 취급을 받은 데는 다 이유가 있었다. 직전까지 중국은 제조업을 빠르게 성장시킨다는 목표로, 서구와 일본 등지에서 자본 투자를 유치하고 그들의 소비 시장의 혜택을 받는 데 몰두하고 있었다. 도광양회 韜光養晦의 기조 아래 전략적 경쟁을 불필요하게 감당하는 것은 어리석은 이야기였다. 심지어 1996년에는 국가의 핵심 이익이라고 하는 대만 문제에서 서구에 한 발물러서기까지 했다. 반면 중국이 볼 때 러시아는 소련 시절에 비해 경제 규모가 한참 추락한 상태였으니 협력을 통해 이익을 얻을 것도 없었다. 러시아 입장에서도 중국과의 협력은 달가운 일이 아니었다. 러시아인들은 소련 해체 이후 인구가 급속하게 유출된 극동 지역에 중국인들이 진출하여 극동을 황화黃化할지도 모른다는 우려를 갖고 있었다. 특히 연해주가 원래 중국의 땅이었음을 생각하면 중국이 그곳의 인적 구성을 재편한 뒤에 영토를 요구할지도 모르는 일이었다. 2000년대에 러시아가 가스와 기계를 매개로 유럽과 경제적으로 새롭게 통합되는 과정에서 극동은 사실상 의도적으로 방치되고 있던 상황이었다. 많은 러시아 엘리트들에게는 베이징과 상하이보다는 프랑크푸르트나 파리가 훨씬 익숙한 공간이었다.

  이렇게 엇갈리던 양국의 이해관계는 2014년이 되었을 때 갑작스럽게 새로운 합의점을 찾을 수 있었다. 일단 중국이 일본을 추월하고 제2의 경제 대국이 되면서 자체적인 경제적 중력을 형성했다. 중국은 이제 서구의 자본과 소비 시장에 단순히 의존하는 국가가 아니라, 자본을 수출하고 자원을 필요로 하는 국가가 되었다. 이런 상황에서 러시아는 중국이 필요로 하는 것을 많이 갖고 있었다. 중앙아시아와 시베리아에서 중국으로 파이프라인을 연결한다면, 중국 입장에선 해상 경로보다 훨씬 싸게 에너지를 공급받을 수 있었다. 게다가 이는 시진핑 정부가 개발하고자 노력하는 내륙 지역에 더 높은 연결성을 부여하는 것이었다. 한편 푸틴이 전략적으로 육성한 농업은 이제 세계 식량 시장에서 영향력을 행사할 수 있는 수준으로 올라오고 있었고, 그렇다면 러시아는 중국 중산층의 늘어만 가는 식량 수요를 감당하는 안정적인 공급처가 될 수 있었다.

중국도 러시아가 필요로 하는 것을 제공해줄 수 있었다. 중국은 일대일로 정책을 통해 미국 패권하에서 보장되는 단일 시장이 아니라 자신들이 안전하게 확보할 수 있는 지역 시장을 확보할 것이라고 사실상 선언했다. 중국의 도전은 미국을 불쾌하게 만들면서 '아시아로의 회귀Pivot to Asia'부터 인도태평양 구상, 그리고 트럼프의 무역 전쟁에 이르기까지 미국의 연쇄적 대응을 촉발했다. 중국이 서방에 대항하는 지정학적 세력으로 등장하면서, 러시아는 중국을 서방의 포위망을 뚫는 파트너로 활용할 수 있었다. 중국은 러시아의 반서방 정책에 적극 동조하지는 않더라도 러시아를 음으로 양으로 지원했다. 중국의 합류로 인해 러시아는 이제 자신이 과거 소련 시대처럼 세계로부터 고립된 국가가 결코 아니고, 반대로 세계를 주무르려는 한 줌의 서방 국가들에 맞서는 나머지 세계의 투쟁에서 선두에 선 국가라고 선전할 수 있었다. 게다가 점차 기술 수준을 높여오면서 독자적인 제조업 기반을 건설하고 있는 중국은 러시아가 필요로 하는 각종 제조업 상품들의 대체 공급자로 성장할 잠재력을 갖고 있었다. 설령 서방이 러시아의 산업 운영에 필요한 핵심 기술과 상품을 끊는다 하더라도, 중국이 그 자리를 대체해준다면 러시아는 무릎을 꿇지 않을 수 있었다. 크림반도와 돈바스 사태를 계기로 2014년 러시아와 중국 간의 지지부진하던 가스 가격 협정이 타결되었고, '시베리아의 힘'이라 불리는 파이프라인이 2019년 완공되어 작동에 들어갔다. 시베리아의 힘 완공은 단순한 파이프라인 연결을 넘어서는 상징성을 지니고 있었다. 서방의 경제 제재에 맞서 푸틴의 유라시아 요새 경제 건설이 완공된 순간이었다.

2014년 이후 중국과 러시아가 주도한 유라시아 통합은 단순히 양국 사이에서만 벌어진 것이 아니었다. 중국, 러시아와 맞닿고 있는 중앙아시아 국가들부터 유럽 국가들까지, 사실상 간접적으로 유라시아 대륙 전체가 이에 조응했다. 2016년 트럼프 행정부가 들어서면서 미국에는 고립주의 여론이 부상했고, 그 사이 유라시아는 세계화를 통해 안정적인 경제 성장을 이끄는 유일한 기관차 역할을 했다. 그 기관차에 탑승하는 것은 세계 경제가 여전히 대침체의 후유증 속에서 돌파구를 모색하고 있던 상황에서 대다수 국가 지도자들에게 거부할 수 없는 선택지로 보였다. 중앙아시아 국가들은 안보적으로 러시아에 밀착하는 한편, 중국으로 가는 자원 수출량을 늘렸다. 중국은 신장 지역에 내륙 아시아로 향하는 전진 기지를 건설했으며(호르고스, 카슈가르), 연해 지역의 기업들이 중국 공산당의 전폭적인 지지를 업고 신장과 중앙아시

우즈베키스탄 타슈켄트의 밤거리. 중국어로 된 네온 사인이 선명하다.

아를 잇는 무역에 진출했다. 일대일로 사업은 온갖 잡음과 논란을 돌파하며 중앙아시아와 중국을 연결하는 각종 인프라를 건설해냈다. 그렇게 중국산 소비재들이 중앙아시아의 시장으로 쏟아져 들어왔다. 서구 소비시장에 비하면 수익성은 극히 미약했지만, 중국은 명제국과 청제국 시대부터 연해 지역의 자본 중심지로 하여금 내륙의 빈약한 물류망에 투자하도록 장려하는 오랜 전통을 갖고 있는 나라였다. 그것을 가능하게 하는 것은 정치권력의 힘과 안보 논리였다. 2016년 이후에는 이란도 이 흐름에 합세하게 되었다. 동과 서 사이에서 갈등하고 있던 이란의 무게 추는 트럼프 행정부의 등장으로 동쪽으로 급격하게 쏠리게 되었다. 핵협상을 통해 서방으로 복귀하는 것이 좌절되면서 이란의 대서방 강경파들의 목소리가 커진 결과였다. 이란은 외부의 자본 투자와 상품 공급을 필요로 하는 나라였고, 그 대신 수출할 수 있는 막대한 에너지와 서방으로부터 독립된 자체적 공간 및 네트워크를 지니고 있었다. 이란의 합류는 중국과 러시아에 장차 큰 도움이 될 터였다.

    서방 세계, 특히 유럽연합과 나토를 두 축으로 하는 유라시아 서부도 중국-러시아의 유라시아 네트워크에 끌려들어가고 있었다. 꾸준한 경제 성장을 이어가는 중국은 유럽으로서는 도저히 걷어찰 수 없는 시장이었고, 유럽산 기계나 장비에 대한 막대한 수요를 지닌 러시아의 존재도 거부할 수 없었다. 유라시아 합류는 유로존 위기를 나름의 방식으로 돌파하기 위한 독일의 노력이기도 했다. 유로존 위기 당시 독일은 자국의 자본을 투입해 남유럽 국가들을 구제하는 옵션을 선택하길 거부했다. 양차 세계대전에서 모두 패전한 1945년 이래, 정치적 영향력을 확대하는 지정학적 위상보다는 국내의 안락한 삶을 추구하는 것이 독일인들 사이에서 깨질 수 없는 합의로 남아 있었기 때문이다. 하지만 독일이 유로화를 통해서 나머지 유럽을 자국의 수출 시장으로 만들고 있다는 비난을 그냥 넘길 수는 없는 일이었다. 독일 정부가 돈을 쓰지도 않고 유로존을 그대로 두면서 문제를 해결하는 방법은 독일 경제를 더욱 크게 성장시켜 유럽 전역으로 부를 확산시키는 것이었다. 그리고 이를 위한 유일한 선택지는 유라시아 경제권 참여였다.

이제 거대한 소비 시장으로 부상하고 자체적인 산업 고도화를 추진하기 시작한 중국은 자동차를 비롯한 각종 독일제 상품은 물론이고 정밀 기계와 화학 등을 빨아들이는 최대의 무역 파트너가 되었다. 또한 러시아산 천연가스는 원전과 석탄 발전을 모두 포기하고 친환경 에너지 시대를 주도하겠다는 독일의 에너지 계획에 없어서는 안 될 원천이 되었다. 게다가 러시아는 크림 사태로 인한 경제 제재 이후, 자국 제조업 부흥과 인프라 개선에 박차를 가하면서 역시 독일제나 프랑스제 자본재에 대한 수요를 늘리고 있었다. 이런 흐름이 계속된다면 곧 낙후된 중앙아시아까지 경제 성장의 물결이 도달할 것이고, 그렇다면 중앙아시아도 마찬가지로 독일로 에너지를 공급하고 독일 상품을 사가는 지역이 될 것이었다. 중국에서 출발해 독일의 내륙항 뒤스부르크로 향하는 육상 물류는 아직은 빈약한 수준이지만 그 잠재력은 충분히 기대할 만한 가치가 있었다. 독일의 배후지인 동유럽의 값싼 노동력, 계속 성장하는 중국 시장, 꾸준한 상품 고객이자 핵심 에너지 공급자인 러시아. 이들이 합쳐지면서 독일에는 경제적 차원의 유라시아 구상에 고개를 끄덕이는 이들이 늘어갔다.

또 다른 동맹: 터키

독일의 행보는 유라시아로의 적극적 선회라기보다는 경제적 이익에 따른 소극적 참여에 가까웠다. 여전히 독일은 '규칙 기반의 세계 질서'라는 자유주의의 이상에 강하게 동조하는 국가였으며, 정치적으로는 미국 주도하의 대중국 압박 정책에 보조를 맞추고 있었다. 더 큰 문제는 독일 같은 소극적 수준을 넘어서, 유라시아로 적극 합류하겠다고 선언하는 국가들이 생겨났다는 데 있었다. 터키의 이탈은 가장 치명적인 사건 중 하나였다.

나토 회원국이자 서방의 전통적 안보 협력국인 터키는 2013년을 기점으로 점점 서방 세계와 거리를 두는 방향으로 움직이고 있었다. 원래 에르도안 정부는 강력한 시장주의 개혁을 통해서 터키 경제를 급속도로 발전시키는 한편, 각종 정치적 자유화 조치를 추진하면서 유럽연합 가입이라는 오랜 숙원을 달성하고자 했다. 하지만 터키의 가입은 유럽연합이 받아들일 수 있는 안이 아니었다. 인구 비례로 의석이 할당되는 유럽 의회에서 인구 대국인 터키(독일 인구에 버금가며 계속 성장 중인)의 가입은 기존 지도국들 입장에서 달가운 일이 될 수 없었다. 또한 무슬림 인구가 향후 유럽연합으로 대대적으로 유입될 게 뻔해, 이것이 유럽 시민들의 안전 우려를 자극했다. 아울러 동유럽 국가들은 서유럽의 지원금을 둘러싸고 새로운 경쟁자가 출현하는 것이 반갑지 않았다. 하지만 터키 입장에서는 모든 지표가 터키보다 부족한 불가리아와 루마니아가 유럽연합에 가입했는데 터키가 가입할 수 없는 것에 분노할 수밖에 없었다.

결국 유럽이 위선적인 가면을 쓰고 있다는 인식이 터키에서 확산되었다. 유럽연합은 스스로를 인류의 보편 프로젝트인 계몽주의의 이상을 추구한다고 선전했지만, 그건 서구 기독교 세계에 한정된 얘기로 보였다. 그사이에 아랍 봉기가 일어나 터키가 무슬림 국가의 새로운 모델로 떠올랐다. 또한 터키는 쿠르드인의 테러를 예방한다는 명목으로 시리아에 군사적으로 개입하여 지정학적 플레이어로서 새로 자리매김했다. 반면 비슷한 시기에 유럽은 유로존 위기로 허우적대고 있었고, 이는 터키의 유럽 선망을 지우는 계기가 되었다. 터키의 미래는 이제 동쪽에 있었다. 그리고 동쪽에서 미래를 찾을 때 서구식 자유민주주의 모델은 굳이 추구할 필요가 없는 것이었다. 2013년 에르도안 정부는 이스탄불 게지 공원에서 발생한 시위를 철저하게 진압했다. 이것을 계기로 에르도안은 그동안 그 자신이 추구해왔던 민주주의를 뒤집어버리고 권위주의로 방향을 선회했다.

에르도안의 터키는 2015년과 2016년을 거치면서 러시아와 밀월관계를 구축하고 반서방 전선에 새롭게 합류했다. 2015년 당시 터키군이 러시아 공군 소속 전투기를 격추하여 양국관계가 경색되었던 것을 고려할 때 이는 갑작스러운 변화였다. 바로 전까지만 해도 양국은 시리아 내전을 둘러싸고 긴장관계를 형성하고 있었다(터키는 아사드 정부에 대항하는 이슬람주의 반군 세력을 지원하고, 러시아와 이란은 아사드 정부를 지원했다). 하지만 차츰 터키로서는 시리아에서 출구 전략을 마련해야 할 필요성이 커지고 있었다. 이슬람주의 반군이 IS로 진화하고, 서방 세계의 지원을 받는 쿠르드 세력이 자치를 획득했기 때문이다.

그러던 차에 터키가 외교 정책을 전면적으로 수정하게 되는 사건이 일어났다. 2016년에 일어난 쿠데타로, 군 내부에서 에르도안의 장기 집권에 반감을 느끼던 이들의 소행이었다. 에르도안은 이 세력이 종교 사상가이자 교육 운동가인 페툴라 귈렌의 추종자들이라며 비난하고 나섰다. 당초 에르도안은 집권 초기에 서구화를 추진하면서 귈렌이 주도하는 자유주의적 이슬람에 큰 호의를 보였다. 하지만 집권이 장기화되면서 둘의 정치적 동맹관계는 금세 적대적으로 변했다. 급기야 귈렌이 터키에서 미국으로 망명하기에 이르렀고, 에르도안은 미국이 귈렌을 수용했다며 원한을 품게 되었다. 쿠데타를 귈렌의 소행으로 몰아가면서 자유주의의 입지는 더욱 약화될 수밖에 없었다. 에르도안으로서는 이미 권위주의를 향해 가고 있는 마당에 귈렌식의 자유주의적 이슬람을 굳이 들고 있어야 할 필요가 없었다.

이제 에르도안의 다음 과제는, 어떤 이념을 국가의 통치 정당성의 근원으로 삼느냐였다. 조금 앞서서 푸틴의 러시아가 고민했던 바로 그 문제였다. 무스타파 케말 아타튀르크가 추구했던 서구 지향의 세속주의는 더는 소생할 가망이 없었다. 자유주의와 이슬람을 조화시키려 했던 귈렌의 사상은 이제 체계적으로 지워야만 하는 것이 되었다. 그렇다고 초국적 이슬람주의를 채택하는 것은 위험성이 클뿐더러, 민족주의 성향과 자부심이 강한 터키인들이 받아들일 수 없는 것이었다.

한편 푸틴이 친서방 자유주의 성향의 중산층에서 애국주의적 대중으로 지지 기반을 교체한 것처럼, 에르도안의 지지층에서도 마찬가지의 변화가 일어나고 있었다. 그전까지 서부 도시의 청년층은 잦은 쿠데타를 일으키던 군부와 이슬람 성향 보수주의자들을 모두 거부하고 에르도안의 정의개발당을 지지했었다. 그때만 해도 에르도안이 민주주의, 그리고 세속적 생활과 양립하는 이슬람의 가치를 이야기했기 때문이다. 하지만 2013년 게지 공원 시위는 이들이 에르도안에 등을 돌리기 시작했음을 보여주는 신호나 다름없었다. 그 이후부터는 정의개발당의 새로운 핵심 지지층이 애국주의자들로 바뀌었다. 애국주의자들은 에르도안을 터키의 높아진 국제적 위상에 걸맞은 지도자, 자긍심을 심어주는 지도자라고 생각했다. 또한 보다 국수주의 성향의 민족주의행동당 MHP과 정의개발당의 관계도 급속도로 가까워졌다.

이러한 배경들 속에서 터키는 새로운 이념을 필요로 하게 되었다. 그 이념은 새로운 지지층의 열망과 에르도안의 권력을 모두 만족시켜줄 수 있어야 했다. 또한 터키 인근의 발칸과 중동에도 지정학적 영향력을 투사할 수 있어야 했고, 전통의 이름으로 자유주의가 제공하지 못하는 문화적 자긍심과 의미도 제공할 수 있어야 했다. 권위주의 통치에 도움이 되는 동시에, 민족적 자부심도 충족시켜주는 그런 이념이 필요했다. '신오스만주의'는 이를 위한 새로운 이념이었다.

일찍이 1980년대에 터키 군부는 좌파 사회주의자들의 도전을 막고자 이슬람주의와 제휴를 맺은 적이 있었다. 당시 군부는 '튀르크-이슬람 종합'이라는 새로운 역사관을 발표했는데, 터키 민족의 위대함을 고취하는 내용이 핵심이었다. 그에 따르면 터키 민족은 고대부터 이슬람의 가치를 수행해왔고, 이슬람을 받아들인 뒤에는 이슬람을 수호해온 영웅적인 민족이었다. 이 튀르크-이슬람 종합은 에르도안 정부에서 오랜 기간 숙적이었던 케말주의자 군부 세력과 정의개발당의 이슬람주의 세력이 화해할 수 있는 근거를 제시해주었다. 특히 2016년 쿠데타가 튀르크-이슬람 종합에 대한 상상을 결정적으로 자극했다. 당시 군부와 정의개발당, 에르도안은 한목소리로 귈렌주의자들을 비난하는 과정에서 그들끼리 뜻밖의 화해를 이루어낼 수 있었다. 서방은 쿠데타 대응에 소극적인 모습을 보였을 뿐 아니라, 자꾸 시리아의 쿠르드를 지원해 분노를 돋우었다. 이런 믿을 수 없는 존재가 터키를 향해 자유주의적 가치와 인권 등의 문제로 간섭하는 것도 더 이상 따라줄 이유가 없다는 생각이 확산되었다. 이내 튀르크-이슬람 종합에서 제시된 가치를 따라야 한다는 주장과 함께, 새로운 정치적 상상이 제기되었다. 다름 아닌 '새로운 오스만 제국'이었다.

이른바 신오스만주의는 오스만 제국이 과거 지배했던 지역(발칸, 시리아, 이집트, 캅카스 등)에 터키가 마땅한 영향력을 행사할 수 있어야 한다는 지정학적 구상이었다. 이는 튀르크 종족주의에 바탕을 둔 아타튀르크 시대의 투란주의와는 구분되는 것이었다. '튀르크 공동체'라는 것이 지나치게 추상적이고 문화적 동질감을 느끼기 힘든 데 반해, 오스만 제국은 보다 구체적이고, 훨씬 더 실감나며, 실제 사람들의 기억에 맞닿아 있는 실체였다. 터키에서는 유럽연합의 말석에 끼느니 차라리 과거 오스만 제국의 강역에서 맹주가 되는 게 낫다는 여론이 크게 확산되었다.

이런 전환 과정에서 알렉산드르 두긴은 터키인들에게 매우 큰 인기를 얻게 되었다. 당초 두긴은 터키를 그다지 좋은 시선으로 보지 않고 있었다. 터키는 친서구 지향일뿐더러, 러시아의 전통적 영역이라 간주되는 중앙아시아의 신생 튀르크 공화국들을 '침범'했기 때문이다. 그래서 두긴은 예전부터 터키가 자신의 올바른 문화적 정체성을 자각하고, 유럽연합과 나토로부터 탈출해야 한다고 목소리를 높였다. 이런 두긴의 주장에 호응하는 터키 일각의 반서구주의자들, 유라시아주의 그룹들에 대해 과거 에르도안 정부는 경계와 감시의 끈을 놓지 않았다. 하지만 에르도안 자신이 신오스만주의를 내걸기 시작하자 상황은 완전히 뒤바뀌었다. 두긴은 2016년 쿠데타 당시 터키에 머물고 있었는데, 그는 앞장서서 쿠데타를 귈렌주의자들의 책동이라고 비난했다. 아울러 유라시아주의를 옹호하는 터키 내의 동료들과 함께, 타국의 정치를 쥐락펴락하려는 서구에 맞서서 터키가 각성해야 한다고 촉구했다. 순식간에 두긴의 사상은 에르도안을 둘러싼 정치인과 지식인 집단의 주목을 받았다. '유라시아'라는 개념을 활발히 이야기하는 분위기가 형성되었다.

마침 러시아군과 이란군이 사전에 터키군 내부의 움직임을 파악하고 에르도안에게 쿠데타 기도 징후를 알린 것도 터키 정부의 변화를 부추겼다. 이를 계기로 2015년 전투기 격추 사건으로 경색되었던 양국의 관계가 복원될 조짐을 보였다. 터키는 서구에 대한 불신이 커지는 만큼 러시아, 이란과의 관계 개선을 매력적인 일로 인식하게 되었다. 물론 터키는 여전히 나토 회원국이고,

유럽연합 가입 신청을 철회하지 않고 있으며, 러시아, 이란, 중국과 모두 껄끄러운 문제들을 갖고 있다. 하지만 터키가 상당 부분, 그것도 세계관 차원에서 유라시아에 기울게 된 것은 부정할 수 없다. 서방 입장에서는 보스포러스라는 지정학적 요충지의 장악 세력과 사이가 벌어지고, 중동으로 향하는 창窓 하나가 파손된 셈이었다.

바르샤바 조약기구의 옛 친구

이탈자는 유럽연합 내부에서도 나왔다. 헝가리의 오르반 빅토르는 원래 1980년대 동유럽 혁명 당시에 공산당 정권(과 그 배후의 소련)에 저항한 청년 지도자였다. 하지만 그는 2010년에 2기 집권을 시작하면서부터 푸틴과 에르도안의 길을 따라서 걷기 시작했다. 오르반 역시 경제보다도 문화, 정체성, 공동체, 인구 같은 의제를 내걸면서 헝가리가 자신만의 길을 개척해야 한다고 이야기했다. 그가 내세운 의제 중 가장 핵심적이었던 것은 인구 문제였다. 여성 교육과 취업 권장, 낙태 허용 등 다양한 여성 의제를 내걸었던 공산주의 시대에 동유럽 국가들은 모두 빠른 속도로 저출생 단계에 진입했고, 이런 경향은 공산당 정권이 붕괴한 이후에도 역전되지 않았다. 오히려 청년층은 더 큰 소득과 더 많은 기회를 잡고자 무너진 철의 장막을 넘어 서유럽으로 대거 이주했다. 한때 이런 이주의 물결은 중동부 유럽 전역에 흩어져 있던, 코즈모폴리턴적인 독일어권 도시들의 연계를 회복하는 일로 받아들여졌다

(물론 그 독일어 사용자들은 1945년 이래로 동유럽에서 모조리 사라졌지만). 하지만 언제든지 프랑크푸르트나 런던으로 떠날 수 있는 부다페스트의 고학력 청년층을 지켜보는 헝가리인들의 심경은 복잡했다. 소멸되어가는 소도시, 노인만 남은 농촌…. 부다페스트 바깥에서 삶을 꾸려가는 중장년층 입장에서는, 이주의 물결이 무척 위태로워 보였다. 어쩌면 유럽연합 합류는 종국적으로 헝가리의 민족 문화, 헝가리어, 나아가 헝가리인 자체를 사멸하게 만들어버리지는 않을까.

  사실 부다페스트와 그 배후지 간의 지리적 분리와 문화적 이질성은 수 세기 이전부터 내려오는 특징이었다. 동유럽이 대체로 다 그랬다. 헝가리의 부다페스트는 물론이고 체코의 프라하나 폴란드의 바르샤바, 러시아의 상트페테르부르크, 루마니아의 부쿠레슈티까지 동유럽 중심 도시는 언제나 범유럽적 공간이었다. 독일에서 러시아 사이에 있는 모든 지역의 도시들을 연결하고 있는 것은 다름 아닌 독일인과 유대인의 네트워크였다. 그들은 그 네트워크를 따라서 다른 곳으로 이주하는 일을 그다지 어렵게 생각하지 않았다. 그들은 전유럽적인 지적 세계의 일원으로서 공동의 언어를 말할 수 있었고, 그들 사이의 교류로 탄생한 지적 작업들은 수많은 사조를 형성했다. 그러나 이는 뒤집어 말하자면 동유럽의 코즈모폴리턴 지식인들이 배후지, 특히 농촌 지역과 그다지 연이 없다는 뜻이기도 했다. 이를테면 체코 프라하에서 태어난 대문호 프란츠 카프카는 체코어가 아니라 독일어로 글을 썼다.

  이러한 도시와 농촌 간의 지리적 단층선은 역사적으로 엄청난 정치적 혼란과 유혈 사태를 만든 적이 있었다. 오스트리아-헝가리 제국과 러시아 제국이 붕괴하며 동유럽에 수많은 민족국가가 탄생했을 때가 그러했다. 중부 유럽의 코즈모폴리턴 도시들은 제국 권력의 비호가 사라지자 동유럽 제민족들의 분노를 샀다. 아울러 새로운 대중 사회에 참여하게 된 사람들은 파시즘에 강하게 이끌렸다. 그들은 이질적 요소를 제거하여 민족 공간을 정화하고자 했다. 이에 따라 많은 동유럽인들이 나치에 의해 자행된 홀로코스트에 자발적으로 가담했다. 이는 오랜 기간 누적되어온 지방과 농촌의 불만이 코즈모폴리턴 도시민의 상징인 유대인을 향해 잔인하게 표출된 비극이었다. 이 갈등은 소련에 의해 세워진 공산 정권하에서 간신히 봉합되었다. 제2차 세계대전의 결과 거대한 인구 이동이 발생하여 영토 내의 민족 구성이 동질적으로 바뀐 데다, 공산당 정권이 그동안 주류에서 배제되어온 지역과 농촌 출신의 인재들을 발탁했기 때문이다. 하지만 세월이 흘러 철의 장막이 붕괴되고 유럽연합 합류가 가속화하면서, 다시금 도시와 농촌의 단층선이 갈라지게 되었다.

오르반이 강력한 지지를 얻을 수 있던 비결은 단순했다. 그는 부다페스트 바깥에 사는 사람들의 목소리를 대변하겠다고 나섰다. 부다페스트 바깥에서 20여 년간 누적되어온 불만이 터져나왔다. 오르반 자신부터가 부다페스트 인근의 소도시에서 태어났다. 중부 유럽의 식자층 네트워크에 속한 부다페스트의 다른 정치인들과 구별되는 정체성을 갖고 있었던 것이다. 그는 부다페스트의 자유주의적 시민들의 여론을 비난하며, 그것이 유럽연합의 본부가 위치한 브뤼셀에 놀아난 의견이나 다름없다고 깎아내렸다. 오르반은 서유럽에 대한 평범한 헝가리인들, 나아가 동유럽 사람들의 불만과 실망이 무엇인지 정확히 알고 있었다. 철의 장막이 무너질 때 동유럽 사람들은 이제 서유럽과 함께할 수 있게 되었다며 기뻐했다. 그들이 상상한 서유럽이 이상적인 사회의 모습을 하고 있었기 때문이다. 자유로운 경제 활동을 보장하면서도, 문화는 여전히 보수적이고 전통적인 가치에 따르는 사회. 그것이 당시 동유럽 사람들이 꿈꾼 이상적인 사회였다. 실제로 동유럽 공산 정권에서 가장 첨예한 싸움은 무신론을 강제하는 공산 정권과 그에 반발하여 가톨릭교회로 결집하는 시민들 사이에서 벌어졌다. 당시 동유럽 사람들이 보기에, 서유럽은 종교적 삶에 이의를 걸지 않기 때문에 '좋은 사회'였다. 하지만 실상은 전혀 달랐다. 실제의 서유럽은 강한 충격을 안겨주었다. 68혁명을 겪고 청년층이 주도한 사회적, 문화적 변화를 수십 년에 걸쳐서 통과한 서유럽에는 동유럽 사람들이 기대했던 신실한 교인들은 없었다. 대신에 페미니즘, 성소수자 권리, 이민 장려와 다문화주의 같은 의제들이 당연시되고 있었다. 이러한 의제들은 점차 서유럽 안에서도 갈등을 일으키게 되는데, 하물며 전혀 준비가 되어 있지 않았던 동유럽은 말할 것도 없었다. 실제의 서유럽과 상상의 서유럽은 이미 전혀 다른 사회라는 것이 진실이었다. 서유럽이 주도하는 브뤼셀은 자유주의적 가치와 권리에 부합하도록 여러 개혁 조치를 도입하라고 개별 국가들에게 권고했다. 때로는 그러한 사회적, 문화적 개혁을 경제적 지원과 연계하기도 했다. 이제는 중장년층이 된 과거 동유럽 혁명의 주역들이 보기에, 이는 전혀 바라지 않았던 몹시 실망스러운 일이었다. 정치인 오르반은 불만을 토해냈다. 브뤼셀의 자유주의자들이 과거 모스크바의 공산주의자들과 무엇이 다르냐고, 둘 다 헝가리의 사회와 문화에 마음대로 간섭하지 않느냐고 말이다.

2010년대를 거치면서 오르반의 서사는 또 하나의 대안적 세계관을 구축할 수준에 올랐다. 과거 공산당 기관원들이 모스크바의 앞잡이였다면, 부다페스트의 자유주의적 시민들과 지식인들은 브뤼셀, 런던, 파리, 베를린 등지의 앞잡이였다. 성소수자의 권리를 보장하라는 브뤼셀의 요구는 헝가리인들이 전통적 가치에 따라서 가정을 꾸리면 안 된다고 위협하는 일이었다. 또한 이민 수용과 다문화주의야말로 세상 물정 모르는 엘리트들이 민족의 고유성을 지워버리려는 가장 나쁜 책동이었다. 청년층은 모두 서유럽으로 떠나고, 페미니즘과 성소수자의 권리가 확산되어 바람직한 가정의 가치가 무너지고, 그렇게 헝가리인의 숫자가 줄어들게 되면 무슬림 이민자들에 의하여 국가가 완전히 장악당하지 않겠는가. 이와 같은 '민족의 소멸'에 이익을 얻는 이들은 브뤼셀을 위시한 서유럽의 엘리트들과, 그들의 꼭두각시이자 공모자인 부다페스트의 자유주의자들밖에 없었다. 오르반은 브뤼셀과 그 앞잡이들이 보여주는 행동이 과거 헝가리를 지배했던 오스트리아 제국이나 소련 제국과 다를 바 없다고 목소리를 높였다. 그러면서 보통의 평범한 헝가리인을 구원하기 위해서라도, 강력한 권력을 지닌 지도자가 민족의 이익에 맞게 목소리를 내야만 한다고 주장했다. 푸틴의 이데올로그들은 이러한 서사들을 정연하게 엮어내는 한편, 헝가리인들의 반감을 거대한 서사와 세계관으로 거듭나게 하는 데 큰 역할을 했다.

오르반이 반자유주의적인 수사를 강화할수록 자유주의적 청년층과 부다페스트의 지식인들이 더욱 빠른 속도로 서유럽으로 이탈했다. 그리하여 그는 오히려 지지층을 더욱 단단하게 굳힐 수 있었다. 급기야 의회 다수당의 지위를 활용하여 자신에게 권력을 집중시키는 반자유주의적, 권위주의적 제도 개편을 단행하기에 이르렀다. 개별적인 개편 하나하나는 유럽연합의 다른 국가들에 존재하는 제도를 참조하면서 이루어졌지만, 그 개편들을 종합적으로 모아놓고 보니 오르반이 막강한 독재자로 부상할 수 있게 되었다. 이후 오르반은 적극적으로 푸틴의 새로운 세계 구상을 지지하고 중국의 부상을 긍정하면서 서방 세계의 지도자들과 사실상 결별했다. 특히 2014년 유로마이단과 크림 사태 이후 러시아가 서방에 문화 전쟁을 개시하자, 헝가리 역시 이 전쟁에 적극적으로 참전하게 된다. 헝가리는 '전통적 가치'나 '기독교적 가치'에 걸맞은 유럽의 올바른 모습을 헝가리가 구현하고 있다고 선전했다. 아울러 서유럽과 동유럽을 잇는 러시아의 극우 지식인 네트워크에서도 열심히 활동했다. 반면 난민 문제에 대해 같이 부담을 지자는 유럽연합의 요구는 거부했으며, 대학의 젠더 연구 또한 금지했다. 인구 문제를 해결하기 위해 헝가리만의 대안이 필요하다며 파격적인 출산 지원 정책을 도입하기도 했다. 부다페스트에서 서유럽 지향의 교육을 받은 청년층은 망연자실했다. 그들이 보기에 이는 충격적인 역사의 퇴보였다. 하지만 오르반을 지지하는 다수의 헝가리인들이 보기에는 그저 정상적인 '역사의 귀환'이었다.*

"서양으로부터 유럽을 구원하라"

세계관 전쟁에서 '대서양주의'를 향한 '유라시아주의'의 공세는 동유럽에서만 그칠 것이 아니었다. 서유럽은 동유럽을 서유럽처럼 만드는 데 실패했다. 모스크바의 목표는 반대로 서유럽을 동유럽처럼, 나아가 러시아처럼 만드는 이념적 공세에 나서는 것이 되었다. 모스크바 입장에서 이는 서방 국가들이 자유주의 이데올로기를 전세계의 보편 이념으로 확산시키기 위해 각종 국제기구와 NGO를 지원하는 일과 하등 다를 것이 없었다. 크렘린은 러시아의 극우 이념과 유라시아주의자들에 동조하는 이들을 세계 각지에서 찾아내고, 그들과 네트워크를 형성하여 다른 나라 국민들의 세계관을 바꾸고, 종국적으로 러시아에 우호적인 정권을 수립하고자 했다. 러시아 사상의 전파자들은 서방이 색깔혁명을 지원하고 독려했다면, 반대로 러시아가 서방 국가들을 상대로 같은

---

* 헝가리는 역사의 종언이 벌어진 무대인 동유럽에서 다시 역사가 회귀한 가장 극적인 사례이다. 하지만 유일한 사례는 아니다. 폴란드에서도 야로스와프 카친스키와 안제이 두다가 이끄는 '법과 정의당'이 헝가리와 거의 흡사한 구도로 정권을 장악했다. 그들은 전통적 가치로의 회귀를 내걸며 브뤼셀 및 자유주의자들과 대립했다. 폴란드는 러시아의 오랜 지배에 따른 원한 탓에, 헝가리처럼 서방 세계로부터 이탈하는 것을 선택하지는 않았다. 하지만 적어도 세계관 차원에서 그들이 서유럽과는 다른 시각으로 세계를 바라보고 있다는 것은 명확해졌다. 두긴을 비롯한 러시아의 유라시아주의자들은 폴란드가 러시아와 적대하는 것 자체는 어쩔 수 없지만, 유럽연합이 내세우는 자유주의의 이상에 균열이 나는 것만으로도 괜찮다며 미소를 지었다. 30년 전에 서유럽이 동유럽을 끌어안을 때만 해도, 유럽 프로젝트의 완결이라며 모두가 환희의 순간을 즐겼었다. 그러나 500년이 넘는 시간 동안 서로 다르게 형성돼온 역사와 정체성의 차이는 마냥 끌어안는다고 해서 바로 없어질 수 있는 게 아니었다.

활동을 벌이는 게 무슨 문제냐고 조롱했다. 크림 위기를 기점으로 이즈보르스크 클럽의 참가자들은 독일, 프랑스, 영국, 이탈리아, 나아가 서방 세계의 지도국인 미국을 향한 세계관 전쟁을 개시했다.

러시아는 서유럽과 북미에서 점점 세력을 키우고 있는 포퓰리스트들, 특히 우익 포퓰리스트들을 음으로 양으로 지원했다. 서방에도 여전히 남아 있는 파시스트 사상가들에게 러시아의 신유라시아주의는 새로운 지적 자극이 되어주었다. 이때 꼭 그들이 이념적으로 신유라시아주의나 푸티니즘을 받아들이지 않아도 크게 상관없었다. 자유주의를 대체할 핵심 서사와 세계관을 장착한 채 자유주의 질서를 공격할 수만 있으면 되었다.

서구 세계의 포퓰리스트들은 경제적 불평등과 그에 따른 문화적 이질성을 양분으로 삼아 발흥했다. 그들은 LA, 뉴욕, 런던, 파리의 엘리트들이 한 줌의 글로벌 엘리트들의 이익을 위해 대다수의 보통 사람들을 절망으로 몰아가고 있다고 비난했다. 세계화 경제는 탈산업화를 유발하여 다수의 중산층을 희생시켰고, 이민과 다문화주의 역시 '평범한 사람들'의 일자리를 위협했다. 이는 모두 글로벌 엘리트들의 배만 불려주는 일이었다. 아울러 세계 도시의 지식인들과 자유주의 문화를 선호하는 청년층들은 적극적으로 사회를 파괴하는 적들이었다. 그들은 기독교에 근거하는 문화적 정체성을 뿌리 뽑으려 하고, 성평등과 성소수자의 권리를 추구했다. 포퓰리스트들이 보기에, 이에 맞서기 위해서는 세계 도시의 글로벌 엘리트에 의하여 목소리가 소거되었던, 드넓은 영토의 평범한 다수가 깨어나야 했다. 이른바 '대초기화'와 '대각성'이었다.

이처럼 두긴 사상의 흔적은 서구 포퓰리스트들의 언어에서 쉽게 발견된다. 이는 때로는 러시아와 연계된 극우 네트워크를 통한 직접적 영향이기도 했고, 때로는 유사한 문제의식을 공유한 수렴진화의 산물이기도 했다. 트럼프의 이데올로그로 주목받았던 스티브 배넌은 실제로 두긴의 지대한 영향을 받아 미국판 신유라시아주의를 만들어냈다. 그는 트럼프 당선 이후 영향력을 빠르게 상실했지만, 배넌이 제시한 대립 구도, 즉 '한 줌도 안 되는 대서양, 태평양 해안 지대의 글로벌리스트'와 '전통의 가치를 지키는 광대한 북미 대륙의 영웅적 시민'은 신유라시아주의의 공간관과 거의 완벽하게 통한다.

러시아는 특히 서유럽의 포퓰리스트들에 집중했다. 신유라시아주의 지정학에 따르면 이는 유럽을 발아래에 두고 있는 대서양주의자들을 물리치고 유럽을 다시금 유라시아 세계에 합류시키는 성전聖戰이었다. 조금 실용적인 차원에서, 유럽연합의 약화를 기대한 전략이기도 했다. 만약 유럽 회의주의가 강한 포퓰리스트들의 영향력이 강해진다면, 러시아로서는 유럽 각국을 다루기가 훨씬 쉬워질 터였다. 개별 국가로 쪼개진 상황이 집단으로 움직이는 것보다 당연히 나을 테니까. 러시아의 정치적 분열 공세는 2014년 스코틀랜드 분리 독립 투표를 지원하면서 본격적으로 시작되었다. 또 프랑스의 마린 르펜이나 독일의 '독일을 위한 대안당'도 마찬가지로 지원을 받았다. 물론 이들 포퓰리스트의 정치적 약진은 러시아의 지원과 별개로 이미 자유주의 엘리트에 대한 사회적 불만이 꾸준히 쌓였기 때문에 가능했다.

2016년은 러시아의 세계관 전쟁이 중대한 승리를 이룬 상징적인 해였다. 이 해에 대서양 세계를 대표하는 두 국가인 영국과 미국에서 정치적 격변이 발생했다. 영국에서는 유럽연합 잔류 여부를 가리는 브렉시트 투표에서 모두의 예상을 깨고 탈퇴파가 승리하는 일이 벌어졌다. 미국에서는 대통령으로 당선되리라고 어느 누구도 생각하지 못했던 포퓰리스트 도널드 트럼프가 당선되어 민주당과 공화당, 양당의 주류 모두와 싸우기 시작했다. 곧이어 이러한 정치적 격변의 배후에 러시아가 있다는 이야기가 공공연히 나오기 시작했다. 러시아가 트위터나 페이스북과 같은 SNS에 가짜뉴스와 정치적 선전을 살포하는 봇bot을 뿌렸고, 그것에 양국 유권자들이 차츰 영향을 받았다는 것이었다.

러시아는 세계관 전쟁을 어떻게 치러야 하는지에 대해서 많은 연구를 진행한 바 있었다. 그에 따르면 계몽주의 인식론의 기반, 즉 '사실에 기반한 객관적 분석'과 '자유로운 토론을 통한 여론의 수렴'을 허무는 게 가장 중요한 일이었다. 각종 가짜뉴스를 뿌리고, 객관적 사실 대신에 사람들이 믿고 싶어 하는 '대안적 진실'을 보여주면, 넘쳐나는 정보의 혼란 속에서 사람들은 길을 잃을 수밖에 없었다. 스마트폰과 SNS의 시대에 정보의 자유로운 유통은 객관적, 합리적 행동을 이끌어내기는커녕 오히려 서로 다른 진실을 믿는 집단들의 투쟁을 부추겼다. 그러한 부족 투쟁은 사람들이 정보의 홍수 속에서 정신을 유지하기 위한 새로운 시대의 방편이었다. 러시아의 사이버 전사들과 알고리즘이 파고든 것은 이 지점이었다. 서구 유권자들에게 굳이 두긴의 신유라시아주의 같은 추상적인 이론을 퍼뜨릴 필요가 없었다. 단지 서구 세계가 글로벌 엘리트와 '진짜 애국자'인 평범한 사람들로 나뉘어져 있으며, 그 투쟁은 문화를 둘러싸고 이루어진다는 세계관을 살포하기만 하면 됐다. 중요한 것은 적과 동지의 구별이었다. 세계 도시의 엘리트들은 이기적인 이익을 위해 조국을 배신한 적이었고, 우리 같은 '애국자들'과 이들을 이끄는 지도자들은 헌신적인 동지였다.

푸틴이 거둔 쾌거는 2016년을 정점으로 다소 기세가 꺾인 듯했다. 브렉시트 이후 영국에서 벌어진 혼란은 오히려 유럽대륙에서 비판적인 시각으로 유럽 회의주의를 바라보게 만들었다. 트럼프는 미국의 견고한 주류 시스템Establishment을 뚫지 못했고, 당초의 급진적 구호를 대부분 실현하지 못한 채 끝내 재선에 실패했다. 그러나 추가적인 '전과 확대'가 이어지지 않았다 해도, 브렉시트와 트럼프는 서방 세계에 지워지지 않을 커다란 상흔을 남기고 말았다. 이를테면 트럼프는 집권 당시 고립주의 수사를 구사하고 동맹과 싸우기 시작했는데, 이런 그의 행동은 점차 트럼프의 지지자들을 넘어 다른 유권자들에게까지 큰 영향을 미치게 되었다. 자유진영의 수호자이자 세계 경찰로서의 미국의 역할을 긍정하던 유권자들은 처음에는 다들 트럼프의 좌충우돌 외교에 질색했다. 하지만 이제는 그들 중 상당수가 '할 말은 하는' 지도자, '미국의 이익을 저버리지 않는' 지도자를 원하게 되었다. 세계 질서 유지를 위한 외부 개입의 기준점이 고립주의 방향으로 성큼 이동한 것이다. 아울러 서방에서 세계 도시와 그 배후지의 문화, 정체성을 둘러싼 전쟁은 더욱 격렬해졌고, 합의를 이루는 일 역시 점차 어려워졌다. 여기에 코로나19가 창궐하는 한편, 사회적 갈등과 경제적 불안정이 확대되었다. 또 사람들이 인터넷 미디어에 더욱 더 몰입하면서 분노와 불신이 확산되었다. 이런 모든 것들이 상호 작용하여 서방 세계의 단합을 저해하고 행동력을 감퇴시켰다.

한편 구소련 근외 지역에서는 정국 불안정이 계속되고 있었다. 2020년 키르기스스탄에서 젠베코프 정권이 무너지는 일이 발생했다. 물론 키르기스스탄은 이미 러시아가 주도하는 집단안보조약기구CSTO 회원국인 데다 중국이 주도하는 일대일로에 깊이 관여하고 있는 국가였기에, 정권이 교체된다고 해서 러시아에 안보 불안을 안겨줄 일은 없었다. 새롭게 구성된 자파로프 정부는 키르기스스탄과 러시아의 관계가 계속 굳건할 것임을 약속했다. 하지만 같은 해에 아르메니아-아제르바이잔 전쟁이 벌어진 터라, 키르기스스탄의 사건은 근외 지역의 불안정에 대한 불안감을 야기했다.

그러던 중에 러시아와 훨씬 긴밀한 관계를 맺고 있는 벨라루스와 카자흐스탄에서 시위 사태가 일어났다. 먼저 벨라루스를 보면, 2020년 5월부터 루카셴코에 대항하는 시위가 일어나기 시작해 8월 대통령 선거를 계기로 더욱 거세게 타올랐다. 이전에도 시위가 있어왔지만, 이번 시위는 그 규모와 지속력이 훨씬 컸다. 탈소비에트 국가 중에서 가장 안정적으로 권위주의적 권력을 유지하던 루카셴코도 저항에 직면하게 된 것이었다. 루카셴코가 시위를 철저히 진압하자 유럽연합과 미국은 벨라루스에 대한 제재 강도를 높였다. 서방 여론은 푸틴이 배후에서 루카셴코를 지원하고 있다며 비판했다. 반대로 러시아는 미국과 유럽연합 등 '외국 세력'이 광범위하게 개입하여 벨라루스의 불안정을 조장하고 있다고 목소리를 높였다. 10개월에 걸친 시위는 2021년 3월 루카셴코가 시위대를 대거 투옥한 이후에 간신히 진정됐다.

카자흐스탄에서도 2022년 1월 대규모 시위가 발생했다. 시위를 촉발한 것은 정부의 연료 가격 인상 발표였지만, 사실 이미 정부에 대한 불만이 광범위하게 퍼져 있는 상태였다. 사람들은 불평등한 경제 구조와 나자르바예프 클랜clan의 장기 집권을 더 이상 가만히 두고 보지 않았다. 서부의 자나오젠에서 시작된 시위는 주요 도시인 알마티와 수도 아스타나로 확산되었다. 정부는 비상사태를 선포하며 대응했지만, 결국 사태를 진정시킨 것은 러시아가 주도하는 CSTO 파병군이었다. 러시아와 중국은 모두 카자흐스탄이 정국 혼란을 조장하는 '외부 세력'에 맞서 안정을 회복했다며 추켜세웠다.

그러나 크렘린은 계속해서 떠돌아다니는 '색깔혁명'의 망령을 두려워하고 있었다. 아르메니아와 키르기스스탄, 벨라루스, 나아가 카자흐스탄까지 그 망령이 덮쳐오는 것인가. 결코 가만히 지켜보고 있을 수 없었다. 우크라이나에 대한 행동은 자연스러운 흐름이었다. 러시아군은 우크라이나 국경에 집결하여 서방을 압박하기 시작했다. 그러면서 미국을 향해 우크라이나의 나토 가입을 금지하라고 요구했다. 또한 러시아 국경을 위협할 수 있는 무기를 후방으로 재배치하고, 나토를 '정상 상태'로 돌려놓으라고도 했다. 물론 미국 입장에서는 이 요구들을 수용할 수 없었다.

사실 미국은 그 몇 개월 전인 2021년 여름에 겪은 쓰디쓴 실패를 생생히 기억하고 있었다. 아프가니스탄 카불의 함락은 러시아의 승리라기보다는 미국의 패배를 상징하는 사건이었다. 카불에서 도망치는 미군 수송기는 '역사의 종언의 종언'을 더 없이 잘 드러내주는 장면으로 남게 되었다. 애초에 아프가니스탄의 탈레반들은 자유주의 이념과 역사의 종언에 동의하지 않는 이들로, 탈냉전의 낙관론이 정점에 이르렀을 때에도 미국과 투쟁하고 있었다. 미국이 끝내 이들을 굴복시키지 못한 것은 자유주의자들로서는 뼈아픈 타격과 굴욕이 될 수밖에 없었다. 카불 함락 이후 서구권 인터넷에는 아프가니스탄에 남겨진 여성들의 인권을 걱정하는 글만큼이나 미국의 자유주의 정책이 아프가니스탄에 어떠한 긍정적 변화도 일으키지 못했다며 자유주의자를 조롱하는 글이 쏟아졌다.

게다가 아프가니스탄 철수는 미국이 점점 유라시아에서 일어나는 각종 분쟁에 대응하는 데 지쳐 있다는 방증이기도 했다. 물론 고립주의는 독립 때부터 이어져오는 뿌리 깊은 미국인들의 심성이기는 했다. 하지만 양차대전과 냉전을 거치며 미국인들은 자신들이 세계 질서를 수호해야 하는 사명이 있는 국가라는 의식도 강하게 갖게 되었다. 그런데 트럼프의 당선으로 인해 그 무게추가 고립주의 쪽으로 기울어버렸다. 자유주의 이념에 대한 확신을 숨기지 않는 민주당의 바이든 행정부조차도 아프가니스탄을 포기했다는 것은 유라시아의 나머지 지역에서도 미국이 철수할 수 있다는 우려, 혹은 기대를 심어줬다.

카불 함락의 제1수혜자는 중국이었다. 중국은 자국의 핵심 파트너인 파키스탄을 통해 탈레반 정부와 협상을 시작했고, 구상 중인 중앙아시아 물류망에 아프가니스탄을 참여시킬 수 있게 되었다. 군사적으로는 러시아와 이란과 중국, 이들 모두 큰 이익을 보았다. 유라시아의 심장지대에 깊숙하게 위치한 세 나라의 도시와 군사기지들을 타격할 수 있는 아프가니스탄의 미군기지가 사라졌기 때문이다. 한편 이 사건은 미국이 새롭게 우방국으로 끌어들이고자 했던 인도에 찬물을 끼얹는 일이었다. 아프가니스탄의 가니 정부를 지원하면서 파키스탄과 중국의 남방 진출을 견제하고자 했던 인도는 자신들의 노력이 미군 철수와 함께 허망하게 물거품이 되는 것을 지켜봐야만 했다. 그리고 과연 미국과의 파트너십이 신뢰할 수 있는 것인지에 대해 의문을 품기 시작했다.

카불 함락은 푸틴에게 어떤 영향을 끼쳤을까. 이는 후대에 가서나 확인해볼 수 있을 것이다. 분명한 것은, 푸틴이 '세계관 전쟁'을 '진짜 전쟁'으로 확대하라고 러시아군에 명령했을 때 이미 탈냉전의 승리주의와 미국적 보편주의는 구시대의 유물과 다름없어졌다는 것이다.

그렇게 다시 한번 역사는 귀환했다.

===== 나가며 =====

역사의 귀환

◆

냉전의 붕괴가 글로벌 자본주의가 번성하던 안정적인 시스템을 파괴하는 결과를 초래하고, 반면에 러시아의 자본주의 전환 시도가 러시아 제국을 건국하게 만든다면 그것은 극도의 아이러니가 아닐 수 없다.

_토머스 맥코믹[29]

'역사의 종언'은 매우 슬픈 시대가 될 것이다. 인정을 위한 투쟁, 순수하게 추상적 목표를 위해 목숨도 걸고자 하는 의지, 담대함, 용기, 상상력과 이상주의를 소환한 세계적 이념 투쟁은, 경제적 계산, 기술적 문제의 끝없는 해결, 환경적 우려와 세심한 소비자 요구의 만족으로 대체될 것이다. 탈역사 시기에는 예술도 철학도 없어질 것이며, 그저 인류사 박물관의 항구적인 돌봄으로만 존재할 것이다. (…) 나는 역사의 종언의 불가피함을 인정함에도 불구하고, 1945년 이래로 유럽에서 창조된 문명과 그것의 북대서양과 아시아의 파생물들에 대해서 매우 강한 양가감정을 느낀다. 아마 역사의 종언에서는, 수 세기에 걸친 이 지루함의 전망이야말로 역사를 다시 한번 시작하는 데 복무할 것이다.

_프랜시스 후쿠야마[30]

다른 모든 나라와의 마찬가지로, 러시아의 역사도 자국을 어떻게 정의할 것인지를 둘러싼 논쟁을 통해서 구성된다. 러시아에 있어서 그 논쟁의 초점은 두 가지 주제에 맞춰졌다. 러시아는 서양인가, 동양인가? 러시아는 제국인가, 국민국가인가?

이 논쟁은 러시아가 갖는 특수한 지리적 위치에서 기인했다. 러시아 문명은 유럽과 아시아 사이에 놓인 광활한 대지 위에서 건설되었다. 러시아 역사가 시작될 때, 노브고로드와 키예프와 같은 무역 도시들은 발트해와 흑해를 연결하면서 성장했고, 그 과정에서 비잔티움 제국의 정교회를 받아들였다. 하지만 동방의 드넓은 스텝 지대와 연결된 러시아는 언제나 몽골, 튀르크 계통의 유목 민족과 관계를 맺어야만 했다. 관계의 내용은 평화적 교역이기도 했고, 처절한 투쟁이기도 했는데, 어쨌든 이 과정에서 러시아 문명의 영혼에는 아시아 유목민의 영향이 깊숙하게 자리 잡게 되었다.

몽골 제국이 러시아 땅을 정복하면서 러시아는 '동양적 제국'의 직접적인 영향하에서 새롭게 조형되었다. 몽골인과의 교류를 통해 러시아의 정치에는 무역을 중개하는 도시국가적인 면모보다 카리스마적 지도하에서 대규모 병력을 조직하는 제국의 특성이 훨씬 더 두드러지게 나타나게 되었다. 이반 3세와 그 뒤를 이은 이반 뇌제 시기에 모스크바 공국은 '타타르의 멍에'를 벗어던졌으나, 그들은 이미 타타르인과 유사한 방식으로 제국을 서쪽에서 동쪽으로 확장하기 시작했다. 또 다른 몽골 후계 국가인 카잔 칸국, 아스트라한 칸국을 정복하면서 러시아는 정교회를 믿는 슬라브인만이 아니라, 우랄 삼림 지대의 이교도들과 볼가강 유역의 무슬림까지 다스리는 다민족 제국으로 거듭났다. 하지만 서유럽이 세계사의 중심으로 부상하고, 러시아가 유럽의 치열한 군사적 경쟁 무대로 빨려 들어가면서, 동양적 과거를 청산하고 서양적 미래를 향해 나아가자는 움직임이 크게 일어났다. 이를 상징하는 인물은 표트르 대제로, 그는 스텝과 삼림이 교차하는 모스크바를 떠나 서쪽으로 향한 창인 상트페테르부르크로 수도를 옮겼다. 차르의 명령에 따라 제국의 중심은 내륙에서 발트해 연안으로 이동했다. 아무것도 없는 뻘밭에 난데없이 유럽풍 대도시를 건설한 표트르 대제는 러시아가 과거와 단절하고 서구에 편입되기를 원했다.

하지만 표트르 대제의 서구화는 러시아인들의 정체성 갈등을 본격적으로 점화한 계기가 되었다. 서구인들은 여전히 이질적인 모습이 강했던 러시아를 서구와 동등한 일원으로 수용할 생각이 전혀 없었다. 한편 독일계 혈통을 자랑한 러시아의 로마노프 전제정은 몽골로부터 계승한 제국적 유산을 포기할 생각도 없었다. 이런 상황에서 다수의 러시아인은 동과 서 사이에서 번민하며 과연 러시아를 무엇으로 정의해야 할지 고민했다. 19세기가 되고 서구가 근대 사회로 빠르게 진입하면서 그 분열은 더욱 현격해졌다. 한편에서는 러시아도 서구에 합류하기 위해 자유주의적 개혁을 추진해야 한다는 서구주의자들이 등장했다. 다른 한편에서는 서구에는 없는 러시아만의 미덕을 추구해야 한다는 슬라브주의자들이 지지를 얻었다. 또한 비록 소수였지만 일각에서는 러시아를 아예 동양으로 정의해야 한다는 동양주의자들도 나타났다.

러시아가 동양인지 서양인지 묻는 질문은 간접적으로 다른 질문으로 이어졌다. 러시아는 제국인가, 국민국가인가? 나폴레옹 전쟁 이후 서유럽에서는 동질적인 민족 집단에 근거하여 정치적, 사회적 평등을 옹호하는 국민국가가 점차 보편적인 정치체로 받아들여지고 있었다. 국민국가의 확산은 지식인 집단의 성장, 대중

교육의 보급, 대중 언론의 등장과 맞물려서 민족주의 정서에 불을 지폈다. 해방의 언어이자 동질화의 언어였던 민족주의는 서유럽에서는 근대화의 강력한 동력이 되었다. 하지만 동쪽에서는 분위기가 사뭇 달랐다. 그럴 수밖에 없었다. 오스트리아-헝가리 제국과 오스만 제국을 거쳐 러시아 제국, 페르시아 제국, 청 제국으로 이어지는 거대한 유라시아 세계는 오랜 기간 이질적인 종족 집단이 제국의 우산 아래에서 결합되어 있었기 때문이다. 제국에서는 다양한 문화가 한데 모여 조화를 이루는 것이 중요했고, 그러기 위해서는 강한 권력에 의한 위계적이고 억압적인 통치가 요구되었다.

요컨대 서쪽과 달리 동쪽에서 민족주의는 해방을 외치는 언어로서 훨씬 더 큰 폭발력을 지니고 있었다. 그리고 해방을 이루어야 할 대상은 단순히 제국 권력에서 그치지 않았다. 어제까지 공존하던 다른 민족 집단은 이제 '제국에 빌붙어 우리 민족을 억압하는 앞잡이'로 증오의 대상이 되었다. 19세기 말과 20세기 초를 거치면서 유라시아의 대제국들은 모두 민족적 긴장으로 인하여 폭발 직전인 상태로 변해갔다. 이 긴장은 제1차 세계대전을 거치며 실제로 폭발했다. 발칸반도에서 동유럽을 거쳐 중앙아시아까지, 실로 제국이 해체되는 모든 곳에서 민족적 증오의 폭력이 이어졌다. 아직도 이 거대한 공간에는 집단 학살과 인종 청소의 슬픈 그림자가 어른거리고 있다.

제국에 살던 사람들은 제국의 해체를 어떻게 받아들일지를 둘러싸고 고민했다. 제국을 아예 버리고 이질적인 민족들과 결별한 뒤 서유럽과 같은 국민국가를 건설할 것인가? 혹은 그런 헛된 꿈을 꾸느니, 여러 민족 집단이 다시 위계적 권력하에서 화합하도록 제국의 구조를 재건할 것인가? 아니면 제국의 영토를 그대로 유지한 채로 내부의 이질적인 집단을 모두 동화하거나 제거할 것인가? 제1차 세계대전의 충격을 겪은 모든 제국은 이와 같은 문제를 해결해야만 했다. 터키의 민족주의자들은 오스만 제국을 해체하고 서구식의 터키 국민국가를 건설하기로 결심하며 첫 번째 해결책을 택했다. 아울러 자국 내의 쿠르드인들의 존재를 용납하지 않는 세 번째 해결책도 함께 취했다. 오스트리아도 제국의 영토를 버리고 서쪽 이웃들과 유사한 국민국가를 건설하고자 했다. 하지만 훗날 독일과 오스트리아는 영토를 제국적으로 확장한 뒤, 나치즘 아래 다른 모든 '열등민족'을 노예화하고 제거하는 세 번째 해법을 극단적으로 밀어붙였다.

    20세기 초엽 러시아가 선택한 것은 두 번째 방안이었다. 이미 제1차 세계대전 이전부터 러시아에서는 제국의 진통이 불거지고 있었다. 국수주의 그룹인 검은 백인단은 러시아의 확실한 우위와 소수민족 동화를 주창했다. 그리고 각종 민족주의자들은 제국 내에서의 자치, 나아가 독립을 꿈꾸고 있었다. 또한 서구 지향 자유주의자들 다수는 제국 문제에 큰 관심을 두지 않고 러시아 문제에 집중했다. 제1차 세계대전이라는 총력전은 이 긴장을 극대화하면서 러시아 제국을 빠르게 해체시켜버렸다. 이 와중에 제국의 공백 속에서 볼셰비키가 모스크바와 페트로그라드의 권력을 움켜쥐었다. 공산주의자인 그들은 상당히 변형된 형태의 서구주의를 추구하는 이들이었다. 볼셰비키의 모든 관심의 초점은 사회경제적 평등을 어떻게 달성할 것인가에 맞춰져 있었다. 제국 문제는 수면 밑으로 가라앉았다.

하지만 문제는 보이지 않았을 뿐 사라지지는 않았다. 수면 밑에서는 민족 간의 갈등과 폭력이 소용돌이치고 있었다. 이미 이웃한 제국들이 동일하게 겪고 있는 문제를 볼셰비키만 피해갈 수는 없었다. 구 제국 영토 전역에서 분쟁이 이어졌다. 폴란드인과 우크라이나인이 서로 반목했으며, 아르메니아인과 아제르바이잔인 간에 끔찍한 학살이 일어났다. 유대인 탄압도 계속되었다. 모스크바와 페트로그라드의 볼셰비키는 제국의 변경에서 일어나는 혼란을 바라보며 제국 권력이 회복되어야 할 필요성을 느꼈다. 공산주의로 이념적 통일을 이룬 것이 그 열쇠 역할을 했다. 변경의 볼셰비키는 상당수가 비러시아인임에도 스스로 민족주의 운동과 맞서며 다시 러시아와 함께할 것을 주창했다. 그들에 의하여 러시아의 제국적 공간은 다시 소련이라는, 몹시 특이한 형태의 제국으로 형태를 달리하여 재건될 수 있었다.

서양과 동양, 국민국가와 제국의 갈림길에서 소련이 택한 길은 다소 모호했다. 볼셰비키는 더욱 현대적인 국가가 되어 러시아가 서양을 앞지르는 날을 꿈꾸었다. 그들은 민족주의를 옹호하며 각 민족을 '공화국'이라는 형태의 행정 구역으로 조직했다. 하지만 동시에 자신들이 서양의 제국주의와는 달리, 동양의 피식민, 저발전 민족과 함께한다는 독특한 자의식을 발전시키기도 했다. 사실 '소비에트 러시아' 아래 모든 민족이 하나의 가족을 이룬다는 제국적 세계관 속에서, 공화국의 자치라는 것은 상당 부분 명목상에 그치는 것이었다. 소련은 여러 서양적 국민국가의 연방임과 동시에 그 민족들이 하나를 이룬 동양적 제국이기도 했다.

소련이 확보한 모호한 상태, 혹은 답을 유예했다고도 볼 수 있는 상태는 1985년 고르바초프가 페레스트로이카를 추진하면서 신기루처럼 사라졌다. 고르바초프는 소련이 냉전이라는 지구적 패권 경쟁에 너무나 많은 자원을 쏟고 있다고 생각했고, 공산당의 억압적 권력 구조가 경제를 낙후된 상태로 방치하는 데 일조하고 있다고 여겼다. 소련을 다시 '정상화'의 궤도에 올려놓기 위해서 그는 소련이 동구권의 지도자 역할을 내려놓고 서유럽 세계, 나아가 '대서양 문명'에 합류할 필요가 있다고 믿었다. 그는 모스크바와 레닌그라드를 중심으로 형성된, 서구를 지향하는 전통적인 러시아 인텔리겐치아의 전통대로 행동했으며, 어찌 보면 그들 중 유일하게 제국의 최고 권력자가 된 인물이기도 했다. 서유럽에 합류하고 싶다는 열망으로 고르바초프는 동유럽에서 붉은 군대를 철수했고, 베를린 장벽의 붕괴를 반겼으며, 정치와 언론을 자유화했다.

그러나 서구화 자체만으로는 소련의 고질적인 경제난을 도저히 해결할 수가 없었다. 무엇보다 성급한 자유화는 제국적 질서를 순식간에 무너뜨리는 계기가 되었다. 1920년대 제국 변경의 볼셰비키들이 수습하고 중앙의 권력이 동결시켜놓았던 고삐가 걷잡을 수 없이 풀렸다. 역사적 구원舊怨관계가 부활하며 민족 긴장이 고조되었고, 러시아인의 통제를 따르기 싫다는 민족주의자, 분리주의자들이 대중적 지지를 받기 시작했다. 이런 상황에 고르바초프보다 한 발 더 나아간 지도자, 보리스 옐친이 등장했다. 그는 러시아가 저발전 상태의 동양 민족들을 부양하느라 불필요한 짐을 지고 있다고 호소했다. 이제 러시아인들은 제국적 자부심을 무거운 부담으로 인식하게 되었다. 그들은 페레스트로이카 6년의 혼란을 겪으며, 서양이면서 동양인 소련, 국민국가이면서 제국인 소련에 의구심을 느꼈다. 그 대신 명확한 서양적 국민국가를 꿈꾸게 되었다. 그리고 마침내 그 꿈은 소련이 해체되고 러시아 연방이 탄생하면서 실현되었다.

하지만 서양적 국민국가를 향한 러시아 연방의 꿈은 대재앙으로 끝났다. 국민국가의 기초가 되는 제도적 기반이 너무나 부족했던 데다, 국영 자산의 사유화가 무질서하게 이루어지면서 경제마저 완전히 파괴되었기 때문이다. 헐값으로 국가 자산을 취득하여 거부가 된 올리가르히들이 국가를 마음대로 주물렀다. 1990년대의 제국 해체는 1920년대를 떠올리게 하는 혼란을 끝없이 양산했다. 비효율적이나마 경제적으로 통합되어 기능하던 소련의 막대한 생산 설비들이 가동 불가능 상태에 이르렀다. 민족 갈등도 끊임없이 이어졌다. 그간 제국 권력이 눌러왔던 갈등이 독립 국가들 간의 분쟁으로 비화하며 국제 문제가 되었다. 또한 제국의 권력을 따라 이주한 러시아인들은 새롭게 독립한 민족국가에서 갈 곳을 잃고 홀로 남겨졌다. 러시아는 변경의 14개 공화국을 독립시켰지만 그 자신도 민족 갈등을 피해갈 수는 없었다. 여전히 다민족 국가로 남아 있었기 때문이다. 러시아 연방 내부에 산재한 수많은 자치 공화국들은 자신들도 여타 소비에트 공화국처럼 주권 국가로 독립할 수 있지 않을까 기대했다. 이러한 움직임은 특히 북캅카스에서 끔찍한 전쟁으로 발전했다.

옐친 시대 10년을 거치면서 러시아인들은 서양적 국민국가라는 꿈에 회의를 가지기 시작했다. 러시아는 민주국가가 되었으나 권위가 사라졌다. 제국을 내려놓았으나 최소한의 국경마저 위협받았다. 제아무리 국민국가로 거듭난다 해도, 체첸의 수도 그로즈니와 타타르의 수도 카잔마저 상실한다면 대체 러시아에 남는 것은 무엇이란 말인가.

블라디미르 푸틴은 이러한 회의감이 극에 달했을 때 대통령에 당선되며 정권을 장악했다. 그는 아직 남아 있던 제국의 권력기관인 군, 검찰, 정보부 등을 바탕으로 지역 유력자들을 제압하고, 올리가르히를 자신의 통제하에 두면서 수직적 권위를 회복했다. 무엇보다 러시아인들이 푸틴을 지지하게 된 계기는 제2차 체첸전쟁이었다. 그는 과단성(혹은 잔인성)을 보여주며 여하튼 전쟁에서 승리했다. 이는 수많은 러시아인들에게 여전히 러시아의 힘이 건재하며, 연방이 더는 해체되지 않을 거라는 믿음을 주었다.

서구 세계가 처음부터 푸틴을 위협적으로 느낀 것은 아니었다. 서구는 오히려 핵무기를 보유한 러시아를 안정시킨 푸틴을 환영했다. 더구나 그는 에너지 자원을 성실하게 공급했으며, 이슬람 극단주의를 막는다는 명목 아래 미국이 선포한 테러와의 전쟁에 협조했다. 푸틴 역시 에너지 가격의 급속한 상승으로 인해 이 거래에서 커다란 이익을 보았다. 석유, 천연가스, 광물 등의 수출액 일부는 푸틴과 그의 측근들 주머니로 흘러 들어갔지만, 동시에 무너질 대로 무너진 러시아의 기반시설과 국민들의 삶의 질을 복원하는 데 투자되었다. 서구와 러시아, 양자 모두에게 만족스러운 거래였다. 푸틴이 모스크바 중심의 권력을 재수립하는 과정에서 자유주의 인사들이 억압을 당하긴 했으나, 서구는 이를 묵인할 용의가 충분히 있었다.

균열은 소비에트 제국에서 탈출한 신생 독립 공화국들을 둘러싸고 발생했다. 푸틴이 제국적 권위를 회복하는 과정에서, 탈소비에트 국가들은 자신들이 추구하는 미래가 무엇인지에 대해 심각한 논쟁을 벌였다. 그들은 전직 공산당 지도자들이 권력을 유지하는 상황에서는 푸틴과 우호관계를 구축하며 제국적 공간에 어느 정도 참여하는 길을 선택했다. 하지만 시민들에 의해 권위주의 지도자들이 권력을 내려놓게 되었을 때에는 러시아의 제국적 영향력 및 유산과 아예 절연하고자 하는 경우가 많았다. 예컨대 조지아나 우크라이나가 그랬다. 색깔혁명으로 구 공산당 지도부를 몰아낸 시민들은 여전히 서양적 국민국가의 꿈을 간직하고 있었다. 푸틴이 복원하려 하는 제국적 체제는 그들에게 동양 전제정의 상징처럼 여겨졌다. 하지만 두 나라 내의 소수민족들의 입장은 달랐다. 조지아와 우크라이나의 소수민족들은 러시아의 제국적 질서를 훨씬 더 선호했다. 러시아가 소수민족을 지렛대 삼아 두 나라의 미래 향방에 영향력을 끼치려는 것이 아닌가 하는 불안이 시민들 사이에서 확산되었다. 혁명 시민들이 보기에, 서양적 국민국가의 길을 가기 위해선 크림과 돈바스, 혹은 압하지야와 남오세티야의 분리주의를 억눌러야 했다.

푸틴은 이런 시도에 신경질적으로 반응했다. 우크라이나의 오렌지혁명과 조지아의 장미혁명은 러시아의 전통적인 영향권을 위협하는 서구의 침입 시도로 받아들여졌다. 저들이 다시 자유와 민주의 이름으로 러시아에 혼란을 수출하려 한다. 푸틴은 이에 맞서 우크라이나에 대해 천연가스 수출을 통제하고, 조지아에는 서슴지 않고 군사 개입을 했다. 하지만 근외 제국의 이탈을 단속하고자 한 이러한 시도에 부작용이 없을 리 없었다. 탈소비에트 국가들은 푸틴의 러시아를 더욱 경계하게 되었고, 러시아와 서구의 관계도 삐걱거리기 시작했다. 그러던 중 2011년의 위기가 발생했다. 미국과 서유럽은 아랍 봉기를 지지하며 수십 년을 통치해온 권위주의 정부를 무너뜨렸다. 심지어 리비아에서는 공습을 통해 봉기군을 지원하기까지 했다. 푸틴은 이를 서구식 자유민주체제를 독단적으로 수출하려고 하는 폭거로 해석했다. 실제로 아사드 정권이 위기에 처하면서 극단적인 종파 및 종교 갈등이 발생했고, 이는 푸틴에게 서구식 자유민주주의의 폐해를 더욱 확신하게 했을 것이다.

이런 상황에서 러시아 내에서 대대적인 시위가 일어났다. 푸틴의 점증하는 권위주의 경향에 저항하며 선거 부정을 규탄하는 시위였다. 서구와의 밀월관계 동안 러시아의 주요 도시에서 젊은 중산층이 형성되었는데, 이들은 지리적으로 인접한 서유럽으로 여행을 다니는 데 익숙한 한편, 인터넷을 통해서도 서구적 세계관에 자유롭게 접근해왔다. 이들 젊은 중산층은 푸틴의 러시아가 서양적 국민국가로 나아가기를 염원했다. 그러나 푸틴이 보기에 이러한 염원은 제국의 안정을 해체하는 철부지들의 소리였다. 고르바초프와 옐친의 실수를 반복하자는 주장이나 다름없었다. 푸틴은 그들이 러시아를 약화시키고자 하는 미국과 나토의 지원을 등에 업고 자신에게 반항하고 있다고 여겼다.

푸틴에게 점점 자신의 권력, 혹은 러시아의 제국적 권력을 방어할 필요성이 생기고 있었다. 이를 위해서는 정치적 권위의 단순한 강화를 넘어서는 새로운 통치 논리의 개발이 요구되었다.

1989년 베를린 장벽이 무너지면서 자유민주주의와 국민국가는 모든 인류가 추구해야 할 절대적 지향점의 자리를 차지하게 되었다. 물론 그 이후에도 권위주의적 통치를 유지하는 여러 국가가 있기는 했지만, 색깔혁명과 아랍 봉기를 거치면서 계속 수세에 몰리고 있는 실정이었다. 중국과 이란 같은 국가는 여전히 반서구 혁명에 근거한 세력이 권력을 장악하고 있었지만, 이들 또한 자국 내에서만 권위주의의 정당성을 주장했지, 자유민주주의의 헤게모니 자체에 도전하지는 않았다. 그런데 푸틴은 2010년대를 거치면서 러시아만의 정치적 정당성의 논리를 개발하여 자유민주주의 헤게모니에 도전하게 된다. 바로 러시아를 서양적 국민국가가 아닌 아예 동양적 제국으로 새롭게 정의하는 사상, 신유라시아주의였다.

신유라시아주의가 진공에서 등장한 것은 아니었다. 신유라시아주의는 1990년대 러시아가 제국 해체의 충격 속에서 혼란을 수습하고자 애쓰던 때, 알렉산드르 두긴과 같은 일군의 지식인들이 만들어낸 사상이었다. 동시에 신유라시아주의의 대두에는 세계적인 맥락도 있었다. 1989년에 정답으로 선언된 자유민주주의에 불만을 품는 사람들이 갈수록 늘어가고 있었던 것이다. 이란에서는 이미 1979년에 미국식 자유주의와 소련식 사회주의라는 두 계몽주의를 모두 반대하는 이슬람주의 혁명이 등장했다. 이란의 충격은 인근 터키와 파키스탄으로 퍼져나가 이슬람 세계 전체를 진동시켰으며, 세속주의 무슬림의 보루인 터키에서는 이슬람의 회복을 외친 에르도안이 2003년에 정권을 차지하기에 이른다. 인도도 2014년에 나렌드라 모디가 집권하면서 이 대열에 합류했다.

힌두교를 국가의 근간으로 삼고자 하는 힌두트바 운동이 세력을 확대한 결과였다. 이들 나라의 공통점은 세속주의에 근거한 서구식 자유주의에 대한 문제의식이 팽배하다는 것이었다. 서구식 자유주의는 그들에게 삶의 의미를 부여해주지 못했으며, 오히려 서구화된 엘리트들의 지배를 재생산하는 도구로 쓰이는 것처럼 보였다. 이란, 터키, 인도의 신전통주의는 농민과 도시 하층민을 주축으로 삼아 세력을 확대했다. 농촌은 전통의 근간이었고, 농촌 출신 이주민들이 모여 사는 도시의 빈민가는 그것을 근대적 정치 운동으로서 변모시키는 공간이었다. 한편으로 신전통주의자들은 자신들이 서구 제국주의의 침략 이전에 품었던 제국과 문명의 영광을 더욱 공식적으로 기리고자 했다. 제국과 종교의 부활을 내세운 신전통주의자들이 보기에 서구식 자유주의는 문명의 근간을 해체시키는 위험한 사상에 불과했다.

  신유라시아주의는 이와 마찬가지의 지구적 맥락에서 대두된 사상으로, 터키, 인도, 이란, 중국과 같은 비자유주의 세계를 이념적으로 결속할 수 있게 도와주는 종합적 세계관이었다. 물론 신유라시아주의는 러시아 정부의 공식 이데올로기가 아니며, 크렘린이 신유라시아주의에 철저히 입각해 대외정책을 펼치는 것도 아니다. 하지만 알렉산드르 두긴을 중심으로 이즈보르스크 클럽에서 유통되는 사상은 오늘날 러시아에서 펼쳐지는 논의를 이해할 수 있게 해준다. 신유라시아주의에서 역사는 해양 세력과 대륙 세력 간의 투쟁으로 기록된다. 해양 세력은 상업을 숭상하고 모든 전통과 공동체를 화폐로 교환 가능하도록 해체시킨다. 반면 대륙 세력은 전통과 공동체의 가치를 수호하고 올바른 위계질서를 따른다. 신유라시아주의는 서쪽과 동쪽, 유럽과 아시아 사이에서 오랜 기간 정체성의 위기를 겪어온 러시아인들에게 러시아를 완전한 동방 아시아 국가로서 인식하라고 촉구한다. 러시아는 오랜 기간 유목민과 교류하며 대륙 세력으로서 형성되었고, 그 덕에 여러 민족이 공존하는 제국적 공간을 구축했으며, 그것을 묶어주는 위대한 종교 전통을 따르는 나라라는 것이다. 신유라시아주의는 해양 세력이 발전시킨 서구 근대성으로부터 전통을 방어하기 위해 대륙 세력의 동맹이 필요함을 역설했다.

    2014년 러시아가 우크라이나 키예프에서 발생한 유로마이단 이후에 크림반도를 합병하면서, 서구식 자유주의에 대한 신유라시아주의의 이념적, 정치적 도전은 더욱 거세졌다. 실질적으로 이 시점에서 후쿠야마가 1989년에 선언한 자유주의 이념의 승리와 그에 따른 역사의 종언이 끝났다고 해도 과언이 아니다. 서구가 러시아에 대규모 경제 제재를 가하자, 푸틴은 경제난으로 인한 여론의 악화를 진정시키고 정치적 정당성의 새로운 원천을 발굴해야 했다. 무엇보다 러시아에게 절실했던 것은 우군이 되어줄 수 있는 우호국들이었다. 아직 러시아는 세계적 패권을 쥐고 있는 서구에 비하면 취약했기 때문이다. 러시아는 헝가리의 오르반, 터키의 에르도안, 이란의 하메네이 등과 관계를 발전시키면서 자신만의 네트워크를 형성하기 시작했다. 이들 지도자는 모두 자국 내부에서 제기되는 통치 정당성의 문제를 어떤 방식으로든 해결해야만 했었다. 그들은 모스크바의 언어와 유사한 언어를 사용하며, 서구식 삶의 양식이나 정치적 조직 방식이 보편적인 정답이 아니라고 항변했다. 오히려 서구식 체제가 국가를 파괴하여 사회를 무정부 상태로 몰아넣고, 전통문화를 해체해 도덕적 위기를 발생시킨다고 비난했다. 중국은 이 과정에 부분적으로 참여하면서, 미국의 지정학적 압박을 우회할 수 있는 유라시아와의 경제적 통로를 건설하는 데 큰 진전을 보였다.

모스크바가 기울인 또 다른 노력은 신유라시아주의적인 인지 도식을 서구로 전파하는 일이었다. 2014년 이후 서구와 러시아의 갈등이 노골화되자, 러시아는 뉴미디어를 하나의 정치적 전장으로 삼고 여론에 영향을 주고자 했다. 그들은 자유주의에 불만을 품은 서구의 대안우파들에게 사상적 아이디어를 적극 제공했다. 2016년 영국의 브렉시트와 미국의 대통령 선거에서 러시아는 자유주의에 대한 이념적 반란을 배후에서 지원했다. 이러한 러시아의 정치적 공세는 서구 사회를 충격에 빠트렸다. 이후 미국에서 민주당이 다시 집권하면서 러시아와의 대결 구도는 더욱 격화되었다. 우크라이나는 이 대립을 본인들의 염원인 나토 가입에 활용할 수 있을 것으로 기대했다. 하지만 푸틴은 이를 결코 용납하지 않았다. 그는 우크라이나의 나토 가입을 자신의 정권, 나아가 러시아 국가 자체에 대한 존재론적 도전으로 받아들였다. 그리고 결국, 러시아군은 우크라이나의 국경을 넘었다.

후쿠야마식 역사가 '인류가 어떤 삶을 살아야 하는지를 둘러싸고 벌어지는 투쟁'을 의미한다면, 러시아-우크라이나 전쟁으로 인해 분명 역사는 세계인의 눈앞에 다시 당도한 것이 맞다. 우리는 역사의 귀환을 외면하고 싶어도 그러지 못할 것이다. "그대는 전쟁에 관심이 없을지라도, 전쟁은 그대에게 관심이 있기" 때문이다(누가 말했는지는 명확지 않지만, 흔히 트로츠키의 말로 알려져 있다).

세계질서에 대한 도전

이 글을 쓰고 있는 시점에서 개전 2년을 바라보고 있는 러시아-우크라이나 전쟁을 돌이켜본다. 전쟁 초기 러시아군은 여러 관찰자들의 예상과 달리 작전 수행에서 심각한 혼선을 보였으며, 취약해 보였던 우크라이나군은 무너지지 않고 항전의 결의를 입증하는 데 성공했다. 그리고 서구는 감히 1945년 체제에 무력으로 도전한 러시아에 엄청난 경제 제재를 전격적으로 발표했다. 이 무렵 러시아의 개전이 푸틴의 심각한 오판이었고, 러시아가 오히려 내적 취약성을 드러내며 혼란과 위기에 빠질 것이라는 관측이 쇄도하기 시작했다.

하지만 전쟁을 수행하며 러시아는 자신이 역사의 종언을 끝내고 역사의 귀환을 관철할 역량이 있는 국가임을 부분적으로나마 입증했다. 러시아는 초창기의 군사적 혼선을 수습하고 남부 지역을 점령하며 마리우폴에서 승리를 거두었다. 또 우크라이나의 거센 반격에도 불구하고 전쟁의 핵심 목표로 설정된 돈바스 지역에서 군사적 성과를 계속 거두고 있는 중이다. 우크라이나가 조국을 지키기 위한 결의를 확고히 보였음에도 불구하고, 러시아와 우크라이나의 거대한 국력 격차, 서구의 제한된 군사 지원 역량을 감안했을 때 우크라이나가 러시아 점령지를 되찾을 수 있을지는 매우 불투명하다.

한편 나는 작년 7월과 8월에 약 한 달 동안 모스크바부터 아스트라한까지, 볼가강을 따라 9개 도시를 여행했었다. 한 달 간의 짧은 시간 동안 여행객의 시선으로, 그러니까 겉핥기로만 러시아를 관찰할 수 있었지만, 적어도 나는 내가 본 풍경이 러시아 바깥에서 이야기되는 '위기의 러시아'와는 몹시 다른 것임을 직감할 수 있었다. 상점에는 물건이 쌓여 있었고, 시민들은 맥도날드 대신 러시아의 대체 브랜드 '프쿠스노 이 토치카(맛있으면 그만)'에서 햄버거를 먹고 있었다. 간혹 현지인들과 이야기를 나눌 기회가 있었는데, 전쟁에 대한 의견은 사람마다 가지각색으로 몹시 다양했다. 하지만 적어도 기성세대에서 푸틴, 그리고 우크라이나 전쟁에 대한 지지는 생각보다 견고하다는 것을 느낄 수 있었다. 어떤 도시에서 만난 할머니는, "푸틴의 권력욕이 초래한 이 전쟁에 명확히 반대한다"라고 하면서도, "그렇지만 우크라이나의 나치즘과 그것을 부추긴 서방이 옳다는 것도 아니다"라고 말하기도 했다. 혹자는 침략국의 시민들이 평온한 일상을 누리는 반면, 피침략 국가는 끔찍하게 파괴된 일상을 견뎌야 하는 것에 분개할지도 모른다. 그러나 윤리적 판단과는 별개로, 러시아를 불안정하게 만들어 전쟁을 종식시키겠다는 서구의 초기 구상이 효과적으로 작동하지 않는 것만큼은 분명 사실인 것 같았다. 적어도 내가 눈으로 본 것은 그랬다.

러시아는 초유의 경제 제재를 마주하고도 자체적인 군수 생산 능력 및 경제 운용 능력을 입증했다. 이는 러시아가 거둔 경제적, 외교적 성과에서 기인한 것이 컸다. 전쟁이 발발된 직후, 대부분의 UN 가맹국들은 러시아를 규탄했다. 하지만 이것이 러시아가 실제 국제무대에서 완벽히 고립되었다는 의미가 아니었음이 곧 드러났다. 전통적 우방국인 인도는 러시아가 시장에 내놓는 에너지를 흡수하면서 러시아의 수출 판로를 열어주었다. 중국 역시 인도와 마찬가지로 러시아의 에너지를 계속 구매했으며, 특히 독일, 프랑스, 일본 등이 공급해주던 핵심 제조업 생산품을 러시아에 공급해주는 우회 통로가 되어주었을 가능성이 높다(자국 생산품의 직접 수출이든, 혹은 타국 생산품의 우회 수출이든). 러시아는 캅카스를 거쳐 인도로 나아갈 수 있는 물류망을 만들겠다고 이란과 합의했고, 이로써 서구의 경제 제재를 공유하는 두 나라의 관계는 훨씬 더 가까워졌다. 이란은 자국 드론을 러시아에 공급해 군사적으로도 러시아를 지원했다. 터키는 우크라이나와 러시아 사이에서 등거리 외교를 구사하면서도 러시아와 꾸준히 에너지, 식량, 무역 면에서 협력관계를 심화시켜나갔고, 크렘린은 지난 5월 에르도안의 재선 소식에 환영 성명을 냈다. 인도네시아도 2022년 발리에서 G20 회의를 개최하면서 서방의 반발을 무시하고 푸틴을 발리에 초청했다. 브라질에서 다시 당선된 룰라 대통령은 미국이 우크라이나의 전쟁을 부추기고 있다고 비판하면서 설전을 벌였다.

물론 대다수 국가가 러시아를 '지지'하는 것은 아니며, 심지어 중국도 공식적으로 러시아의 전쟁 자체를 지지하지는 않는다. 그러나 21세기를 거치며 영향력을 확대하기 시작한 신흥국들 사이에서 서구의 경제 제재에 동참하기보다는 에너지, 식량, 광물 거래처로서 러시아와의 무역을 유지하고자 하는 기류가 확산되었음은 분명해 보인다. 러시아는 소위 '서구 바깥의 나머지 세계'와 우호적 무역 관계를 최대한 발전시키면서, 전쟁이 경제에 주는 압박을 최소화하고 국제무대에서 고립을 피하고자 했다.

그러한 러시아의 노력이 효과적으로 작동할 수 있었던 이유는, 당연하게도 러시아가 세계에서 가장 중요한 자원 생산 및 공급국 중 하나라는 사실에서 기인한다. 신흥국 입장에선 자국 경제를 빠르게 발전시켜야 함은 물론이고 경기 변동이 사회적 불안정으로 이어지기 쉽기 때문에, 값싼 에너지를 반드시 구해야만 한다. 이러한 필요를 무시하고 러시아에 대한 경제 제재에 확고히 동참하라는 미국의 요청은 오히려 신흥국의 반감을 살 때도 많았다. 또한 러시아는 자원 생산국이 시장에서 주도권을 지닐 필요가 있음을 역설했다. 미국과 서구가 경제적 패권으로 자원 생산국들을 마음대로 통제하게 둬선 안 된다는 것이었다. 코로나 이후 인플레이션이 기승을 부리는 시점에서 주요 자원 생산국인 러시아는 자신의 영향력을 십분 활용할 수 있었다.

물론 러시아가 순전히 경제적인 입지를 활용해서 '버티기'에 성공한 것은 아니었다. 러시아의 취약한 경제력과 세계 경제에 대한 서구의 막강한 영향력을 고려한다면 더욱 그렇다. 여기서 중요하게 등장하는 것이 러시아의 전통적인 장기라고 할 수 있는 '정치'와 '이념 공세'다. 러시아는 세계관 차원의 경쟁(역사의 종언 이후 사라졌던)을 공식적으로 부각시키면서, 비슷한 문제의식을 갖는 국가 및 정파와 공감대를 쌓고 이를 협력의 밑바탕으로 삼았다. 자유주의 세계관을 향한 러시아의 공격은 특히 터키의 에르도안이나 헝가리의 오르반이 공감하는 것이었다. 급진화된 자유주의가 젠더, 인종 정치에 몰두하면서 가족을 해체하고 사회를 분열시키며 최종적으로 국가와 민족을 약화시킨다는 논리였다. 이를 둘러싼 논쟁은 세계의 공공 여론에서 갈수록 더 가시화되고 있었다. 물론 이 논쟁 자체를 러시아가 단독으로 촉발한 것은 아니었다. 사실 이와 같은 논쟁 구도는 최소 18세기로 거슬러 올라가고, 근대성을 경험한 모든 사회는 자신들만의 근대성 논의의 역사를 지니고 있다. 러시아가 한 일은 각 사회의 맥락에 따라서 다르게 전개되어온 비/반자유주의, 혹은 신전통주의 논의를 종합하여, 서구식 자유주의에 맞서는 동맹으로 묶는 시도였을 뿐이다. 그리고 그 동맹이 계속해서 결속을 공고화하면 할수록, 역사를 둘러싼 투쟁은 더 격화될 수밖에 없을 것이다.

유라시아 대륙 각지에서 제국, 종교, 전통 등이 귀환하며 역사를 다시 시작하고 있다. 반면 서구에서 관련 논의가 충분히 깊이 있게 이루어지고 있는지는 다소 의문스럽다. 서구는 러시아가 이 전쟁에서 얼마나 궁지에 몰렸는지, 그리고 궁지에 몰린 러시아군이 얼마나 '비상식적인' 일을 벌였는지 규탄하는 데 관심이 쏠려 있다. 전쟁으로 초래된 에너지 위기가 세계 경제에 어떤 영향을 끼칠지를 조명하는 것도 빠뜨리지 않는다. 서구에서 러시아를 논하는 글들은 대부분 러시아를 어떤 동양적 야만의 존재로 전제하고, 러시아 국가를 푸틴 일당의 독재를 위해서만 작동하는 기계로 묘사하곤 한다. 물론 우크라이나에 대한 침략은 윤리적으로 규탄받아 마땅한 일이며, 러시아의 국가 기구가 푸틴과 실로비키에 의하여 상당 부분 사유화되어 있다는 비판은 유효하다. 그러나 러시아가 보기에 서구도 크게 다를 바가 없다. 러시아는 뉴욕과 런던의 금융가들이 국가를 사유화하고 있는 것이 아니냐고, 또 미국이 무고한 이라크를 침략한 것 역시 윤리적 범죄 아니냐고 반문한다. 내가 구태여 이런 이야기를 하는 것은 도덕적 상대주의로 러시아에 면죄부를 주려는 것이 아니다. 중요한 것은, 러시아의 주장이 분명히 서구 바깥 세계의 상당히 많은 사람들에게 설득력을 가지고 수용되고 있다는 사실이다. 러시아가 여러 제재에도 불구하고 국제적 고립을 피할 수 있는 힘이 어느 정도는 그러한 대항 논리에서 도출된다.

러시아는 서구에 맞서는 자신들의 대항 논리를 자유주의 전체에 대한 도전으로 확대했다. 그리고 러시아의 주장에 설득되어 가는 사람들은 늘어나면 늘어났지 결코 줄어들지 않았다. 이런 상황에서 서구에게 필요한 것은 러시아의 대항 논리가 어째서 서구 바깥 세계에서 확산되고 있는지를 살피고, 자유주의가 다시 한번 이념적 경쟁의 장에 진입했음을 인지하는 태도다. 자유주의가 외부는 물론이고 내부에서도 커다란 도전에 직면했음은 주지의 사실이다. 사실 자유주의를 향한 푸틴의 도전이 효과적으로 전개되고 있는 것 또한 서구 내부에서 자유주의가 무엇인지에 대한 합의가 약화된 결과인 면이 크다.

자유주의는 '개인의 권리가 다른 존재로부터 침해받을 수 없다'는 것을 전제로 하여 발전한 이념이자, 사회적 계약이자, 제도의 집합이다. 뉴딜 시기 미국에서 '리버럴'은 개인이 최소한의 삶의 존엄을 누릴 수 있게끔 국가가 사회보장 정책을 확대하는 것을 지지하는 사람들을 뜻했다. 이후 1968년 이래로 빠르게 영향력을 넓힌 신좌파는 소수자 정체성을 지닌 개인이 사회 다수의 차별적 인식과 편견에 의해 권리를 침해받지 않도록 자유주의를 재해석할 필요가 있다고 주장했다. 다른 한편, 우파에서 발전시킨 자유주의의 한 분파는 재산권이 개인의 권리에서 가장 근간이 된다며 개인의 경제적 이익 추구를 모든 자유의 중심에 놓아야 한다고 말했다. 이에 대해 보수주의적인 자유주의자들은 자유주의와 기독교 전통이 맺고 있는 불가분의 관계를 상기시키며 자유주의의 절제를 이야기했다. 이렇게 수없이 다양한 해석들은 그 자체로 자유주의의 역동성과 힘을 상징한다. 실제로 여러 자유주의의 버전들은 서구 사회가 겪는 정치, 경제, 사회, 문화적 변동에 따라 적응하며 서구 문명이 더 포용적이고 역동적인 방향으로 움직이는 데 기여했다.

하지만 베를린 장벽이 무너지고 자유주의에 대한 '바깥 이념'의 도전이 사라지면서 상황이 달라졌다. 이제 무엇이 진정한 자유주의인지를 둘러싼 내부 싸움이 벌어지기 시작했다. 오늘날 미국에서 격화된 공화당과 민주당의 대립, 그리고 자유주의 자체에 대해 의문을 품는 트럼프주의와 대안우파의 등장은 자유주의가 겪고 있는 심각한 내홍을 상징한다. 그리고 미국의 정치적, 이념적 분열은 바깥 세계에서 미국식 생활양식과 미국적 가치에 대한 신뢰의 상실로 이어졌다. 특히 2010년대에 들어서 자유주의 내부에서는 성혁명과 변화하는 남녀관계, 가족의 가치 등에 대해 여러 해석들이 충돌했다. 그리고 성정체성과 성소수자 권리에 대한 담론과 정치 운동들이 벽에 부딪혔으며, 다인종, 다문화 사회에서 차별과 통합의 문제가 폭발했다. 이 복잡한 문제에 대해서 자유주의가 어떠한 합의를 구축하여 사회를 다시 봉합할지 그 전망은 여전히 난망한 상황이다. 러시아의 신유라시아주의자와 터키·이란의 이슬람주의자, 인도의 힌두민족주의자, 중국 공산당의 이데올로그들이 자유주의의 약점을 본격적으로 파고들기 시작한 것도 바로 이 시점이었다. 하지만 동쪽에서 역사가 귀환하고 있을 때 서쪽에서는 역사가 상실되었다.

과연 서구는 단순히 러시아를 '야만적 전제 국가'라고 비난하는 것만으로 다시 패권과 정당성을 되찾을 수 있을까? 러시아-우크라이나 전쟁과 그 여파 및 반응을 지금까지 지켜보면서, 안타깝게도 내 답은 점점 더 회의적으로 변하게 되었다. 현재 서구 사회의 핵심 쟁점이라고 할 수 있는 문화전쟁 및 민족 구성의 다양화 문제에 대해서, 러시아를 비롯한 여러 비서구 국가들은 자신들 나름의 답을 제시하고 있는 상황이다. 이를테면 그들은 문화전쟁에 관련해 서구적 현대성, 특히 개인의 권리와 문화적 자유에 대해 분명히 선을 긋는다. 그들은 민주주의 대신에 권위주의적인 방식으로, 내적인 제국 질서를 부활시키면서 통합을 촉진하고자 한다. 이러한 것을 정당화하는 언어는 자신들의 문명적, 종교적, 제국적 전통에 입각해 있다.

다시 강조하자면, 나는 여기서 이들의 답이 옳다고 주장하는 것이 아니다. 비자유주의 혹은 반자유주의 사회는 도전을 누르기 위해 다양한 억압 수단을 활용하며, 여기에는 개인 권리의 광범위한 침해가 수반된다. 더구나 이제는 디지털에 기반한 국가의 감시 기술까지 포함되었다. 하지만 프랑스 속담처럼, "모든 것을 이해한다는 것이 반드시 모든 것을 용서한다는 뜻은 아니다." 요점은 역사가 다시 시작되었다는 것, 그리고 이로 인해 제기된 첨예한 쟁점에 대해서 자유주의의 반대자들이 자신들만의 답을 찾고 있다는 것이다. 그 답을 지지하는 이들은 늘어가고 있고, 그 견고함도 강화되고 있다. 따라서 자유주의를 지키기 위해 정말 필요한 태도는 '비난'이 아니라 '탐구'다. 반대자들을 단순히 무지하고 야만스러운 이들로 비난하는 것이 아니라, 그들이 제기한 문제를 먼저 진지하게 탐구해야 한다.

정치학자 존 오언 4세는 이슬람주의가 세속주의 및 자유주의에 제기한 도전을 논한 자신의 책에서 초국적인 이데올로기 경쟁은 일반적으로 세 가지 결론으로 끝난다고 이야기했다. 하나는 한 이데올로기가 다른 이데올로기를 완전히 압도하는 것이다. 20세기에 자유주의, 공산주의, 파시즘이 투쟁할 때, 자유주의는 나머지 이데올로기를 완전히 압도하면서 경쟁을 종결했다. 하지만 때로 이데올로기는 수렴되기도 한다. 그는 프랑스혁명 이후 19세기 유럽에서 전제왕정과 급진적 공화주의가 충돌한 역사를 수렴의 예시로 든다. 당시는 '혁명의 시대'였지만, 실제 대개의 유럽 국가는 두 이데올로기를 통합하고 조정하면서 의회와 헌법에 의해 제약받는 강력한 권력이라는 타협점을 도출했다는 것이다. 마지막은 이데올로기 갈등의 초월이다. 새로운 시대적 변화가 도래하면서 아예 쟁점이 다른 방향으로 이동함에 따라 경쟁 이데올로기끼리의 차이가 무의미해지는 상황이다. 17세기 유럽의 구교와 신교 갈등은 30년 전쟁을 초래하며 독일을 초토화시켰지만, 결국 신앙의 자유를 개인에게 부여하는 세속주의가 등장하면서 구교와 신교의 차이는 아무래도 좋은 것이 되어버렸다.

서구의 자유주의와 비서구, 특히 러시아가 제기하는 신전통주의의 도전은 어떤 방향으로 끝날까? 자유주의는 20세기와 마찬가지로 21세기에도 궁극적인 승리를 거둘 수 있을 것인가? 현재로서는 쉽지 않아 보인다. 이 책은 그 이야기를 하기 위해 쓰였다. 그러나 반대로 신전통주의가 자유주의를 압도하는 미래도 상상하기 어렵다. 자유주의는 역사적인 적응력을 수없이 보여줬으며, 무엇보다 대서양 세계는 지난 300년간 세계의 규칙을 써오며 막대한 경제적, 지적, 문화적 자산을 축적해왔다. 게다가 신전통주의가 강력한 종교적, 제국적 전통이 없는 다른 국가, 특히 굉장히 다원적인 사회인 미국에서 얼마나 체계적인 이념으로 발전해서 사회적으로 확산될 것인지도 불투명하다.

어쩌면 수렴을 상상할 수도 있다. 20세기 자본주의와 공산주의의 투쟁도 수렴의 일종이라고 본다면, 자유주의는 이미 여러 차례 다른 이데올로기와의 수렴을 거친 상태다. 자본주의는 공산주의가 경제적 비효율과 전제적 통치로 스스로 무너질 것으로 생각했고, 공산주의는 자본주의가 내부의 계급 갈등을 해소하지 못하고 '역사 법칙'에 의해 공황을 맞아 붕괴할 것이라 여겼다. 하지만 실제 두 이념은 서로의 주장을 어느 정도 수용하며 상대방과의 경쟁에 나서려고 노력했다. 자본주의는 복지국가 체제를 만들어 노동계급의 불만을 누그러뜨렸고, 경기 부양 수단을 활용해 공황을 피해갔다. 공산주의 역시 능력에 따른 임금 차등화, 효율을 위한 시장 원칙의 지속적인 수용을 통해 경제 개선을 도모했다. 1980년대가 되었을 때 자본주의와 공산주의 사이를 날카롭게 가르던 이념적 구분선은 이미 모호해진 상태였다. 그러니 신전통주의가 제기하는 근대성에 대한 도전, 특히 전통 가치의 강조와 같은 것을 자유주의가 수용하여 일종의 수렴된 결과물을 도출할 것이라고 상상해볼 수도 있다. 하지만 이를 위해서는 사회주의적 요소를 일부 수용한 것과는 비교도 안 되는 정도로 큰 논쟁을 거쳐야만 할 것이다. 그리고 이 과정에서 자유주의의 근본 원칙 몇

가지를 수정하지 않을 수 없을 것이다.

자유주의와 신전통주의의 이념적 갈등이 대수롭지 않은 상황이 되고 새로운 방식으로 초월될 가능성이 있을까? 사실 현재 제기되는 지구적 도전이 그 초월의 필요성을 입증하고 있다. 대대적인 기후 위기와 인구 변천은 물론, 정보 기술로 인해 인간의 심성마저 변화하고 있다. 이는 자유주의 및 신전통주의를 초월하는, 전인류적이고 지구적인 의제라고 할 수 있다. 물론 이런 문제들에 대해서 자유주의자와 신전통주의자는 각자 나름의 답을 지니고 있기는 하다. 하지만 지구적 문제는 지구적 노력을 필요로 한다. 자유주의와 신전통주의의 갈등이 격화되는 상황에서는 이런 도전들을 인류 공동체가 함께 해결할 수 없을 것이다. 어쩌면 지구적 도전이 정말로 진지한 수준으로 전개되는 미래의 어느 국면에서는 '자유주의냐, 신전통주의냐' 하는 것은 그다지 중요하지 않은 문제로 치부될 수도 있을 것이다.

분명한 것은, 이 세 종결 시나리오 중 어떤 것도 가까운 시일 내에 실현되지는 않을 것이란 점이다. 다시 말해 우리는 적어도 일정 시간만큼은 서구 세계와 비서구 세계 사이에서 벌어지는 가치의 충돌, 인간 영혼을 둘러싼 투쟁을 감내해야만 한다. 그리고 이 글을 읽는 이가 만약 자유주의적 가치에 공감하는 사람이라면, 적어도 신전통주의의 도전으로부터 자유주의를 방어하기 위해서라도 현재의 위기를 명확히 인식하고 대항 논리를 진지하게 생각할 필요가 있다.

새로운 세계, 한국의 길

러시아-우크라이나 전쟁은 한국이 여전히 전쟁이 끝나지 않은 휴전 국가라는 사실을 다시금 상기시켰다. 서방 진영에 속한 한국이 국제 질서의 격변 속에서 무엇을 해야 하는지를 두고 논의가 촉발되었다. 하지만 논의의 초점이 한국이 아니라 러시아를 향할 때면 상투적인 이야기가 주류를 이루었다. 대부분 러시아가 얼마나 취약한 상황에서 졸전을 거듭하고 있는지를 조롱하는 내용이었다. 러시아가 어떤 종류의 도전을 제기하고 있는지, 러시아의 도전에 여러 비서구 국가들이 어떤 식으로 호응하고 있는지에 관한 진지한 분석은, 적어도 내가 아는 한에서는 찾기가 극히 어려웠다.

하지만 한국이 지난 수십 년간 어떻게 번영을 쟁취했는지를 생각한다면, 우리는 더 진지한 질문을 던질 필요가 있다. 과연 러시아, 나아가 비서구 세계에서 어떤 변화가 진행되고 있는가. 1953년, 한국전쟁이 남긴 폐허 속에서 대한민국은 미국 중심의 안보-무역 체계에 합류하면서 생존을 도모할 수 있었다. 냉전의 최전선이었던 한국은 자국 시장을 보호하면서 당시 세계 경제의 대부분을 차지하고 있었던 미국, 일본, 서유럽의 선진국에 상품을 수출할 수 있는 특혜를 받을 수 있었다. 철의 장막으로 인하여 접근할 수 없었던 공산권 세계와, 경제적 발전 수준이 낮아 유의미한 시장이 형성되어 있지 않았던 제3세계와의 무역은 제한적이었다. 하지만 '미국의 반세기'라고도 할 수 있었던 20세기 후반에 한국은 서방 세계에 확실하게 합류함으로써 빈곤의 질곡을 끊어내고 산업화를 이룰 수 있었다.

　1987년 고르바초프가 냉전을 종식시키며 펼쳐진 탈냉전 시대에 한국은 새로운 단계로 도약했다. 노태우 정권은 북방 외교를 통해 러시아와 중국에 다가갔다. 미국의 단극 패권이 절정이던 시대에 러시아는 자원을 판매하고, 중국은 저가 제조업을 담당하며 세계 경제의 새로운 팽창에 기여했다. 특히 중국의 폭발적 경제 성장은 시장이 확대될 여지가 많은 비서구 세계 전역의 고도성장을 자극하는 기관차였다. 냉전 시대에 수출 주도 발전으로 산업 기반을 구축한 한국 입장에서는, 단극 패권 위에 형성된 세계 시장만큼이나 활약하기 좋은 무대가 없었다. 한강의 기적은 이제 세계를 향해 날아올랐고, 한국은 기술, 산업, 문화의 강국이 되었다.

　하지만 한국이 번영을 일군 가장 중요한 밑바탕이었던 미국의 단극 패권은 오늘날 빠른 속도로 불안정해지고 있다. 중국이 다행히 아직 세계 시장에서 이탈하지 않았지만, 러시아의 경우에는 가장 중요한 경제관계를 맺고 있던 서유럽 시장과 단절을 선택했다. 이는 미국의 세계 패권에 균열이 발생하기 시작했다는 중요한 신호였다. 러시아는 미국 주도의 세계 패권 위에 놓인 세계 시장의 규칙을 거부하고 새로운 질서를 원하는 듯하다. 이를테면 지역 강국에 의해 구축된 다극 질서 위에서 이뤄지는 블록화된 시장 간의 무역 같은 것 말이다. 러시아는 이를 위해 지적 영역에서도 도전장을 내밀고, 다극 질서를 정당화하는 새로운 사상 체계를 만들고 있다.

　물론 러시아의 기획이 어느 정도로 성공할 수 있을지는 매우 불투명하다. 특히 러시아처럼 세계 시장과 단절할 수 없는 중국이 러시아의 기획을 어떻게 바라보고 있을지도 미지수다. 하지만 러시아와 그에 우호적인 일부 국가들이 미국의 지적, 지정학적 패권에 균열을 내고 세계 시장의 작동을 어렵게 만든다면, 그 변화의 소용돌이에서 가장 큰 피해를 볼 국가 중 하나가 바로 한국임은 명약관화하다. 복수의 블록화된 시장질서는 식량, 에너지, 기술 등을 어느 정도 자체적으로 조달할 수 있는 지역 강국에는 '해볼 수 있는' 게임이겠으나, 식량, 에너지의 대외 의존도가 높고 수출 주도형 경제를 운용하는 한국과 같은 나라는 견디기 어려운 게임일 것이다. 이를테면 안보는 미국에 의존하고 경제는 중국에 의존한다는 소위 '안미경중론'의 시대는 빠르게 저물고 있다. 안미경중은 역사가 사라졌던 탈냉전 시대에 한국이 누렸던 우호적인 대외 환경을 상징하는 단어로서, 점차 그리움의 대상이 될 것이다.

어쩌면 한국 사회가 해내야 하는 다음 과제는 자유주의 자체를 일신하는 것일 수 있다. 사실 한국 사회가 직면한 인구학적 위기와 문화적 변동, 격화된 사회 갈등을 고려할 때, 현재의 자유주의가 한국에서 얼마나 견고한 합의로 유지될 수 있을지는 다소 회의적이 된다. 미국의 '정치적 올바름' 문제는 한국에서도 격렬한 사회 갈등을 유발하는 주제가 된 지 오래되었고, 앞으로 계속 늘어날 이주민들도 한국 사회에서 새로운 화제로 부상할 수밖에 없다. 게다가 미국과 서유럽의 이념적 휘광은 역설적으로 한국이 문화 강국으로 떠오르면서 크게 바래지게 되었다. 따라서 만약 한국이 자유주의 정체성을 지키고자 한다면, 한국 사회가 겪고 있는 문제를 해결할 수 있는 새로운 모습의 자유주의나 여타 이념이 그 어느 때보다 요구되고 있는 국면이라 하겠다.

그렇다면 그 새로운 자유주의, 혹은 아예 새로운 이념과 사상은 무엇일까? 자유주의를 한국적 맥락에 맞게 재구성한 지역적 변형일까? 신전통주의와 자유주의를 수렴시킨 절충점일까? 그것이 어떤 형태가 될 것인지는 현재의 나로서는 다른 사람들과 마찬가지로 당연히 알지 못한다. 다만 확실하게 말할 수 있는 것이 있다. 바로 자유주의라는 정체성에 몰입했다는 이유로, 다른 존재의 사고와 관념의 체계를 들여다보지도 않고 폄훼하는 것이야말로 자유주의의 수호라는 관점에서도 가장 위험한 일이라는 사실이다. 이 책의 맨 앞에 인용한 글처럼, "어떤 문제에서 자기편의 입장만을 아는 자는 사실 그 문제에 대해 아는 것이 거의 없다고도 할 수 있다." 러시아뿐 아니라, 인도와 터키, 중국과 이란, 베트남과 인도네시아에 대해서도 그들의 생각과 신념을 더욱 진지하게 파악하고자 하는 시도가 한국에서 더 활발해지기를 염원한다.

부록

종교는 어떻게 부활했나
: 터키와 인도의 사례

아프가니스탄에서 20년에 걸친 미국의 '민주주의 이식' 노력이 실패로 끝나기 100년 전, 터키는 부글부글 끓고 있었다. 당시에는 무려 6세기의 세월을 버텨오며, 전통적 권위를 인정받던 오스만 제국이 제1차 세계대전의 여파로 멸망하려 하고 있었다. 대전쟁에서 승리한 영국, 프랑스의 협상국은 오스만 제국을 분할하여 아랍 지역에서 이권을 차지하고, 무슬림 식민지를 위협할 수 있는 오스만의 잠재적 위험성을 뿌리 뽑고자 이 지역에 대대적으로 개입했다. 청년 장교단과 민족주의자들은 외세에 맞서는 봉기를 조직했다. 그러나 이들은 단순히 반외세를 주창하며 봉기한 것은 아니었다. 그들은 터키 민족을 일신하고 재창조한다는 사회 혁명의 비전과 함께 봉기했다. 이슬람의 전통과 구습에 묶인 제국을 구하기보다는, 근대 계몽주의의 가치를 받아들인 새로운 공화국을 건설하고자 했던 것이다. 청년 장교단을 이끈 지도자의 이름은 무스타파였고, 수학을 잘한다고 하여 "완벽하다"는 뜻의 '케말'이라는 별명도 갖고 있었다. 1934년에 터키 국회로부터 주어진 그의 성은 바로 아타튀르크, '터키인의 아버지'였다.

터키 근대화의 길

신생 터키 공화국을 건국한 아타튀르크는 국시로 '6개의 화살'을 발표했다. 각각 공화주의, 인민주의, 세속주의, 개혁주의, 민족주의, 국가개입주의etatism였다. 이 6개 이념들은 18세기 이래로 200년에 걸쳐 서구에서 발전한 계몽주의 사상이었고, 아타튀르크는 이 이념들이 터키 통치의 근간이자 터키인들의 내면에 자리 잡는 신념이 되기를 원했다. 그중에서도 대내외적으로 가장 강한 인상을 남긴 사상은 바로 세속주의였다. 터키의 세속주의는 강력한 가톨릭교회와 혁명 이래로 100년이 넘는 투쟁을 거치며 매우 강경해진 프랑스의 세속주의, 라이시테laicite를 모범으로 삼았다. 요점은 종교는 어떠한 경우에도 공적 영역에 개입이나 간섭을 하면 안 된다는 것이었다. 그렇게 이슬람교에 근거한 수많은 전통과 관례들이 정부의 명령에 의해 사라졌다. 가장 상징적인 차원에서 632년 아부 바크르부터 1,300여 년을 이어오던 칼리프 직위가 1924년에 폐지되었다. 샤리아는 스위스식 민법으로 대체되었고, 샤리아에서 네 명까지 허용하던 일부다처제도 금지되었다. 형법과 상법은 이탈리아와 독일의 사례들을 참고했다.

그 밖에도 금지 혹은 폐지가 세속주의 정책의 대부분을 차지했다. 오스만 제국 시절에 종교를 담당하던 직위인 셰흐 알이슬람Sheikh al-Islam이 폐지되고 종교부가 그 자리를 대체했다. 공공장소에서 히잡을 착용하는 것도 금지되었다. 또한 오스만 제국이 근대화 과정에서 중절모를 본 따 공식화한 모자인 페즈Fez도 금지되었다. 세속주의 정부는 과거의 빈자리에 새로운 것을 도입하기도 했다. 우선 태음력인 이슬람 달력을 세계 표준인 그레고리안 달력으로 교체했다. 또한 번역을 금지해왔던 아랍어 코란을 터키어로 옮겼다. 그리고 기도 시간이 되었음을 외치는 전통인 아잔 azan을 아랍어가 아닌 터키어로 외치도록 강제했다.

공적 영역에서 이슬람의 빈자리를 채운 것은 민족, 즉 튀르크였다. 아타튀르크는 이슬람을 받아들이기 전의 '순수한 튀르크'에 집착했다. 과거 돌궐인부터 시작되는 튀르크 민족의 계보가 새삼 강조되기 시작했다. 언어와 문자개혁 프로그램이 가장 대표적이었다. 튀르크어를 표기하기에 부적절한 아랍문자를 라틴문자로 교체했고, 아랍어와 페르시아어의 영향을 받은 어휘들을 '순수 터키어' 낱말로 순화했다. 만약 적절한 낱말을 찾을 수 없으면 이미 사멸한 단어에서 찾거나, 혹은 고대 튀르크인들은 이렇게 말했을 것이라며 창작해내기도 했다. 그리고 한국부터 몽골, 헝가리까지 포함하는 '범汎투란 민족'들과의 유대를 강조하면서 아랍, 페르시아와 연계를 줄이려고 노력했다. 열정적 근대화 프로그램의 일환으로 1923년부터 1940년까지 학교의 수는 두 배로 늘어났고, 학생 수도 300% 가깝게 늘어났다. 대외적으로도 터키는 높은 평가를 받았다. 터키 스스로도 자신들의 세속주의적 서구화 프로그램을 널리 홍보했다. 1932년 프랑스 니스에서 열린 미스 유니버스 대회에 참가한 케리만 할리스는 터키의 서구화를 상징하는 대표나 다름없었다. 1934년에는 아랍식 이름 대신 서구식 이름과 성씨 체계를 도입했다. '아타튀르크'라는 성도 이때 나온 것이었다.

아타튀르크는 외세인 영국과 프랑스를 몰아내고, 다시는 과거의 치욕을 당하지 않기 위해 의욕적으로 근대화 프로그램을 추진했다. 이런 그의 모습은 수많은 비서구 국가에 수십 년 동안 영감을 주었다. 전세계 대부분이 유럽 식민 제국의 통치하에 놓여 있던 상황에서, 터키는 정말 얼마 남지 않은 비서구의 독립국이었다. 식민지의 민족 지도자들은 아타튀르크를 보며 자신들도 언젠가는 독립을 얻어 민족을 근대화로 이끌 수 있으리라는 희망을 얻었다. 이미 독립 상태였던 인접국 이란의 레자 샤는 아타튀르크의 개혁을 실시간으로 모방해 자국에 적용했다. 제2차 세계대전 후 독립한 아랍 국가들도 20년의 시차를 두고 터키를 모델로 세속주의적 근대화를 시작했다. 1957년에 수에즈 운하를 둘러싸고 영국, 프랑스, 이스라엘 연합군에 '한 방 먹여준' 이집트의 가말 압델 나세르는 사실상 '이집트의 아타튀르크'였다.

반둥의 지도자들

아타튀르크의 영향을 받은 열렬한 세속적 근대화론자 중에는 1947년 독립한 인도의 초대 총리 자와할랄 네루도 있었다. 그는 오스만 제국의 해체와 케말주의(또는 아타튀르크주의) 근대화 프로그램을 바라보며 종교가 아닌 세속적 민족주의를 바탕으로 한 인도의 자주독립을 꿈꾸었다. 인도는 거대한 다민족, 다종교 사회로서 오스만 제국과 유사한 문제를 품고 있었다. 무슬림 제국이었던 무굴 제국은 북인도를 오랜 기간 통치하고 있었는데, 18세기에 무굴 제국이 약화되자 남인도에서 마라타 세력을 중심으로 한 힌두 국가들이 반격을 개시했다. 이 역사적 갈등관계는 영국의 인도 식민 통치에서도 유용하게 활용되었고, 인도 독립 운동에까지 영향을 미쳐 힌두계와 이슬람계로 투쟁이 분열되기도 했다.

영국의 식민 통치가 끝나갈 무렵, 두 종교의 갈등은 봉합할 수 없는 수준으로 벌어졌다. 급기야 대대적인 유혈사태까지 일어나게 되었다. 당시 인도 무슬림의 지도자였던 무함마드 알리 진나는 세속적 근대화론자로서, 인도의 형태로 통합되는 것보다는 무슬림들이 분리 독립하여 새로운 국가를 구성하는 것을 선호했다. 독립과 함께 일어난 인도의 대분할은 대영제국 해체기에 인도에서 일어난 종교 간 폭력의 정점이었다. 결국 서쪽과 동쪽의 무슬림 지역이 파키스탄이라는 이름으로 떨어져나갔다.

네루와 그의 동료들은 인도라는 거대한 실체를 통합하기 위해서는 종교가 정체성의 근원이 되면 안 된다고 판단할 수밖에 없었다. 힌두교나 힌디어, 이슬람교나 우르두어, 텔루구어 등 개별 종교나 언어 정체성이 주가 되면 인도는 구심점을 찾지 못하고 다시 분열할 위험이 있었다. 네루는 무슬림 소수자, 하층 카스트, 여성을 보호하는 대신, 힌두교 전통주의자나 민족주의자들의 영향력은 차단하고자 했다.

1955년 인도네시아의 반둥에서 아시아와 아프리카의 신생 독립국 지도자들이 모였다. 이집트의 나세르, 인도네시아의 수카르노, 가나의 은크루마, 인도의 네루, 유고슬라비아의 티토 등이었다. 그들은 미국에도 소련에도 속하지 않는 '비동맹 세계'의 창설을 결의했다. 그들은 서로 각기 다른 전통과 민족을 대표하고 있었지만 사실 모두 아타튀르크의 후예였다. 또한 아타튀르크 본인이 프랑스에서 발원한 계몽주의의 열렬한 신봉자였음을 고려하면, 비동맹의 지도자들 역시 계몽주의의 후예라고 할 수 있었다. 그들은 반제국주의와 민족주의적 신념에 입각해 미국과 소련의 패권주의를 거부하는 것이었지, 미국과 소련이 제시한 계몽주의의 비전 자체를 거부하는 것은 아니었다.

반둥의 지도자들은 근대 교육을 일찍부터 받은 '계몽주의의 교사'로서, 아직 근대성을 깨우치지 못한 자국민들을 가르쳐야 한다는 의무감을 공통적으로 갖고 있었다. 인도의 역사가 디페시 차크라바르티는 이를 '교육학적 정치'라고 표현했다. 엘리트들이 보기에, 서구 제국주의나 미소 패권주의의 침탈을 막으려면 신생 독립국은 최대한 빠른 속도로 발전을 이룩해야만 했다. 격차를 따라잡으려면 구습에 얽매여 있을 시간이 없었다. 하지만 농촌에 거주하고 있던 국민들은 대개 급속한 발전 프로그램을 거부할 가능성이 높았다. 기존의 생활양식과 세계관 전체를 전복하는 것은 발을 내딛기 쉽지 않은 일이었다. 신생 독립국의 지도자들은 조바심이 났다. 그리하여 아직 준비되지 않은 다수의 국민들을 상대로 국가 권력이 근대화를 몰아붙이는 풍경이 1960년대에 비서구 세계에서 절정에 달하게 되었다. 미국과 소련은 제3세계에서 입지를 확보하기 위해 이런 프로그램들을 자신들이 더 잘 지원해줄 수 있다고 선전했다. 미국은 근대화 이론modernization theory을 앞세워 개발 사업에 개입했으며, 소련은 스탈린식 5개년 계획을 각국의 사정에 맞게 적용하여 수출하고자 했다.

목표로서의 서구, 대상으로서의 국민, 이를 지도하는 엘리트. 이러한 삼분법으로 교육학적 정치를 정의한다면, 이때 가장 중요한 구성요소는 사회주의와 세속주의였다. 먼저, 사회주의적 계획경제는 당시 근대화로 향하는 지름길로 여겨졌다. 여전히 마르크스주의와 소련의 경제적 성취가 권위를 갖고 있던 시절이었다. 꼭 소련식 공산주의를 채택하지 않더라도, 국가기구가 전략적으로 인프라를 만들고 중공업을 육성하는 것이 효율적이라는 믿음이 제3세계 전반을 관통하고 있었다. 다음으로, 세속주의를 내세워 전통 종교가 공적 영역으로 침투하는 것을 최대한 방지하려 노력했다. 이슬람교, 힌두교, 기독교 등의 종교는 비서구 사회 전역에서 과학에 배치되는 미신이자 구습으로 여겨졌다. 종교는 간혹 민족적 자긍심을 고양시켜줄 때가 있었지만 결과적으로 발전을 지체시킬 뿐이었다.

하지만 1970년대가 되었을 때, 야심찬 '국민 교육' 프로그램은 점점 실패로 드러나고 있었다. 반둥회의에 참여한 국가에서만이 아니라, 영감을 제공했던 터키에서도 마찬가지였다. 무엇보다 경제 전략이 실패했다. 수입대체 산업화는 비효율만을 양산했고, 적절한 규모의 경제를 뒷받침할 만한 수요를 확보하지도 못했다. 대신 관세 장벽의 보호를 받는 비효율적인 거대 이익집단만을 남겨놓았다. 더구나 엘리트들이 관세 혹은 인허가를 무기로 사회 전반에 막강한 영향력을 행사하면서 자연스레 부패 구조가 형성되었다. 1973년 대대적인 석유파동이 위기의 기폭제가 되었다. 무역 적자가 감당할 수 없을 만큼 치솟았고, 농촌의 빈곤은 해결될 기미가 보이지 않았다. 또한 과잉 상태의 농촌 인구가 끊임없이 도시로 밀려들었지만, 이들 이주민은 대체로 대도시에서 슬럼가를 형성하며 생존의 벼랑 끝에 간신히 매달려 있었다.

이슬람주의: 새로운 삶을 위한 모색

터키에서는 1970년대에 경제난이 계속되자 좌우익의 갈등이 폭발했다. 정치는 실질적인 무정부 상태로까지 흘러가고 있었다. 그럴 때마다 군부가 개입해 사태를 진정시키고 질서를 회복하기는 했지만 고질적인 문제는 전혀 해결되지 않았다. 극단주의 폭력 단체들이 난립하게 된 근본 원인은 도시에 갑작스럽게 늘어난 '게제콘두(Gecekondu, 빈민가)'였다. 터키의 인구는 늘어만 가는데, 그에 반해 토지개혁은 미진했고 농업생산성 역시 늘 제자리걸음이었다. 광활한 아나톨리아에서 앙카라, 이즈미르, 이스탄불로 이촌향도의 물결이 일었다. 그리고 게제콘두는 그 결과물이었다.

서구화된 엘리트들은 게제콘두 주민들을 사실상 방치하고 경멸한 채, 제대로 된 사회기반시설과 교육을 제공하지 못했다. 일자리는 말할 것도 없었다. 더 나은 삶을 위해 지푸라기라도 잡고자 도시로 이주한 사람들은 사회적 상향 이동은커녕 고착화된 빈곤에 몸부림쳐야 했다. 이들의 분노가 표출된 것이 바로 숱한 급진 청년단체의 등장, 그리고 그들의 테러 활동이었다. 하지만 이들은 절망에만 빠져 비틀거리지 않았다. 게제콘두 주민들은 다시 일어서 독자적이고 새로운 질서를 창조해내고 있었다. 미국의 기자이자 안보 전문가인 로버트 카플란은 앙카라에 있는 게제콘두인 알튼다아를 방문한 뒤 이렇게 묘사했다.

> 앙카라의 가파른 진흙길 언덕에 형성된 빈민가 알튼다아, 혹은 황금산은 시각상 극적인 효과를 자아낸다. 알튼다아는 콘크리

트 블록과 골함석으로 쌓아올린, 빈민들의 꿈이 어린 피라미드다. 하나하나의 판잣집이 다른 판잣집 위에 얹혀 있는 모양의 피라미드는 불편한 자세로 힘겹게 하늘을 향해 기어오르는 모습이다. 그 하늘이란 시내 다른 곳에 살고 있는 부유층의 세계다. 나는 지구상 어떤 다른 곳에서도 가난을 탈피하려는 인간의 애절한 노력이 이곳에서처럼 마음에 사무치는 상징적 형태로 구조화된 것을 본 적이 없다.[31]

카플란은 바로 그곳에서 세속주의 60년 통치가 결코 끊어낼 수 없었던 터키 이슬람의 600년 전통을 재발견했다. 그는 아프리카의 여타 빈민가, 예컨대 코트디부아르의 아비장에서와는 달리, 황금산에서 '안전'과 '질서'를 느꼈다. 황금산은 불신과 범죄가 횡행하는 다른 제3세계 빈민가와 달랐다. 황금산 안의 가정들은 응집력을 갖고 서로 뭉쳐 독자적인 지역사회를 구성하고 있었다. 아비장의 빈민가와 황금산을 구분하는 가장 큰 요소는 다름 아닌 이슬람이었다.

알튼다아

게제콘두 주민들은 농촌에서 도시로 이주하면서 기존의 사회적 연결망을 상실하는 위기를 겪었다. 전통 공동체의 상호부조와 연대감은 원자화된 도시 사회에서는 통하지 않았다. 삶의 조건을 위협하는 만성 실업과 빈곤, 열악한 사회기반시설 등을 홀로 겪어내야 했다. 하지만 게제콘두 주민들은 이슬람을 매개로 다시 응집하여 협력할 수 있었다. 모스크에 모여서 서로의 안부를 묻고 정보를 교류했으며, 정부의 부족한 사회기반시설을 무슬림들의 협력으로 대신해 헤쳐나갔다. 또한 그전까지 농촌에서 밭일을 하느라 라마단 금식을 지킬 수 없던 이들은, 이제 도시에서 다 같이 금식의 계율을 지키며 자신이 거대한 영적 공동체의 일원이라는 사실을 새삼 깨달아갔다. 강렬한 종교적 체험은 다시 높은 수준의 공동체 상호부조로 이어졌다. 카플란이 황금산에서 발견한 질서정연한 모습과 미래에 대한 희망의 원천은 이슬람이라는 뿌리 깊은 문화적 접착제가 제공하는 사회적 자산이었다. 또한 그것은 오래전 마그레브의 역사학자 이븐 할둔이 주장한 '아사비야'*로 거슬러 올라갈 수도 있었다.

한편 미디어는 도시 이주민들에게 전통을 다시금 일깨워주었다. 게제콘두에서 이들은 농촌에서 보지 못한 라디오와 TV를 접하면서, 과거 세속주의 엘리트층의 전유물이던 '스스로 자신의 정체성을 규정하는 법'을 터득했다. 세속주의 엘리트들의 경우, 고대 돌궐로부터 시작되는 튀르크 민족의 역사와 아타튀르크의 영웅적 항쟁으로 획득한 터키 공화국의 독립, 공화인민당 엘리트들

---

* asabiyyah. 유목민 부족을 협력하게 하는 고도의 사회적 응집력.

이 수행한 근대화 프로그램 속에서 자신들의 정체성을 규정했다. 요컨대 그들은 프랑스나 독일의 도시 중산층과 비교해서 전혀 부족할 것이 없는, '문명화된 유럽의 중산층'이었다. 게제콘두 주민들에게 사정은 전혀 달랐다. 카플란은 라티페 테킨의 《쓰레기 이야기》를 인용하면서 이렇게 묘사한다.

그 소설에는 빈민촌의 무단 거주자들이 "우리가 지금 살고 있는 곳에 옛날에 오스만 제국이라는 나라가 있었다"는 얘기를 듣는 대목이 있다. 그런 역사는 그들을 '혼란스럽게' 만들었다. 그들은 그런 얘기를 처음 들었다. 비록 그들 중 한 사람은 "우리 할아버지와 그 개가 그리스인들과 싸우다가 죽었다"는 사실을 알고 있었지만, 터키 역사의 농축된 의미와 민족주의는 터키 중산층, 혹은 상류층이나 나처럼 터키의 개념을 파악할 필요를 느끼는 외국인의 영역이었다.

새로운 공동체, 새로운 미디어, 새로운 교육에 접근하기 시작한 터키 빈민들은 드디어 게제콘두에서 자신의 존재가 어떤 역사적 서사 속에 위치하고 있는지를 직시할 수 있었다. 그들은 정체성의 근간인 이슬람을 앞세워 세계를 벌벌 떨게 만들었던 오스만 제국의 역사에 자부심을 느꼈다. 터키 공화국은 실체를 알 수도 없는 돌궐인이나 전혀 다른 언어를 썼던 아나톨리아의 히타이트를 이은 국가가 아니었다. 터키는 바로 100년 전만 해도 3개 대륙에 걸쳐 광활한 영토와 수많은 민족을 지배했던 오스만 제국을 계승한 나라였다. 그들이 보기에 이 사실을 애써 부정하는 세속주의 엘리트는 과거 오스만 제국 시대에 나라를 외국에 팔아넘겼던 이들과 다름없었다.

마침내 1980년대에 국가의 묵인이 시작되자 이슬람은 이런 사회문화적 토양을 딛고 들불처럼 확산되었다. 1980년대 후반에 이르면 이 거대한 사회적 열정을 투사할 정치적 이념이 자연스러운 수순으로 등장했다. 마드라사(이슬람 학교), 모스크, 미디어를 등에 업고 이슬람주의라는 새로운 정치적 운동이 일어났다. 이슬람주의 운동은 1979년 이란의 이슬람 혁명으로 더욱 자극을 받았다. 새로운 이슬람 계열 출판사들이 외부의 '신선한' 시각들을 전하기 시작했다. 이들은 이집트의 사이드 쿠틉, 이란의 아야톨라 호메이니와 알리 샤리아티, 파키스탄의 아불 알라 마우두디 등 터키 바깥의 이슬람 세계에서 나온 이슬람주의 서적을 찍어냈다.

이슬람주의는 여느 정치 이념이 그렇듯이 과거에 대한 반감을 부추겨 새로운 미래를 열고자 했다. 대중들은 자신들과 이슬람 정체성을 공유하지도 않고, 오히려 자신들을 경멸하는 세속주의 엘리트들에 대한 불신을 키워갔다. 더구나 세속주의 엘리트들은 지난 60년간 기회를 줬는데도 경제를 성장시키지 못했고 일자리를 주지도 못했다. 이슬람주의는 그 가증스러운 엘리트에 대한 복수와 미래에 대한 새로운 비전을 약속했다. 이슬람주의 아래에서 계급의식과 민족의식이 결합하더니, 기존 좌파는 이슬람주의와의 경쟁에서 차츰차츰 밀려나기 시작했다. 결국 마르크스주의도 외래사상이었다.

마르크스주의나 케말주의를 대체한 이슬람주의의 새로운 발전의 비전은 자유시장경제였다. 1980년대 터키의 경제 자유화를 지휘한 투르굿 외잘은 공공 영역과 밀착해 있던 이스탄불의 대기업이 아니라 아나톨리아의 중소기업에 주목했다. 아나톨리아 중소기업들은 기존의 케말리즘 계획경제에 가장 불만이 컸던 세력들이었다. 그들은 외잘이 세계 시장을 열어주자 쌍수를 들고 환영하며 적극적으로 기회를 탐색하기 시작했다. 외잘도 이들에게 수출 차관과 세금 환급 등의 인센티브를 주며 국제 시장에서 경쟁을 하도록 부추겼다. 외잘의 개혁은 몇몇 거대 재벌 기업만 성공시킨 것이 아니었다. 아나톨리아 중소 자본가들, 즉 '아나톨리아 호랑이'들이 훌쩍 성장했다. 사회적으로 볼 때는 오히려 몇몇 큰 기업보다 이들 중소 자본가들이 향후 훨씬 더 중요한 역할을 하게 된다.

아나톨리아 호랑이는 하나의 상징이었다. 이들은 세계화된 터키 경제 속에서 기회를 잡고 사회적 지위의 사다리를 빠르게 올라갔다. 다수의 터키인들이 외잘의 개혁으로 인해 힘겨운 시기를 보냈지만, 수출 기업과 그 관련 분야에 종사하는 이들은 큰 수혜를 받았다. 그 결과 전혀 새로운 중산층이 탄생하게 되었다. 이들은 근대화된 사회의 일반적인 중산층의 모습, 즉 개인주의나 타자에 대한 관용, 그리고 과학기술에 대한 관심을 갖고 있었다. 하지만 그들은 동시에 이슬람을 향한 독실한 믿음을 저버리지도 않았다. 이런 '종교적 중산층'은 터키의 전통적인 사회 집단 구분에 들어맞지 않는 새로운 세력이었다. 그들은 서부의 세속적 대도시 중산층인 '하얀 튀르크'에도 속하지 않았고, 내륙 아나톨리아의 종교적 하층민인 '검은 튀르크'에도 속하지 않았다. 혹자의 표현에 따르면 그들은 '회색 튀르크'였다.

회색 튀르크의 등장은 터키 정치에 새로운 시대가 열렸음을 알렸다. 과거 신실한 무슬림이란 곧 촌스럽고, 후진적이고, 교육받지 못하고, 가난한 사람을 의미했다. 이제는 아니었다. 신실한 무슬림인 동시에 세련되고, 국제적으로 활동하고, 고등교육을 받은 사람들의 수가 점점 늘어났다. 그들은 이제 자본력까지 갖춰 조직을 만들기 시작했다. 반면 이스탄불의 세속주의 성향의 기업인이나 중산층의 입지는 상대적으로 줄어들었다. 세계화된 경제에서 그들은 더이상 세련되어 보이지 않았다. 되레 너무나도 낡고 고루해 보였다. 유연하게 움직이는 적시 생산 체제가 아니면 살아남을 수 없는 정보 시대가 되자 그러한 격차는 더욱더 벌어져갔다.

1980년 케난 에브렌은 좌익 세력을 제압하고자 쿠데타를 일으켰다. 그는 그 대신 이슬람을 포용하여 정권을 공고히 하고자 했다. 그의 임기는 이슬람주의의 조용한 부활을 준비하는 시기이기도 했다. 마침내 에브렌의 임기가 마무리된 1989년, 이슬람주의 성향의 여학생들이 대학교를 비롯한 공공장소에서 히잡을 쓸 수 있도록 허용해달라며 청원했다. 여당인 조국당 내의 다수 파벌로 등장한 '신성동맹'은 이들에게 공감을 표했다. 에브렌은 마지못해 헌법재판소에 이 문제를 넘겼고, 판결에 따라 대학교에서 히잡 금지가 제한적으로 해제되었다. 이제 세속주의 엘리트들은 그동안 눈 감고 외면해왔던 존재가 눈앞에 도달했음을 깨달았다. 이슬람주의는 이제 현실이었고, 그들의 세속적 도시생활을 위협할 것이 틀림없었다. 1989년의 히잡 논쟁은 1990년대에 터키에서 본격화될 세속주의-이슬람주의 투쟁의 시작을 알리는 서곡이었다. 그리고 그 투쟁의 결과 2003년에 당선된 레젭 타입 에르도안은 이후 20년 동안 장기 집권하며 터키 사회를 한층 더 이슬람주의적인 방향으로 밀고 가게 된다. 그는 아타튀르크의 뒤를 이을 새로운 국부를 꿈꾸었다. 하지만 세속주의와 튀르크 민족주의의 아버지가 아닌, 이슬람주의와 오스만 제국의 부활을 알리는 아버지가 꿈속에서 어른거렸다.

힌두트바: 누가 힌두인가?

인도에서도 상황은 터키와 유사하게 흘러갔다. 네루는 케말뿐 아니라 러시아혁명에도 일찍부터 감명했던 반제국주의자였다. 그는 소련이 건설한 거대한 트랙터 공장과 중공업 단지에 깊은 인상을 받았다. 네루는 정부와 관료가 효과적으로 자원을 집중하고 투자를 지속한다면 인도도 소련처럼 될 수 있을 것으로 기대했다. 네루식 경제가 작동하던 1970년대까지 인도는 영국 통치기에는 이루지 못했던 여러 경제적, 사회적 성과를 내는 데 성공했다. 자체적인 제조업을 갖췄고, 댐을 비롯한 여러 현대식 인프라가 설치되었으며, 식량 분배가 개선되어 영국 통치기에 빈발하던 기근도 사라졌다. 이 시기에 확보한 기반은 오늘날 인도가 경제성장을 하는 데에도 디딤돌이 되었다.

하지만 이러한 성공에도 불구하고 1980년대가 되었을 때 네루식 시스템은 한계에 봉착했다. 그 시스템만으로는 인도가 필요로 하는 더욱 빠르고 전폭적인 성장을 달성할 수 없음이 분명해졌다. 첫 번째 문제는, 네루가 지향한 소련 모델 자체가 얼마 안 가 실패로 드러날 모델이라는 점이었다. 두 번째 문제는, 그마저도 인도는 네루 시기에 소련 정도의 성과도 이루지 못했다는 것이었다. 신생 델리 정부는 사실상 식민 당국에게서 통치권을 이어받은 것에 불과한 정부였다. 광대한 인도 곳곳에 살아 있는 지방 권력자들과 토호들을 뚫고 개발 계획을 집행할 능력이 없었다. 네루식 사회주의는 '허가의 지배' 혹은 '라이센스 왕국'이라는 불명예스러운 별명을 얻게 되었다. 투자와 대외무역의 모든 단계에서 중앙 및 지방 공무원들의 통제가 이루어졌고, 사소한 결정 하나를 내리는 데에도 정부의 동의가 필수적으로 요구되었다. 기근은 사라졌지만, 폭증한 농촌 인구의 상당수는 영양실조에 시달렸다. 반면 '허가의 지배' 탓에 농촌의 유휴 노동력을 흡수할 도시의 제조업 일자리는 창출되지 않았다. 중앙 권력의 부재가 국가 주도의 사회주의와 만나 경제성장의 발목을 잡았다. 그 결과는 '힌두 성장률'로 나타났다. 사람들은 인도의 경제성장률이 항상 3% 언저리에서 오락가락한다며 비웃었다. 절망적일 정도로 빈곤한 인도에서 이 정도 수준의 경제성장은 사막에서 물 한 방울 떨어트리는 것만도 못했다.

    그런 와중에 인도의 힌두교는 터키의 이슬람교가 했던 것과 유사한 기능을 하며 세력을 확대하고 있었다. 하지만 정치적 권력을 획득하고자 했던 근대적 사회 운동인 이슬람주의가 단순한 이슬람교와 다르듯이, '정치적 힌두교'는 단순한 힌두교와는 다른 것이었다. 고도로 정치적인 새로운 힌두교 운동인 '힌두트바'가 네루의 정당인 국민회의당INC에 대적하는 새로운 이념으로 빠르게 확산되기 시작했다. 힌두트바는 1923년에 독립운동가이자 변호사인 사바르카르가 《힌두트바, 누가 힌두인가?》라는 저서를 쓴 것으로 시작되었다. 그는 "베다로 돌아가자"는 슬로건을 내세우면서 네루식 세속주의에 반대했고, 특히 이슬람교는 배척해야 할 외국의 종교로 규정했다. 힌두트바는 이후 1925년에 만들어진 '민족봉사단RSS'의 지도 이념으로 부상하게 되었는데, 민족봉사단이 전국 조직으로 확대됨에 따라 힌두트바도 함께 확산되었다. 그러나 이들은 간디 암살에 연루되면서 활동금지 명령을 받은 데 이어, 1975년에는 인디라 간디의 비상계엄 때 다시 정부의 철퇴를 맞았다. 그럼에도 그 와중에 여전히 네루식 세속주의와 평등주의에 대해 반발하며 물밑에서 활동을 이어갔다.

민족봉사단이 파고든 대상은 도시 빈민이었다. 이슬람 세계의 이슬람주의 조직과 마찬가지로, 이들은 도시 빈민을 통해 전국적인 세력을 확보해나갔다. 민족봉사단 조직은 사회적 상호부조의 네트워크를 제공했고, 각종 공동 행사를 통해서 힌두 민족주의의 신념을 조직원에게 심어주었다. 온전하지는 않을지라도 카스트 경계를 넘어서고 달리트(불가촉천민)에게도 다가갔다. 대중적 기반을 최대한 확보하기 위해 노력했던 것이다.

그러던 1984년, 네루의 손자인 라지브 간디가 인도의 경제난을 타개하고자 경제 자유화 개혁에 나섰다. 그리고 후임자인 나라시마 라오가 1991년 더욱 전면적인 경제 개방을 선언했다. 공공복지가 축소되고 불평등이 가파르게 상승했다. 인도 도시를 채운 슬럼가의 빈민들은 사회적 충격에 더 취약해졌다. 부족하나마 어쨌든 안정적인 삶을 제공해주었던 네루식 사회주의의 각종 제도들이 철폐되거나 약화되면서, 불확실성에 내몰린 삶의 실존적 불안도 커졌다. 이로써 민족봉사단의 활동 공간은 더욱 넓어지게 되었다. 민족봉사단은 자체적인 사회적 네트워크를 통해서 취업 자리를 알선해주었고, 빈민가에서 긴급 구호 활동을 확대했다.

한편 교육 기관의 민영화도 힌두트바의 확산에 큰 도움이 되었다. 세속주의 정부의 교육 지원은 감소한 반면에 종교적 목적으로 설립된 각종 민간 재단들이 열성적으로 교육 기관을 수립했기 때문이다. 이들 교육 기관에서는 현대 자유 경제에서 생존할 수 있는 지식은 물론, 베다, 바가바드기타, 요가와 같은 힌두교 전통을 동시에 가르쳤다. 이런 기관에서 교육을 받은 많은 사람들이 다시금 성장을 시작한 인도 경제에 참여하면서, 터키의 '회색 튀르크' 같은 독실한 힌두교도 중산층을 형성하게 되었다.

1996년 힌두 민족주의 정당인 인도인민당BJP이 집권했다. 이로써 인도의 힌두화를 향한 속도는 더욱 빨라졌다. 힌두 민족주의자들은 경제적 자유주의자들과 동맹을 맺었다. 그들은 힌두교의 기본 정신은 자유시장경제에 더 적합하다는 논리를 개발하여 경제 개혁을 정당화했다. 다른 한편으로, 풀뿌리 힌두 민족주의 운동은 다민족, 다종교 사회인 인도의 정체성에서 힌두의 주도성을 확고히 하기 위한 여러 행동을 개시했다. 그중에는 무슬림에 대한 무자비한 폭력도 포함되어 있었다. 1992년의 아요디아 사태는 21세기의 인도가 어떤 방향으로 갈지를 보여준 상징적인 사건이었다. 문제의 발단은 우타르프라데시주州 아요디아시市에 있는 '바브리 마스지드'라는 모스크였다. 민족봉사단 대원을 비롯한 힌두 민족주의자들은 원래 그 자리에 힌두교의 신인 라마를 모시던 힌두 사원이 있었는데 무굴 제국이 그 자리를 침탈해 모스크를 지었다고 주장했다. 진위와 상관없이 인도인민당 당원들과 민족봉사단 대원들은 1980년대 중반부터 아요디아에서 라마 사원 건립 운동을 추진했다. 끝내 1992년 힌두트바 운동원들이 아요디아 모스크 앞에 운집한 뒤 그 안으로 몰려 들어갔다. 그렇게 바브리 마스지드는 다섯 시간 만에 돌무더기로 변했다. 그 여파로 전국적인 폭력 소요 사태가 발생했고, 복수에 복수가 이어지며 수천 명이 사망했다. 무슬림을 상대로 한 대량 폭력 사태는 10년 뒤인 2002년 구자라트에서 다시 반복되었다.

21세기에 들어서면서 인도의 공적 영역과 시민 사회에서는 네루 시대와는 몹시 다른 풍경이 형성되었다(발전적인 면과 폭력적인 면을 모두 포함하여). 민족봉사단으로 대표되는 도시의 힌두트바 네트워크는 빈민층에게 복지와 사회적 자본을 제공하여 대중적 기반을 확보했다. 새로운 중산층은 종교적 정체성을 공공연히 표출하며, 사원에서 화려한 예배와 기도 의식으로 개인의 경제적인 성공을 기원했다. 인도인민당이 집권한 지역의 정치인들은 도시 빈민의 일상적인 불만 사항을 해결해주는 한편, 지역 기업들과 협력해 사원들에 재정적, 행정적 지원을 해주었다. 세계화와 시장경제에 친화적인 사람들은 적극적으로 해외 투자를 유치하여 경제 지표상으로 뛰어난 성적을 올렸다. 가장 대표적인 인물이 2014년부터 오늘날까지 총리를 지내고 있는 인도인민당의 나렌드라 모디다. 10대 때부터 민족봉사단 대원으로 활동했던 그는 구자라트 주지사를 지낼 당시 '구자라트의 CEO'라는 명성을 얻었다. 다른 한편으로 모디는 앞서 언급한 2002년 구자라트 무슬림 폭력 사태 시기에 주지사를 맡았다는 점에서 악명이 높기도 했다. 어느 쪽이든 그는 힌두의 부활을 상징하는 인물이었다.

1991년 시장 자유화 이후 인도가 이룬 발전의 이면에는 불평등의 심화와 개발을 위한 농지 침탈의 이야기가 있었다. 하지만 경제 발전에서 밀려난 사람들만큼이나 경제 발전의 기회를 잡고 계층 상승을 이룬 사람들이 생겨났다. 그들은 개인적 출세를 힌두 신앙에 대한 헌신의 보답으로 이해했고, 나아가 자신의 성공을 세계무대에서 인도의 존재감이 커지는 것과 연결시켰다. 힌두 민족주의자와 새로운 힌두 중산층은 인도의 IT, 서비스, 제약 산업에서의 약진을 인도 문명의 지혜에 뿌리박은 덕분이라고 믿었다. 점점 커지는 이슬람의 위협에 대해선, 이슬람과 오랜 기간 투쟁해온 인도의 경험으로부터 세계가 배워야만 한다고 주장했다. 힌두교 구루들은 중산층과 빈민을 막론하고 힌두 민족주의자들의 선호에 맞는 사상과 논리를 얼마든지 제공해줄 수 있었다. 전국적으로 인기를 끈 유명 구루들이 힌두와 비즈니스를 결합했고, 성지 순례와 사원 봉헌 의식도 활황을 맞이했다. 힌두 영성의 부활과 중산층의 도시 소비문화, 그리고 인도의 영광을 되찾는다는 애국주의는 어떠한 모순도 없이 결합했다. 그리하여 마침내 2014년 나렌드라 모디를 인도의 총리이자 네루의 뒤를 잇는 새로운 국부의 자리에 옹립했다. 프랑스혁명에서 기원하여, 아타튀르크를 거쳐, 반둥에서 아시아 전역으로 울려 퍼졌던 네루식 세속주의가 최종적으로 패배하게 된 순간이었다.

감사의 말

나의 두 번째 저서인 《K를 생각한다》를 읽은 독자들께서 가장 많이 해준 말 중에 하나는 "'감사의 말'이 이렇게 긴 책은 처음 본다"였다. 확실히 그랬다. 나는 살아오며 무수히 많은 도움을 받아왔고, 그 도움 하나하나가 지금의 나를 이루고 있다고 생각한다. 《K를 생각한다》에서 썼던 기나긴 '감사의 말'은 그에 대한 나의 작고 사소한 응답이었다. 하지만 이번 책의 '감사의 말'은 《K를 생각한다》와 달리 이 책에 정말 직접적으로 도움을 준 사람들의 이름만 담고자 한다. 내가 살아오며 감사함을 느낀 모든 사람을 책에서 다 기억하는 것도 불가능하거니와 빼곡한 이름의 나열은 끝나지 않는 '감사의 말'을 읽을 독자들에게도 부담스러울 것이기 때문이다. 나의 소중한 모든 인연들이 이를 이해해주기를 바란다. 덧붙여, 이 책에 있을 나의 모든 오류와 실수는 아래에 언급되는 분들과는 일절 무관하며 그 모든 것은 오롯이 나 개인의 책임임을 밝힌다.

먼저 2019년에 캅카스와 우크라이나, 2022년에 러시아의 볼가강 여행에 동행이 되어준 고광열 선배에게 감사함을 표한다.

그다지 계획적이지 않은 나에게 있어서 고광열 선배와 함께하는 여행은 구소비에트 공간의 구석구석을 눈으로 직접 보고 그곳의 공기를 느낄 수 있게 해준 소중한 경험이었다. 예레반의 산들바람이 불어오는 호스텔에서, 흑해를 가로지르는 배의 갑판 위에서, 볼고그라드 인근의 외딴 숙소에서 함께 마신 보드카가 이 책에 녹아 있다. 여행 외적으로도, 2023년 8월에 모스크바에서 같이 지내면서 러시아 문서고를 이용하는 법을 알려준 것은 이루 말할 수 없이 소중한 경험이었다.

내게 러시아사 및 소련사라는 매혹적인 주제를 깊이 있게 알려주신 선생님들이 아니었다면 이 책은 훨씬 더 피상적이 되었을 것이 틀림없다. 10년 전 학부 1학년 때 처음으로 수업을 들었던 이정하 선생님은 어떤 주제를 공부할지를 두고 방황했던 나를 소련사로 다시 이끌어준 분이었다. 이정하 선생님께서 추천해준 대숙청에 관한 여러 연구 덕분에 나는 소련사는 물론이고 20세기 현대사를 바라보는 새로운 관점을 얻었다. 또한 2022년과 2023년에 서울대학교 서양사학과 노경덕 교수님의 수업을 들을 수 있던 것은 정말로 엄청난 행운이었다. 노경덕 교수님은 소련과 러시아, 냉전과 20세기, 탈식민화라는 여러 주제를 어떤 시각으로 접근해야 할지 알려주시고, 연구사의 깊은 맥락과 쟁점을 일목요연하게 가르쳐주셨다. 이 책을 쓰면서도 노경덕 교수님이 추천해준 읽을거리와 수업 시간에 알려주신 러시아사의 주요 쟁점을 담고자 노력했다. 이루 말할 수 없는 도움을 주신 두 분께 감사를 드리고 싶다.

이 책의 많은 내용은 2022년 7월에 개설한 개인 사이트 '임명묵닷컴'의 원고에 기초하고 있다. 여행 계획을 듣고 사이트 개설을 권해준 미디어스피어의 김경달 선생이 아니었다면 아마 세 번째 책은 사뭇 다른 주제로 쓰이게 되었을 것이다. 좋은 기회를 주신 김경달 선생과, 부족한 글들을 유료로 읽어주는 임명묵닷컴의 모든 구독자들께 깊은 감사를 표한다. 단행본 원고를 인내심 있게 기다려준 프시케의숲 성기승 대표께도 감사하다.

    10년 전 입학한 이래로 여전히 적을 두고 있는 서울대학교 아시아언어문명학부의 모든 분들께 감사를 표하고 싶다. 특히 여운경 교수님께는 제국의 복합적 성격에 관하여 많은 것을 배울 수 있었고, 그 덕에 유라시아 공간을 바라보는 시각을 새롭게 할 수 있었다. 지도교수님인 시야바시 사파리께도 감사하다. 사파리 교수님은 5년 전 내게 '종교의 부활'이라는 주제를 처음 가르쳐주었고, 근대 사회에서 종교가 차지하는 위상과 역할에 관하여 그 뒤로도 계속 가르침을 주었다. 제국과 종교가 주요 주제이기도 한 이 책은 아시아언어문명학부의 여러 수업을 내가 나름의 방식으로 소화했기에 쓰일 수 있었다.

    운이 좋은 관계로 수많은 사람과 교류하며 늘 배움을 얻고 있지만, 이 책과 관련해서는 대학원 동료들에게 받은 도움을 빼놓을 수 없다. 그들은 나의 여러 산만한 관심 분야 중에서 내가 가장 집중해야만 하는 아시아 지역 연구에 관해 계속 아이디어를 제공해주었다. 그들은 의견을 교류하는 동학이자 가장 소중한 친구들이다. 선배 김건하와 조백경은 작년부터 토론토로 가서 공부를 하게 되어 이전처럼 자주 교류를 하기는 어려워졌지만, 간간이 전해주는 응원과 이란 및 오스만 제국에 관한 이야기는 언제나 큰 지적 자극을 준다. 전민규는 내가 그동안 잘 모르고 살았던 인도라는 공간, 그리고 미술이라는 주제에 대해 알려준다. 특히 인간의 종교적 사고와 표현이 어떻게 등장하고, 그것이 역사에서 어떤 역할을 하는지에 대한 이야기는 언제 들어도 매혹적이기 그지없다. 일본 전공자인 강민주와 강원준에게서 배운 것도 빼놓을 수 없다. 우리가 일본에 대해 서로 나누는 대화는 한국, 서구, 아시아, 러시아를 바라보는 내 시선을 훨씬 더 풍성하게 만든 자양분이 되어주었다. 성리학과 근세란 무엇인지, 근대초극론과 아시아주의는 무엇인지 생각해보지 않았다면 안 그래도 부족한 점이 많은 이 책은 훨씬 더 빈곤한 책이 되었을 것이다.

그 밖에도 고마운 여러 친구들이 있다. 2023년 상반기에 월요일마다 만나서 즐거운 대화를 선사해주는 김황순에게도 감사를 표한다. 얼핏 황당한 이야기로 들릴 수 있는 내 이야기에도 성심성의껏 코멘트를 남겨주는 그의 박식함과 너그러움 덕택에 생각을 더욱 분명하게 발전시킬 수 있었다. 국제정치를 연구하는 홍태화에게도 감사한다. 나는 미국 및 서유럽의 외교 정책 동향에 관하여 그에게 늘 많은 배움을 얻고 있고, 이 책을 쓸 때도 참고할 수 있는 여러 글들을 추천받았다. 또한 동남아시아 및 아시아 전반에 대한 이야기를 종종 나눠준 최태수에게도 감사하다.

이재원은 이 책을 쓸 때 직접적으로 가장 큰 도움이 된 친구라고 해도 과언이 아니다. 그는 매일같이 메신저로 러시아-우크라이나 전쟁과 세계의 변화에 대하여 이야기를 나눠주었으며, 특히 내가 잘 알지 못하는 경제 문제에서 귀한 답을 줄 때가 많았다. 알렉산드르 두긴 및 근현대 극우 사상의 계통에 대해서 많은 텍스트를 전해준 손찬국 선생, 에너지와 자원 무역, 인구 지정학에 걸쳐 넓은 이야기를 나누어준 김용우 선생께도 감사한 마음이다.

다소 게으른 천성으로 공부를 아직도 이어가고 있는 나를 꾸준히 믿어주며 지지해주는 가족들, 아버지, 어머니, 형에게 이루 다 표현할 수 없는 감사의 인사를 쓴다. 특히 방학 때 본가에 머물며 집안일을 돕기보다 유라시아 어디론가 휙 떠나버리는 나를 이해해주는 부모님께 늘 죄송하면서 감사하다. 태국 치앙마이에서 개인적인 고민을 깊이 들어주며 나를 위로해준 사촌형 강영훈과 형수께도 감사를 전한다.

마지막으로 감사 인사를 보내고 싶은 이들은, 한국과 구소련의 많은 공간을 오가면서 내가 인연을 맺게 된 모든 유라시아인들이다. 2015년에 우즈베키스탄의 타슈켄트를 방문하면서 나는 이 지역들을 여행하기 시작했고, 2019년에는 시베리아의 도시들과 카자흐스탄, 아르메니아, 조지아, 우크라이나를 여행했고, 2022년에는 볼가강 인근의 도시들을 방문할 수 있었다. 이 모든 곳들에서 나는 내가 공부하는 지역을 어렴풋하게나마 나 자신의 눈에 담을 수 있었다. 그때 수많은 사람과 했던 대화는 외부인인 내가 그들의 관점을 부족하나마 추측할 수 있는 소중한 기회였다. 물론 그들이 세상을 바라보는 시선은 모두 제각각이었다. 우랄의 예카테린부르크에서 한 택시 기사는 "저기 성당에서 죽은 로마노프처럼 푸틴도 죽어버려야 할 텐데"라며 푸념했고, 볼고그라드로 향하는 기차 안에서 음식을 나눠준 한 아주머니는 "제재에도 불구하고 우리의 경제는 견고하고 푸틴은 옳은 일을 하고 있다"라고 당당히 이야기하기도 했다. 모스크바의 호스텔에서 만난 타지키스탄 출신 청년은 내가 소련사를 공부하고 소련 문화에 관심이 많다고 하니 "이제 소련은 제발 잊어!"라고 하며 웃었다.

도시를 오가는 장시간의 밤기차는 이런 인연을 만나기에 가장 좋은 장소였다. 2015년 사마르칸트로 향하는 기차에서 만난 우즈베키스탄 출신의 대학생(그는 라트비아의 리가에서 경제학을 공부한다고 했다)과, 2019년 카잔발 모스크바행 마지막 기차에서 만난 젊은 안무가가 해준 말이 기억에 남는다. 그들은 둘 다 "푸틴의 통치가 빨리 끝났으면 좋겠지만, 우크라이나 문제는 네가 생각하는 것만큼 단순하지 않다"라고 꼭 같은 이야기를 해주었다. 하바롭스크에서 치타로 가는 42시간의 기차 여정에서 만난 태평양 함대 해군 장교들, 그리고 노보시비르스크로 가는 기차에서 만난, 영하 50도의 극지에서 천연가스를 캔다는 노동자들도 잊을 수 없다.

캅카스는 국경에 갇혀 있던 나의 상상력을 국경을 넘나드는 관점으로 확대해준 공간이었다. 그곳에서 여러 사람들을 만날 수 있었다. 예레반의 시원한 밤공기 아래에서 아르메니아계 소련 정치인 아나스타스 미코얀에 대해 이야기해준 아르메니아 아저씨, 에치미아진 수도원의 한 맥주집에서 자신을 케이팝 걸그룹 팬이라고 소개하던 젊은 종업원이 생각난다. 트빌리시의 수도원에서 마주친 조지아인들은 나보고 어떻게 러시아어를 할 줄 아느냐고 신기한 표정으로 반겨주었고, 그 지역 호스텔에서 잠시 함께 머무른 체첸 출신의 한 여행자는 언젠가 자신의 고향 그로즈니를 꼭 방문하라고 권하였다.

전쟁이 난 지금, 우크라이나에서 맺게 된 인연들을 회상하면 항상 안타까움을 금할 수 없다. 조지아 바투미에서 우크라이나

오데사로 향하는 길, 당시 배 위에서 함께 술잔을 기울였던 우크라이나인들을 아직도 종종 생각한다. 올렉산드르라는 중년의 트럭 기사는 내가 드니프로에 방문한다고 하니 '나의 도시'라고 반기면서 보드카 한 잔을 권했다. 쓰디쓴 싸구려 보드카를 '크' 소리와 함께 고통스럽게 털어 넘기니, 올렉산드르는 자신의 아들이 생각난다며 껄껄 웃었다. 경찰관 올레흐와는 드니프로역 인근의 호스텔에서 "제민족 우애를 위하여"라고 휜소리를 하며 서로 술과 안주를 나누었다. 드니프로카먄스케에 있는 브레즈네프의 고향 집에 방문했을 때 만난 할머니도 기억난다. 할머니는 너무도 알아듣기 어려운 러시아어로 브레즈네프와 그의 가족이 살던 이야기를 내게 계속해서 해주었다. 그들 모두가 안전하기를, 그리고 전쟁의 고통이 끝나고 어서 삶이 회복되기를 기원한다.

끝으로 아제르바이잔 출신의 사비르와 타니르를 언급하며 마치고자 한다. 그들과는 4년 전 모스크바에서 인연을 맺게 되었다. 내가 아제르바이잔의 역사를 연구하고 싶다고 했을 때 그들은 내게 정말 큰 환대를 보여주었다. 코로나 팬데믹과 전쟁을 뛰어넘고 작년에 모스크바에서 재회했을 때 느낀 감동은 아직도 잊을 수가 없다. 그들 덕분에 나는 종종 외로울 수도 있던 여행에서 사람의 온기를 느낄 수 있었고, 사소한 일부터 비교적 어려운 일까지 두루 도움을 받을 수 있었다. 내가 그들에게 어떻게 보답할 수 있을지는 아직 잘 모르겠다. 우선은 이 자리를 빌려 이 모든 이들에게 신의 자비와 평화가 함께하기를 기도하고 싶다.

주

1. John Stuart Mill, *On Liberty*, The Floating Press, 2009[1859], p.61.
2. 크리샨 쿠마르, 《탈산업사회에서 포스트모던사회로》(제2판), 이성백, 신재성, 신승원 옮김, 라움, 2012, 280쪽.
3. Mikhail Gorbachev, *Perestroika: New Thinking for Our Country and the World*, Fontana, 1987, p.191, pp.197-198.
4. 하세가와 쓰요시, 《종전의 설계자들》, 한승동 옮김, 메디치미디어, 2019, 35~36쪽.
5. 토니 주트, 《포스트워 2》, 조행복 옮김, 플래닛, 2008, 1064쪽
6. Larry Wolff, *Inventing Eastern Europe: The Map of Civilization on the Mind of the Enlightenment*, Stanford University Press, 1994, p.155.
7. Firouzeh Mostashari, *On the Religious Frontier: Tsarist Russia and Islam in the Caucasus*, I.B. Tauris, 2017, pp.8-9.
8. 오원교, 〈도스토예프스키와 아시아: '작가 일기'를 중심으로〉, 《러시아연구》 22권 2호, 2012, 77-78쪽.
9. 오원교, 위의 논문, 63쪽.
10. 블라디슬라프 M. 주보크, 《실패한 제국 2》, 김남섭 옮김, 아카넷, 2016, 302쪽.
11. 마이클 돕스, 《1991》, 허승철 옮김, 모던아카이브, 2020, 57쪽.
12. Vladislav Zubok, *Collapse: The Fall of the Soviet Union*, Yale University Press, 2022, pp.118-119.
13. 유튜브 영상: https://www.youtube.com/watch?v=MR5eIteXv1Y (Владислав Булахтин, "Горячий Август 1999 года. 27.08.1999. Putin. Dagestan. Тост. Водку на стол.", 2017. 8. 11.)
14. Christopher Coke, *The Rise of the Civilizational State*, Polity, Chapter 3.
15. 토니 주트, 앞의 책, 828쪽.
16. 마이클 돕스, 앞의 책, 455쪽.
17. 마이클 돕스, 앞의 책, 223쪽.

18. 알렉산드르 솔제니친,《세기말 러시아의 문제》, 유정화 옮김, 걷는사람, 2020, 265쪽.
19. 카를 마르크스,《헤겔 법철학 비판》, 강유원 옮김, 이론과실천, 2011[1844], 8쪽.
20. Peter Osnos and Michael Getler, "Polish Throngs Hail Pope", *The Washington Post*, 1979. 6. 3. (기사 링크: https://www.washingtonpost.com/archive/politics/1979/06/03/polish-throngs-hail-pope/841509c0-f79d-4673-b40e-93e704777353/)
21. "С. ЛАВРОВ: ЗАПАД ОТДАЛЯЕТСЯ ОТ РОССИИ ИЗ-ЗА ЕЕ ВОЗВРАТА К ПРАВОСЛАВИЮ", *Православие.Ru*, 2014. 6. 5. (기사 링크: https://pravoslavie.ru/71250.html)
22. 원문의 '러시아 사람들'과 '러시아 세계의 여러 민족들에 속한 사람'에서 러시아의 의미는 구별된다. 전자는 루스키(Russkiy)고, 동슬라브 루시 문화에서 기원하여 러시아어를 쓰는 민족을 뜻할 때 쓰는 말이다. 반면, 로시스키(Rossiskiy)는, 국가로서 로시야(Rossiya)에 속한 사람들로서, 루스키가 아닌 다양한 민족 출신의 러시아 국민/시민을 포괄하는 개념이다. 일례로 러시아어로 쓰인 러시아인들의 문학은 '루스카야 리테라투라(Russkaya literatura)'고, 반대로 지금 러시아의 국호는 '로시스카야 페데라치야(Rossiskaya Federatsiya, 러시아 연방)'다. 여기에는 국가로서 '러시아'는 물론 '루스키'들이 세운 나라지만, 그렇다고 루스키만의 나라는 아니며 러시아인을 중심으로 뭉친 여러 민족의 연방이기도 하다는 의미도 내포되어 있는 셈이다. 트루베츠코이가 염두에 둔, '러시아 세계(로시스키 미르)'의 여러 민족들이라고 할 수 있는 체첸인이나 타타르인들은 러시아에 속한 러시아 시민들이지만 '루스키'는 아니고 '로시스키'이다.
23. Н. И. Толстой, "Н. С. Трубецкой и евразиство", Н. С. Трубецкой, *История, Культура, Язык* (М., 1995), с.6. (박현봉,〈트루베츠코이와 유라시아주의〉,《시베리아극동연구》9호, 2013, 80쪽에서 재인용).
24. Kakuzo Okakura, *The Awakening of the East*, Seibun-Kaku, 1940[1907], p.3. (원문 링크: https://archive.org/details/awakeningofeast0000kaku/page/n39/mode/2up)
25. 카를 마르크스,《프랑스 혁명사 3부작》, 임지현 옮김, 소나무, 2017[1852], 190쪽.
26. Gabriel Gatehouse, "The Russians who fear a war with the West", *BBC*, 2016. 10. 25. (기사 링크: https://www.bbc.com/news/world-europe-37766688 ; 번역 출처: https://diverseasia.snu.ac.kr/?p=5702)
27. "Парад Победы на Красной площади", *Президента России*, 2023. 5. 9. (기사 링크: http://kremlin.ru/events/president/news/71104)
28. Antonio José Vielma, "Obama says Russia is a smaller, weaker country than the US", *CNBC*, 2016. 12. 16. (기사 링크: https://www.cnbc.com/2016/12/16/obama-says-russians-cant-change-us-or-weaken-us.html)
29. Thomas J. McCormick, *America's Half-Century*, Johns Hopkins University Press, 1995,

p.258.
30. Francis Fukuyama, "The End of History?", *The National Interest*, No.16(Summer 1989), pp.3-18.
31. Robert D. Kaplan, "The Coming Anarchy", *The Atlantic*, 1994. 2. (원문 링크: https://www.theatlantic.com/magazine/archive/1994/02/the-coming-anarchy/304670/ 황금산을 비롯한 해당 장의 터키 이야기는 위의 링크된 글인 "Coming Anarchy"에서 많이 빌려왔다. 번역판은 로버트 카플란, 《무정부시대가 오는가》, 장병걸 옮김, 코기토, 2001.을 참고하라.

참고문헌

Agrawal, Ravi, *India Connected: How the Smartphone is Transforming the World's Largest Democracy*, Oxford University Press, 2018.

Aydin, Cemil, *The Politics of Anti-Westernism in Asia: Visions of World Order in Pan-Islamic and Pan-Asian Thought*, Columbia University Press, 2007.

Başkan, Birol, *From Religious Empires to Secular States: State Secularization in Turkey, Iran, and Russia*, Routledge, 2014.

Burgess, John, *Holy Rus': The Rebirth of Orthodoxy in the New Russia*, Yale University Press, 2017.

Casanova, Jose, *Public Religions in the Modern World*, University of Chicago Press, 1994.

Coker, Christopher, *The Rise of the Civilizational State*, Polity, 2019.

Cooper, Frederik, *Colonialism in Question: Theory, Knowledge, History*, University of California Press, 2005.

Fisher, Max, *The Chaos Machine: The Inside Story of How Social Media Rewired Our Minds and Our World*, Little, Brown and Company, 2022.

Friedman, Jeremy. *Ripe for Revolution: Building Socialism in the Third World*. Harvard University Press, 2022.

Gerasimov, Ilya. "The Great Imperial Revolution." *Ab Imperio* 2017: 21-44, 2017.

Harootunian, Harry D., *Overcome by Modernity: History, Culture, and Community in Interwar Japan*, Princeton University Press, 2002.

Kalinovsky, Artemy, *Laboratory of Socialist Development: Cold War Politics and Decolonization in Soviet Tajikistan*, Cornell University Press, 2018.

Kotkin, Stephen, *Magnetic Mountain: Stalinism as a Civilization*, University of California Press, 1997.

Mccormick, Thomas, *America's Half-Century: United States Foreign Policy in the Cold War*, Johns Hopkins University Press, 1995.

McMahon, Robert J., *The Cold War: A Very Short Introduction*, Oxford University Press. 2003.

Medvedev, Roy, *Post-Soviet Russia: A Journey Through the Yeltsin*, Columbia University Press, 2000.

Meyer, James, *Turks Across Empires: Marketing Muslim Identity in the Russian-Ottoman Borderlands, 1856-1914*, Oxford University Press, 2019.

Mostashari, Firouzeh, *On the Religious Frontier: Tsarist Russia and Islam in the Caucasus*, I.B. Tauris, 2017.

Nanda, Meera, *The God Market: How Globalization is Making India More Hindu*, Monthly Review Press, 2011.

Sanborn, Joshua, *Imperial Apocalypse: The Great War and the Destruction of the Russian Empire*, Oxford University Press, 2015.

Schimmelpenninck van der Oye. David, *Russian Orientalism: Asia in the Russian Mind from Peter the Great to the Emigration*. Yale University Press, 2010.

Smele, Jonathan, *The 'Russian' Civil Wars, 1916-1926: Ten Years That Shook the World*, Oxford University Press, 2017.

Yilmaz, Ihsan, *Creating the Desired Citizen: Ideology, State and Islam in Turkey*, Cambridge University Press, 2021.

Zubok, Vladislav, *Collapse: The Fall of the Soviet Union*, Yale University Press, 2021.

Zurcher, Erik J., *Turkey: A Modern History*, I.B.Tauris, 2004.

다나카 아키히코, 《새로운 중세》, 지정, 2000.
대니얼 벨, 《차이나 모델》, 서해문집, 2017.
더글러스 머리, 《유럽의 죽음》, 열린책들, 2020.
데이비드 앤서니, 《말, 바퀴, 언어》, 에코리브르, 2015.
데이비드 프리스틀랜드, 《왜 상인이 지배하는가》, 원더박스, 2016.
로널드 핀들레이, 케빈 오루크, 《권력과 부》, 에코리브르, 2015.
로렌 그레이엄, 《리센코의 망령》, 동아시아, 2021.
로버트 거위스, 《왜 제1차 세계대전은 끝나지 않았는가》, 김영사, 2018.
로버트 카플란, 《무정부시대가 오는가》, 코기토, 2001.
로버트 카플란, 《지리의 복수》, 미지북스, 2017.
로버트 케이건, 《밀림의 귀환》, 김앤김북스, 2021.
린지 휴스, 《표트르 대제》, 모노그래프, 2017.
마누엘 카스텔, 《네트워크 사회의 도래》, 한울아카데미, 2014.
마누엘 카스텔, 《밀레니엄의 종언》, 한울아카데미, 2003.
마누엘 카스텔, 《정체성 권력》, 한울아카데미, 2008.
마샬 버만, 《현대성의 경험》, 현대미학사, 2004.

마이클 돕스, 《1991: 공산주의 붕괴와 소련 해체의 결정적 순간들》, 모던아카이브, 2020.
마크 마조워, 《암흑의 대륙》, 후마니타스, 2009.
매리 루이스 프랫, 《제국의 시선》, 현실문화연구, 2015.
박현봉, 〈트루베츠코이(N.S. Trubetskoy)와 유라시아주의〉, 《시베리아극동연구》, 9권 1호, 2013.
브랑코 밀라노비치, 《홀로 선 자본주의》, 세종서적, 2020.
블라디슬라프 주보크, 《실패한 제국 1》, 아카넷, 2016.
블라디슬라프 주보크, 《실패한 제국 2》, 아카넷, 2016.
새뮤얼 헌팅턴, 《문명의 충돌》, 김영사, 2016.
새뮤얼 헌팅턴, 《제3의 물결》, 인간사랑, 2011.
쉴라 피츠패트릭, 《러시아혁명》, 사계절, 2017.
스테파니 쿤츠, 《진화하는 결혼》, 작가정신, 2009.
스티븐 핑커, 《우리 본성의 선한 천사》, 사이언스북스, 2014.
시드니 하케이브, 《위떼와 제정 러시아 상》, 한국학술정보, 2010.
시드니 하케이브, 《위떼와 제정 러시아 하》, 한국학술정보, 2010.
아디브 할리드, 《공산주의 이후 이슬람: 중앙아시아의 종교와 정치》, 진인진, 2019.
아라 노렌자얀, 《거대한 신, 우리는 무엇을 믿는가》, 김영사, 2016.
아자 가트, 《문명과 전쟁》, 교유서가, 2017.
아자 가트, 알렉산더 야콥슨, 《민족》, 교유서가, 2020.
알렉세이 유르착, 《모든 것은 영원했다, 사라지기 전까지는》, 문학과지성사, 2019.
앨리 러셀 혹실드, 《자기 땅의 이방인들》, 이매진, 2017.
야스차 뭉크, 《위험한 민주주의》, 와이즈베리, 2018.
에드워드 로스 디킨슨, 《21세기 최고의 세계사 수업》, 아름다운사람들, 2020.
에드워드 스타인펠드, 《왜 중국은 서구를 위협할 수 없나》, 에쎄, 2011.
오드 아르네 베스타, 《냉전의 지구사》, 에코리브르, 2020.
오원교, 〈도스토예프스키와 아시아: 《작가 일기》를 중심으로〉, 《러시아연구》, 22권 2호, 2012.
올랜도 파이지스, 《혁명의 러시아》, 어크로스, 2017.
요나하 준, 《헤이세이사》, 마르코폴로, 2022.
월터 라쿼, 《푸티니즘》, 바다출판사, 2017.
이반 크라스테프, 스티븐 홈스, 《모방 시대의 종말》, 책과함께, 2020.
이언 모리스, 《가치관의 탄생》, 반니, 2016.
이언 모리스, 《왜 서양이 지배하는가》, 글항아리, 2013.
이언 브레머, 《리더가 사라진 세계》, 다산북스, 2014.
이정하, 〈러시아 연방의 정보-심리작전과 재귀 통제(Reflexive Control)〉, 《서양사 연구》, 66권 66호, 2022.

이정하, 〈페트로달러 체제와 냉전〉, 《서양사 연구》, 68권, 2023.
장 이브 카뮈, 니콜라 르부르, 《유럽의 극우파들》, 한울아카데미, 2017.
제프리 삭스, 《빈곤의 종말》, 21세기북스, 2006.
조너선 하이트, 그레그 루키아노프, 《나쁜 교육》, 프시케의숲, 2019.
조세프 헨릭, 《호모 사피엔스 그 성공의 비밀》, 뿌리와이파리, 2019.
조슈아 컬랜칙, 《민주주의는 어떻게 망가지는가》, 들녘, 2015.
조지 패커, 《미국, 파티는 끝났다》, 글항아리, 2015.
조지프 스티글리츠, 《세계화와 그 불만》 세종연구원, 2002.
존 오언, 《이슬람주의와 마주 보기》, 한울아카데미, 2017.
존 주디스, 《포퓰리즘의 세계화》, 메디치미디어, 2017.
찰스 틸리, 《유럽 국민국가의 계보》, 그린비, 2018.
찰스 핼퍼린, 《킵차크 칸국》, 글항아리, 2020.
케빈 패스모어, 《파시즘》, 교유서가, 2016.
켄트 콜더, 《신대륙주의》, 아산정책연구원, 2013.
크리샨 쿠마르, 《탈산업사회에서 포스트모던사회로, 라움, 2012.
크리스 샤퍼, 데이터, 《민주주의를 조작하다》, 힐데와소피, 2020.
톰 니콜스, 《전문가와 강적들》, 오르마, 2017.
톰 밀러, 《신실크로드와 중국의 아시안 드림》, 시그마북스, 2018.
티모시 미첼, 《탄소 민주주의》, 생각비행, 2017.
티모시 스나이더, 《가짜 민주주의가 온다》, 부키, 2019.
파와즈 게르게스, 《지하디스트의 여정》, 아산정책연구원, 2011.
판카지 미슈라, 《분노의 시대》, 열린책들, 2018.
판카지 미슈라, 《제국의 폐허에서》, 책과함께, 2013.
패트릭 J. 드닌, 《왜 자유주의는 실패했는가》, 책과함께, 2019.
패트릭 스미스, 《다른 누군가의 세기》, 마티, 2011.
폴 콜리어, 《엑소더스》, 21세기북스, 2014.
프레더릭 쿠퍼, 제인 버뱅크, 《세계제국사》, 책과함께, 2016.
프레데릭 바이저, 《낭만주의의 명령》, 그린비, 2011.
피터 터친, 《제국의 탄생》, 웅진지식하우스, 2011.
피터 터친, 《초협력사회》, 생각의힘, 2018.
피터 퍼듀, 《중국의 서진》, 길, 2012.
피터 프랭코판, 《미래로 가는 길, 실크로드》, 책과함께, 2019.
피터 프랭코판, 《실크로드 세계사》, 책과함께, 2017.
하름 데 블레이, 《공간의 힘》, 천지인, 2009.
하름 데 블레이, 《왜 지금 지리학인가》, 사회평론, 2015.
해나 로진, 《남자의 종말》, 민음인, 2012.
히로마쓰 와타루, 《근대 초극론》, 민음사, 2003.

찾아보기(인명)

ㄱ

가이다르, 예고르Gaidar, Yegor 119, 120, 122~124
간디, 라지브Gandhi, Rajiv 319
간디, 인디라Gandhi, Indira 319
게농, 르네Guéon, René 224
고르바체바, 라이사Gorbacheva, Raisa 89
고르바초프, 미하일Gorbachev, Mikhail 35, 86~89, 91~102, 105, 106, 108~115, 118, 119, 124, 139, 151, 152, 166, 175, 177, 179, 180, 194, 222, 230, 244, 279, 300
구밀료프, 니콜라이Gumilev, Nikolai 219
구밀료프, 레프Gumilev, Lev 219~221, 225, 226
구신스키, 블라디미르Gusinsky, Vladimir 142~144, 156
귈렌, 페툴라Güen, Fethullah 253, 255, 256
그람시, 안토니오Gramsci, Antonio 223

그로미코, 안드레이Gromyko, Andrei 92

ㄴ

나세르, 가말 압델Nasser, Gamal Abdel 306, 307
나자르바예프, 누르술탄Nazarbayev, Nursultan 113, 269
네루, 자와할랄Nehru, Jawaharlal 192, 306, 307, 317~319, 321, 322
니콜라이 2세Nicholas II 61, 198, 212

ㄷ

다닐렙스키, 니콜라이Danilevsky, Nikolay 225
다닐로비치, 유리Danilovich, Yuri 39, 40
대처, 마거릿Thatcher, Margaret 96
도스토옙스키, 표도르Dostoevskii, Fyodor 57, 58
두기나, 다리야Dugina, Daria 212
두긴, 알렉산드르Dugin, Aleksandr 209, 212~215, 222~230, 235, 256,

찾아보기   339

263, 265, 266, 284, 285, 326,
두다, 안제이Duda, Andrzej 263
둡체크, 알렉산데르Dubček, Alexander
    90

ㄹ
라브로프, 세르게이Lavrov, Sergey 198
라오, 나라시마Rao, Narasimha 319
레닌, 블라디미르Lenin, Vladimir 62,
    65, 89, 90, 94, 97, 101~103,
    116, 122, 193, 196, 209, 240
레르몬토프, 미하일Lermontov, Mikhail
    53
레온티예프, 콘스탄틴Leontiev, Konstantin 60, 225
레이건, 로널드Reagan, Ronald 95, 96,
    183
루츠코이, 알렉산드르Rutskoy, Alexander 126
루카셴코, 알렉산드르Lukashenko, Alexander 268, 269
류샤오보劉曉波 Liu Xiaobo 207
르펜, 마린Le Pen, Marion 265
리가초프, 예고르Ligachov, Yegor 102
리모노프, 에두아르드Limonov, Eduard
    222
리터, 카를Ritter, Karl 226
리트비넨코, 알렉산드르Litvinenko,
    Alexander 158

ㅁ
마르크스, 카를Marx, Karl 36, 95, 175,
    177, 178, 204, 208, 221, 314
마우두디, 아불 알라Maududi, Abul Ala
    314

매킨더, 해퍼드Mackinder, Halford 224,
    227
믹, 토머스McCormick, Thomas 273
메드베데프, 드미트리Medvedev, Dmitry 166, 167, 211
모디, 나렌드라Modi, Narendra 200,
    284, 321, 322
모사데크, 모하마드Mosaddeq, Mohammad 181
미테랑, 프랑수아Mitterrand, Francois
    96
밀, 존 스튜어트Mill, John Stuart 5

ㅂ
바투Batu Khan 47, 70
반데라, 스테판Bandera, Stepan 241
배넌, 스티브Bannon, Stephen 265
베레좁스키, 보리스Berezovsky, Boris
    142~144, 156
베르나드스키, 블라디미르Vernadsky,
    Vladimir 217, 218
베버, 막스Weber, Max 204
볼테르Voltaire 49, 50
브누아, 알랭 드Benoist, Alain de 223,
    224
브레즈네프, 레오니트Brezhnev, Leonid
    75~77, 79~81, 83, 85, 87, 90,
    91, 94, 97, 98, 107, 108, 194,
    329
빈 라덴, 오사마bin Laden, Osama 10

ㅅ
사다트, 안와르Sadat, Anwar 190
사바르카르, 비나야크 다모다르Savarkar, Vinayak Damodar 319

사비츠키, 표트르Savitski, Pyotr 217
사카슈빌리, 미하일Saakashvili, Mikheil 161, 162, 164
사하로프, 안드레이Sakharov, Andrei 91
삭스, 제프리Sachs, Jeffrey 119, 122
샤흐나자로프, 게오르기Shakhnazarov, Georgy 93
셰바르드나제, 에두아르드Shevardnadze, Eduard 92, 161
솔제니친, 알렉산드르Solzhenitsyn, Aleksandr 91, 175, 214
솝차크, 아나톨리Sobchak, Anatoly 142
수르코프, 블라디슬라프Surkov, Vladislav 158, 159, 209, 213
수카르노Sukarno 307
슈미트, 카를Schmitt, Carl 224, 226
슈시케비치, 스타니슬라프Shushkevich, Stanislav 114
스탈린, 이오시프Stalin, Joseph 18, 35, 64~67, 75~78, 80, 86~95, 97, 102~104, 108, 193, 194, 209, 219, 308
스퇴케, 로베르Steuckers, Robert 222
스파이크먼, 니컬러스Spykman, Nicholas 224

ㅇ
아부 바크르AbūBakr 304
아타튀르크, 무스타파 케말Atatük, Mustafa Kemal 253, 255, 303~307, 312, 317, 322
아흐로메예프, 세르게이Akhromeyev, Sergey 114
아흐마토바, 안나Akhmatova, Anna 219
안드레예바, 니나Andreyeva, Nina 102

안드로포프, 유리Andropov, Yuri 85~87, 91, 98
알렉산드르 2세 53
알렉산드르 3세 57
알리 샤리아티Ali Shariati 314
야나예프, 겐나디Yanayev, Gennady 114
야누코비치, 빅토르Yanukovych, Viktor 160, 235~237, 239
야로슬라비치, 드미트리Yaroslavich, Dmitry 40
야로슬라비치, 미하일Yaroslavich, Mikhail 39, 40
야루젤스키, 보이치에흐Jaruzelski, Wojciech 190
야조프, 드미트리Yazov, Dmitry 114
야코블레프, 알렉산드르Yakovlev, Aleksandr 92, 101
에르도안, 레젭 타입Erdogan, Recep Tayyip 192, 199, 251~257, 284, 286, 290, 291, 317
에볼라, 율리우스Evola, Julius 224
에브렌, 케난Evren, Kenan 190, 316
예카테리나 2세 49
옐친, 보리스Yeltsin, Boris 27, 111~114, 119, 120, 124~128, 133~135, 139~141, 143, 145, 148, 152, 155, 159, 164, 179, 196, 198, 236, 243, 244, 279, 280, 283
오르반 빅토르Orbá Viktor 257, 259~262, 286, 291
오르테가 이 가세트, 호세Ortega y Gasset, José 148
오언 4세, 존Owen IV, John 296
오카쿠라 텐신岡倉天心 203

외잘, 투르굿Ozal, Turgut 315
우흐톰스키, 에스페르Ukhtomsky, Esper 61
유셴코, 빅토르Yushchenko, Viktor 160, 161
은크루마, 콰메Nkrumah, Kwame 307
이반 4세 41
이븐 바투타Ibn Battuta 38, 39
이븐 할둔Ibn Khaldun 312
일린, 이반Ilyin, Ivan 210, 211

ㅈ
자파로프, 사디르Zhaparov, Sadyr 268
젠베코프, 소론바이Jeenbekov, Sooronbay 268
지리놉스키, 블라디미르Zhirinovsky, Vladimir 127
지아울하크, 무함마드Zia-ul-Haq, Muhammad 190
진나, 무함마드 알리Jinnah, Muhammad Ali 307

ㅊ
차다예프, 표트르Chaadayev, Pyotr 35, 95
차크라바르티, 디페시Chakrabarty, Dipesh 308
체르냐예프, 아나톨리Chernyaev, Anatoly 93
체르넨코, 콘스탄틴Chernenko, Konstantin 86
체르노미르딘, 빅토르Chernomyrdin, Viktor 124
추바이스, 아나톨리Chubais, Anatoly 124

ㅋ
카디로프, 람잔Kadyrov, Ramzan 157
카디로프, 아흐마트Kadyrov, Akhmad 157
카르사빈, 레프Karsavin, Lev 217
카친스키, 야로스와프Kaczyński, Jarosław 263
카프카, 프란츠Kafka, Franz 258
카플란, 로버트Kaplan, Robert 21, 23, 24, 311~313
콘차카(아가피아)Konchaka Agafia 40
콜, 헬무트Kohl, Helmut 96
쿠틉, 사이드Qutb, Sayyid 183, 314
크라브추크, 레오니드Kravchuk, Leonid 114
크류치코프, 블라디미르Kryuchkov, Vladimir 114
클라우제비츠, 카를 폰Clausewitz, Carl von 13

ㅌ
탁신 친나왓Thaksin Shinawatra 200
테킨, 라티페Tekin, Latife 313
트럼프, 도널드Trump, Donald 24, 247, 265~267, 270, 294
트로츠키, 레프Trotsky, Leon 76, 209, 210, 287
트루베츠코이, 니콜라이Trubetskoi, Nikolai 203, 217~219
티토, 요시프 브로즈 Tito, Josip Broz 136, 307

ㅍ
팔라비, 레자 샤Pahlavi, Reza Shah 306
포노마료프, 보리스Ponomarev, Boris

155
폴리트콥스카야, 안나Politkovskaya,
　　Anna 156~158
표트르 1세pyotr I 49~51, 54~56,
　　63, 65, 215, 231, 275
푸르만, 드미트리Furman, Dmitri 75
푸시킨, 알렉산드르Pushkin, Alexander
　　53
프로하노프, 알렉산드르Prokhanov,
　　Alexander 212
프리마코프, 예브게니Primakov, Yev-
　　geny 140, 165, 230, 245
플로롭스키, 게오르기Florovsky, Geor-
　　ges 217

흐루쇼프, 니키타Khrushchyov, Nikita
　　77~79, 87, 89, 90, 92, 101, 108,
　　194, 241

ㅎ

하벨, 바츨라프Havel, Vaclav 9
하우스호퍼, 카를Haushofer, Karl 225
하이데거, 마르틴Heidegger, Martin
　　214, 222, 224
헌팅턴, 새뮤얼Huntington, Samuel
　　22~25, 138, 206
헤겔, 게오르크Hegel, Georg 224
헤르더, 요한 고트프리트Herder, Johann
　　Gottfried 225
호도르콥스키, 미하일Khodorkovsky,
　　Mikhail 155, 156
호메이니, 루홀라Khomeini, Ruhollah
　　176, 177, 180, 314
홉스봄, 에릭Hobsbawm, Eric 182
후쿠야마, 프랜시스Fukuyama, Francis
　　10, 20~22, 35, 117, 176, 273,
　　286, 287
훔볼트, 알렉산더 폰Humboldt, Alexan-
　　der von 226

러시아는 무엇이 되려 하는가

1판 1쇄 펴냄 2023년 11월 22일
1판 2쇄 펴냄 2024년 9월 10일

지은이　　　임명묵
편　집　　　안민재
디자인　　　룩앳미
인쇄·제책　　아트인

펴낸곳　　　프시케의숲
펴낸이　　　성기승
출판등록　　2017년 4월 5일 제406-2017-000043호
주　소　　　(우)10885, 경기도 파주시 책향기로 371, 상가 204호
전　화　　　070-7574-3736
팩　스　　　0303-3444-3736
이메일　　　pfbooks@pfbooks.co.kr
SNS　　　　@PsycheForest

ISBN　　　979-11-89336-66-0　03340

책값은 뒤표지에 표시되어 있습니다.

이 책의 내용을 이용하려면 반드시 저작권자와
도서출판 프시케의숲에 동의를 받아야 합니다.